スキーマ療法実践ガイド

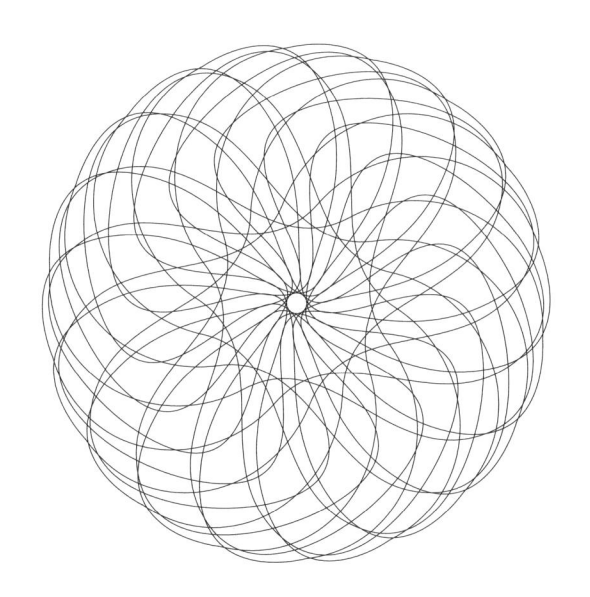

スキーマモード・アプローチ入門

アーノウド・アーンツ＋ジッタ・ヤコブ｜著
Arnoud Arntz and Gitta Jacob

伊藤絵美─監訳　吉村由未─訳

SCHEMA THERAPY IN PRACTICE:
AN INTRODUCTORY GUIDE TO THE SCHEMA MODE APPROACH

金剛出版

Schematherapie in der Praxis
by
Arnoud Arntz, Ph.D. and Gitta Jacob, Ph.D.

Copyright © 2011 Beltz Psychologie in der Verlagsgruppe, Beltz, Weinheim, Basel
Japanese translation rights arranged with Julius Beltz GmbH & Co. KG
through Japan UNI Agency, Inc., Tokyo

監訳者まえがき

伊藤絵美

　本書は Arnoud Arntz and Gitta Jacob, *Schema Therapy in Practice : An Introductory Guide to the Schema Mode Approach*（Wiley-Blackwell, 2013）の全訳である。Arntz は主にオランダで，Jacob は主にドイツで活動する認知行動療法（Cognitive Behavior Therapy : CBT）およびスキーマ療法の実践家・研究者であり，両者ともにパーソナリティ障害を専門にしている。Arntz は 2015 年現在，国際スキーマ療法協会（The International Society of Schema Therapy : ISST）の名誉科学顧問を務めるなど，国際的に広く知られる研究者でもある。

　本書のテーマであるスキーマ療法（Schema Therapy）は米国の心理学者 Jeffrey Young が構築した心理療法であり，その中核は紛れもなく CBT であるが，そこにアタッチメント理論，力動的アプローチ，ゲシュタルト療法などが有機的に組み込まれた統合的なアプローチである。ちなみに Young は ISST の名誉会長を務めている。

　Young は境界性パーソナリティ障害（Borderline Personality Disorder : BPD）をはじめとしたパーソナリティ障害を抱える人や，障害とまではいかなくてもパーソナリティや対人関係において長期的な問題を抱える人を対象に，CBT を発展させる形でスキーマ療法を構築した。スキーマとは本来，認知心理学や発達心理学で「認知構造」を示す用語だが，スキーマ療法で扱うスキーマは，正確には「早期不適応的スキーマ（Early Maladaptive Schema）」と呼ばれる。これは，人生の早期に他者（主には養育者）との関わりのなかで形成され，その当時は適応的であったとしても，その後，その人にとって不適応をもたらすことになってしまうスキーマのことである。Young は，人間には当然満たされるべき「中核的感情欲求（core emotional need)」があり，特に幼少期にそれが満たされなかった場合に早期不適応的スキーマが形成されるとした（さらに，そこには個々人の生得的気質が要因として加わる）。スキーマ療法では，当事者の早期不適応的スキーマをそのライフヒストリーとともに明確化し，治療関係を通じて，そしてさまざまな技法を駆使して，スキーマからの回復を目指す。

　Young は 1980～90 年代にかけてスキーマ療法のアイディアを少しずつ温め，具体化し，論文やワークショップなどを通じて世に問うてきた。それらが結実したのが，Young 自身が「バイブル」と称する専門家向けガイドブック *Schema Therapy* である（Young et al., 2003）。この本は世界中で翻訳され，多くの心理療法家に影響を与えた。我が国では，我々のグループが翻訳を行い，2008 年に金剛出版から出版された。監訳者である私自身，CBT の輝ける到達点としてのスキーマ療法に大きな感銘を受け，仲間とともに少しずつ学びながら，現在，臨床場面で実践するに至っている。まだまだ私自身がトレーニングを受け知識とスキルを磨く必要があるが，現時点でもその効果には驚くべきものがある。標準的な CBT では歯が立たなかった「生きづらさ」に関わる長期的な問題が，スキーマ療法を実施すると可視化され，時間をかけて乗り越えていくことができるのである。

　ところで，2003 年に刊行された「バイブル」にはスキーマ療法について 2 つのモデルが提示されている。1 つは「オリジナルモデル」，もう 1 つが「モードモデル」である。「オリジナルモデル」は早期不適応的スキーマを中心としたモデルである。これは上記の通り，人生の早期の体験に基づいて当事者が有するに至った早期不適応的スキーマを理解し，それを乗り越えていこうとするものであり，Young et al.（2003）は 18 個の早期不適応的スキーマを定式化している。それに対してもう 1 つの「モードモデル」では，「スキーマモード」という概念が登場する。これは，今現在活性化されているスキーマによって，そして活性化されたスキーマに対するコーピングによって，当事者が「今・ここ」でどのような状態になっているのか，ということを理解するためのモデルである。オリジナルモデルが「特性」を見るモデルだとすると，モードモデルは「状態」を見るモデル

であり，スキーマ療法では，この2つのモデルを使って当事者のスキーマと現在の状態（モード）を理解し，回復につなげていくことになる。

　Young et al.（2003）によると，BPDのような深く複雑な傷つきを有する当事者の場合，あまりにも多くの早期不適応的スキーマを有し（例：「情緒的剥奪スキーマ」「不信／虐待スキーマ」「欠陥／恥スキーマ」「見捨てられ／不安定スキーマ」「感情抑制スキーマ」「脆弱性スキーマ」など），オリジナルモデルだけで当事者のあり様を理解しようとすると，かえって複雑化してしまうため，「今・ここ」の状態をある程度シンプルに捉えるためには，むしろモードモデルが有用であるという。そのうえで暫定的なものとして，2003年には以下のような4つのモードのカテゴリーと10個のスキーマモードが提示された。

　　チャイルドモード
　　　（1）脆弱なチャイルドモード
　　　（2）怒れるチャイルドモード
　　　（3）衝動的・非自律的チャイルドモード
　　　（4）幸せなチャイルドモード
　　非機能的コーピングモード
　　　（5）従順・服従モード
　　　（6）遮断・防衛モード
　　　（7）過剰補償モード
　　非機能的ペアレントモード
　　　（8）懲罰的ペアレントモード
　　　（9）要求的ペアレントモード
　　ヘルシーアダルトモード
　　　（10）ヘルシーアダルトモード

　モードモデルではこれらのカテゴリーとモードを使って，「今・ここ」における当事者のあり様を理解し，そのうえで各モードに必要な対応を

行っていく。たとえば「脆弱なチャイルドモード」であれば，適切なケアを与え，安全や安心を提供する。「怒れるチャイルドモード」であれば，その言い分を聞き，いったん怒りを承認したうえで必要なケアをする。「非機能的コーピングモード」であれば，その影響力を減じる措置を講じる。「非機能的ペアレントモード」に対しては，それによる懲罰や要求と闘っていく。そして当事者の内なる「ヘルシーアダルトモード」（健全な大人のモード）を育てていく。このような対応を「モードワーク」と呼ぶ。実際の治療現場におけるモードワークでは，このような専門用語を必ずしも使う必要はなく，当事者自身のモードを表わす名前を考案し，その名前を使っていく。

　その際に重要なのが，「治療的再養育法（limited reparenting）」というスキーマ療法に特有の治療関係である。スキーマ療法においてセラピストは「養育者」としての立場を取る。治療という限られた文脈のなかではあるが，セラピストは当事者の「健全な親」として振る舞い，当事者の欲求を満たしていく。このような治療関係のあり様が，従来のCBTとの大きな相違点である。モードワークの場合，当初は「ヘルシーアダルトモード」の役割をセラピストが担い，当事者の「脆弱なチャイルドモード」を癒したり，「非機能的ペアレントモード」と闘ったりするなかで，当事者の満たされなかった中核的感情欲求を少しずつ満たしていく。それと同時に，「ヘルシーアダルトモード」のモデルを当事者に示し，当事者自身のなかに「ヘルシーアダルトモード」が内在化されていくようさまざまな工夫をする。「ヘルシーアダルトモード」が当事者のなかにしっかりと内在化されれば，当事者は自らの中核的感情欲求を自身で満たすことができるようになり，それがそのまま回復につながる。

　Young et al.（2003）を監訳しながら，私はこのモードモデルおよびモードワークにすっかり魅了されてしまった。自分自身でモードワークを実践してみたところ，これが非常に強力な技法であることがわかり，オリジナルモデルとともに自らの臨床現場で少しずつ実践し，かなりの効果を実感するようになった。多くのクライアントは「モード」の概念を直感的に

理解し，非常に好み，モードワークを自ら行うようになる。2012 年には Young 自身が来日し，日本認知療法学会第 11 回大会にてスキーマ療法の講演やワークショップを行ったが，その際もオリジナルモデルとモードモデルの両方を提示したうえで，重症度の高い BPD などのケースではモードモデルが非常に有用であることを強調していたのが印象的であった。

　このようにモードモデルについてもっと知りたい，学びたいと思っていたところに出会ったのが，2013 年に出版された本書である。早速取り寄せざっと読んでみたところ，上記 10 個のスキーマモードがさらに増えており，またモードに対するさまざまな技法がさらに豊かになっていることを知り，これはすぐにでも翻訳するべき本だと考え，翻訳作業に取りかかった次第である。翻訳・監訳しながら，本書がモードアプローチ（モードモデルやモードワーク）の最近の展開を実に具体的に生き生きと示してくれていることが手に取るように伝わってきて，「もっと学びたい」「早く実践してみたい」とわくわくするような思いが湧き出てくるのが我ながら興味深かった。翻訳・監訳作業の際（実は私はこの作業が苦手である），これほどまでに気持ちが踊ることはこれまでになかったからである。読者の皆さんとも，ぜひこの「わくわく」を共有できると幸いである。なお訳出にあたっては，まず 10 名の下訳担当者に各章を訳してもらい，次に吉村由未が翻訳作業を行い，最後に私が監訳作業を行った。監訳には万全を期したつもりではあるが，何らかの間違いや齟齬があった場合，それはすべて監訳者の責任であることをここに明記しておきたい。

　本書の内容について，私がここでこれ以上長々と述べることは控えよう。読者の皆さんには，モードアプローチというスキーマ療法の新たな展開，そしてスキーマ療法の文脈を超えた数々の魅力的な臨床的アイディアを，本書からたっぷりと享受していただきたい。ただし老婆心ながら，最後に一言。本書はスキーマ療法における「オリジナルモデル」と「モードモデル」という両輪の後者にもっぱら光を当てたものである。スキーマ療法自体は，あくまでも 2 つの車輪から成り立つものであり，どちらか一方で事足りるものではない。モードアプローチが魅力的であるがゆえに，こ

れだけを取り出して「スキーマ療法」として使いたくなる気持ちはわからなくはないが，それは「正しい」使い方ではない。スキーマ療法の効果を余すところなく発揮するためにも，読者の皆さんには2003年の「オリジナルモデル」と本書の「モードモデル」の両方の知識とスキルを身につけていただきたいということを，ここで強調しておきたい[*]。

　最後に，本書の翻訳出版について多大なお力添えをくださった金剛出版の藤井裕二さんに心から感謝を申し上げたい。ありがとうございました。

2015年7月吉日

▼文献

Young, J.E., Klosko, J.S. & Weishaar, M.E.（2003）*Schema Therapy : A practitioner's guide.* New York : Guilford Press.（伊藤絵美＝監訳（2008）スキーマ療法——パーソナリティ障害に対する統合的認知行動療法アプローチ．金剛出版）

---

[*] おりしも本書の監訳作業を終えた直後に，ISSTが主催する米国でのスキーマ療法の短期研修に伊藤（監訳者），吉村（翻訳者），津高（下訳者），森本（下訳者）で参加してきたが，最先端の臨床現場でも，オリジナルモデルに基づき早期不適応的スキーマの理解をしっかりと行ったうえで，モードモデルによるアプローチが行われていることを目の当たりにしてきた。

著者について

　Arnoud Arntz は，オランダのマーストリヒト大学の臨床心理学・実験精神病理学の教授であり，同大学の実験精神病理学研究所の科学部門のディレクターでもある。不安障害とパーソナリティ障害に関して，その心理学的な理論背景や治療について専門に研究を行っている。現在進められている，さまざまなパーソナリティ障害に対するスキーマ療法の効果についての多施設共同試験による一連の調査は，彼が主任調査員として推進しているものである。同時に，Arntz は CBT とスキーマ療法の実践家でもある。

　Gitta Jacob は，臨床心理士であり，ドイツのアルベルト・ルートヴィヒ大学フライブルク（フライブルク大学）の臨床心理学・心理療法学科において，認知療法とスキーマ療法を実践している。彼女は，国際スキーマ療法協会創立時からの役員会メンバーであり，フライブルク大学病院の精神医学・心理療法部門における境界性パーソナリティ障害ワーキンググループの元グループリーダーでもある。

謝辞

　私たちはスキーマ療法の開発者であるJeffrey Youngに，その教えと深い洞察に対して感謝の意を表したい。また，私たちの理論に影響を与えた卓越したスキーマ療法のセラピストたち，Joan Farrell, Ida Shaw, Hannie van Genderen, そしてDavid Bernsteinに対しても同じく謝意を表する。また，私たちの仲間であり，スキーマ療法の応用とさらなる発展のために協力してくれた人々にも感謝したい。そして，最後になるが，とりわけ感謝の気持ちを伝えたいのが，本書に書かれている手法や技法の発展のために貢献してくれた当事者の方々である。本研究は，オランダ人文・社会科学先端研究推進協会（Netherlands Institute for Advanced Study in the Humanities and Social Sciences : NIAS）（A.A.）および欧州社会基金による助成金と，バーデン＝ヴュルテンベルク州科学技術研究省（the Ministry of Science, Research and the Art Baden-Württemberg）（G.A.）による支援を受けて行われたものである。

序文

　スキーマ療法は現在，ますます多くのセラピストと当事者の注目を集めるようになってきている。その理由のひとつは，さまざまな研究において高い治療効果が報告されているためであろう。別の理由としては，スキーマ療法のもつ理論的前提，すなわち「子どもが心理学的に健康に育つためには，子どものもつ基本的欲求が満たされる必要がある」という前提に，人々に訴えるものがあるからだろう。スキーマ療法の理論，方法，技法は，アタッチメント理論や認知行動療法，そして種々の体験的な心理療法を統合しているが，その中心にあるのは，現在世界で最も広く知られる心理学的パラダイムの認知行動療法である。これまでの認知行動療法の主流においては，親密な関係において繰り返し生じる問題や，幼少期から続く厄介な記憶や行動のパターンなどは，あまり扱われることのない心理的問題だった。だからこそ，それらを取り扱うことが可能だと宣言するスキーマ療法の主張は，大変魅力的である。さらに，スキーマ療法が真の回復，つまり単なる症状の軽減のみならず，満ち足りたよりよい生活を患者が手にすることに寄与するという研究結果も，極めて注目に値するものであろう。

　私たちはこれまで，スキーマ療法のモデル，方法，技法などについて教えてきたが，その際，スキーマ療法を，特定の障害や問題に特化した治療法としてではなく，より多くの人を対象とした一般的な治療法として扱っている文献がないことを残念に思っていた。そこで私たちは，一般的な治療法としてのスキーマ療法の実践的なテキストを執筆することにした。それが本書である。つまり本書は，スキーマ療法の理論書や，特定の障害に焦点を当てたスキーマ療法の実践書とは性格を異にしている。本書の目的

は，比較的新しい「スキーマモード」という概念に基づき，スキーマ療法の基礎を紹介することである。私たちはこれまで，ほぼすべてのパーソナリティ障害に対してスキーマモードの考え方を適用する実践を重ねてきた。本書に書かれた内容は，これまでの実践を応用・拡大したものである。私たちはこれまで，モードアプローチが，I軸の諸問題や，パーソナリティに関わる比較的軽度な問題にも適用できることを見出してきた。そこで本書では，幅広く多様な障害や問題を具体的に例示しつつ，スキーマ療法をより広く，一般的な形で提供するためのモデル，方法，技法を紹介したい。

　本書は，大きく分けて2部構成になっている。第1部では，3つの章を通じて，ケース概念化について解説を行う。第1章「スキーマ療法とは何か？」では，従来のスキーマ療法におけるアプローチを紹介する。具体的には，いくつかの事例を通じて，早期不適応的スキーマとスキーマコーピングについて解説する。第2章「モードの概念」では，まず，スキーマ療法におけるモードの概念について概説し，次に，さまざまなパーソナリティ障害に特化して考案されてきた数々のモードモデルを具体的に紹介する。最後に，第3章「モードの概念について当事者と話し合う」では，治療において，当事者に対してモードモデルをどのように提示するとよいか，ということについて解説する。

　後半の第2部は治療について述べており，全6章から構成されている。各章はそれぞれ，ひとつのモードグループの治療について，認知的技法，感情的技法，行動的技法，そして治療関係の4つの視点から解説している。第4章「治療の全体像」では，モードの概念に基づいて，スキーマ療法における治療目標と治療戦略について概説する。第5章「コーピングモードを克服する」では，不適応的コーピングモードへの対処法を紹介する。具体的には，回避系のコーピングモード（遮断・防衛モード，回避・防衛モード），服従系のコーピングモード，そして過剰補償系のコーピングモード（誇大自己モード，いじめ・攻撃モードなど）について，それぞれ解説する。第6章「脆弱なチャイルドモードに対応する」では，タイトルが示す通り，「脆弱なチャイルドモード」の扱い方を紹介する。ここではイメージの書

き換え（imagery rescripting）について詳しく紹介し，治療関係における養育的な側面について深く掘り下げて検討する。第7章「怒れるチャイルドモードと衝動的チャイルドモードに対応する」では，「怒れるチャイルドモード」「激怒するチャイルドモード」「衝動的チャイルドモード」「非自律的チャイルドモード」「強情なチャイルドモード」への対処法を紹介する。第8章「非機能的ペアレントモードに対応する」では，「要求的ペアレントモード」と「懲罰的ペアレントモード」への対応の仕方について解説する。その際，「椅子による対話のワーク（chair dialogues）」についても詳しく紹介する。第9章「ヘルシーアダルトモードを強化する」では，スキーマ療法を通じて当事者の「ヘルシーアダルトモード」が明に暗に成長し，発達していくさまについて述べる。第9章では治療の終結についても取り上げており，治療が最終段階に入ったときの進め方や，治療が正式に終結した後の治療関係のあり方などについて解説する。

● 目次

　　監訳者まえがき ● 伊藤絵美／003
　　著者について／009　　謝辞／010　　序文／011

● 第1部 ──── ケースの概念化

第1章　スキーマ療法とは何か？ ……………………………019

　　1.1　早期不適応的スキーマ ──── 022
　　1.2　欲求に焦点を当てる ──── 047
　　1.3　スキーマへのコーピング ──── 051
　　1.4　「スキーマモード」モデル ──── 055
　　1.5　よくある質問 ──── 063

第2章　モードの概念 ……………………………………………066

　　2.1　スキーマモードの概要 ──── 067
　　2.2　モードモデルによるケースの概念化 ──── 081
　　2.3　各パーソナリティ障害に特有のモードモデル ──── 091
　　2.4　よくある質問 ──── 120

第3章　モードの概念について当事者と話し合う ……………130

　　3.1　モードモデルに基づく治療計画 ──── 138
　　3.2　よくある質問 ──── 139

● 第2部 ──── 治療

第4章　治療の全体像 ……………………………………………145

　　4.1　それぞれのモードに対する治療目標 ──── 145
　　4.2　治療のための諸技法 ──── 148
　　4.3　治療関係 ──── 156
　　4.4　よくある質問 ──── 162

第5章　コーピングモードを克服する …………………………164

　　5.1　治療関係 ──── 164
　　5.2　認知的技法 ──── 167

- 5.3 感情的技法 —— 174
- 5.4 行動的技法 —— 187
- 5.5 よくある質問 —— 193

第6章 脆弱なチャイルドモードに対応する …… 197

- 6.1 治療関係における「治療的再養育法」とその特別なバージョン —— 198
- 6.2 認知的技法 —— 217
- 6.3 感情焦点化技法 —— 222
- 6.4 行動的技法 —— 247
- 6.5 よくある質問 —— 248

第7章 怒れるチャイルドモードと衝動的チャイルドモードに対応する …… 268

- 7.1 治療関係 —— 270
- 7.2 認知的技法 —— 286
- 7.3 感情的技法 —— 291
- 7.4 行動的技法 —— 295
- 7.5 よくある質問 —— 296

第8章 非機能的ペアレントモードに対応する …… 299

- 8.1 治療関係 —— 299
- 8.2 認知的技法 —— 304
- 8.3 感情焦点化技法 —— 308
- 8.4 行動的技法 —— 332
- 8.5 よくある質問 —— 333

第9章 ヘルシーアダルトモードを強化する …… 338

- 9.1 治療関係 —— 339
- 9.2 認知的技法 —— 345
- 9.3 感情焦点化技法 —— 347
- 9.4 行動的技法 —— 348
- 9.5 治療の終結 —— 349
- 9.6 よくある質問 —— 350

訳者あとがき ● 吉村由未／353
文献／357　　索引／359

第1部 ケースの概念化
I: Case Conceptualizations

第 1 章
スキーマ療法とは何か？

　スキーマ療法は，認知行動療法（Cognitive Behavioral Therapy : CBT）を基盤として発展した心理療法であり，Jeffrey Young（Young, 1990 ; Young et al., 2003）によって開発されて以来，多くの人々の注目を集めるようになってきている。Young がスキーマ療法を開発したのは，伝統的な CBT では十分な治療効果を上げられない当事者を治療するためであった。こうした当事者は，多様な症状を訴えることが多い。また対人関係において，非常に不安定であったり，あるいは誰かに激しく執着したりするなど，複雑なパターンを示すことが多い。このような当事者の多くは，1 つないし複数のパーソナリティ障害の診断基準を満たしている。スキーマ療法は，CBT と比較して，以下の 3 点をより強調する。

1 ― 問題の感情的側面
　当事者の抱える問題や症状に対して，従来の CBT では主に認知的および行動的な側面に焦点を当ててきた。しかしスキーマ療法では，それに加えて感情的な側面を強調する。体験的な介入や感情に焦点を当てた介入は，これまでゲシュタルト療法やサイコドラマの分野において開発され用いられてきた手法であるが，スキーマ療法ではそれらの手法を積極的に活用する。スキーマ療法で用いられる主な体験的な介入方法は，「椅子による対話のワーク（chair dialogues）」や「イメージエクササイズ（imagery exercises）」である。パーソナリティ障害当事者の抱える問題は，その多くがネガティヴな感情体験によって維持されている。そのため，そうしたネガティ

ヴな感情に焦点を当て，取り扱っていくことが極めて重要になる。たとえば，境界性パーソナリティ障害（Borderline Personality Disorder : BPD）当事者の多くは，強烈な自己嫌悪の感情を経験することがあるが，彼／彼女たちは，たとえこの強い自己嫌悪が過剰で不適切なものだと頭ではわかってはいても，感情のレベルではなかなかそこから距離を取ることが難しい。また，このような強烈な感情が絡む問題に対しては，認知的な洞察だけでは介入が難しい。そのため，感情面への介入を行うことが必要となる。

2－幼少期の体験

標準的なCBTに比べ，スキーマ療法では当事者の幼少期の体験をより重視する。この視点は，スキーマ療法に精神力動的，精神分析的なアプローチや諸概念を取り入れ，統合することを可能にした。スキーマ療法においては，成育歴の情報は，当事者が現在抱えている問題行動のパターンについて，その幼少期における起源を理解するために活用される。成育歴を聴取する目的のひとつは，現在当事者が抱え，日々繰り返されている問題は，彼／彼女たちが幼少期や青年期に非機能的な状況に置かれていた結果生じているのだということを，当事者自身が理解できるよう促すことである。しかしながら，精神分析における「徹底操作（working through）」に比べて，スキーマ療法においては，成育歴は必ずしも治療上の最重要要素とは考えられていない。

3－治療関係

スキーマ療法において，治療関係は特に重要な役割を果たしている。治療関係は，スキーマ療法では「治療的再養育法（limited reparenting）」として概念化されている。治療的再養育法とは，セラピストが当事者の親の役割を果たし，温かく養育的な態度を示すことを意味する。もちろんそれには，「治療関係内」という制約が伴うことは言うまでもない。ここで注意したいのは，この治療的再養育法に基づく治療関係は，当事者の抱える個別の問題やスキーマに応じて適宜調整される必要がある，という点である。

特に，パーソナリティ障害当事者にとって，治療関係は，これまで抱えてきた苦しみを打ち明け，表出することを許された初めての場であり，また新たなふるまい方を身につけ，対人関係のあり方を変えていくことを目指す場である。つまり，治療関係は，当事者が自分自身の問題に向き合うための大切な場所なのである。

　スキーマ療法では，複雑に絡んだ多種多様な問題を概念化し，治療を進めていく必要がある。そのため，スキーマ療法のアプローチは複合的で，かつ高度に構造化されている。本来スキーマ療法は，特定の疾患のための治療法というよりも，診断横断的な，より一般的な心理療法として構築されたものである。しかしながらその一方で，スキーマ療法の文脈のなかで，さまざまなパーソナリティ障害に特化した治療モデルが構築され，台頭してきたという経緯がある。この点については次章（第2章第3節）で紹介する。この第1部では，まず従来のスキーマ療法のアプローチについて概説する（第1章）。具体的には，個々の早期不適応的スキーマについて解説し，典型的な事例を紹介する。次に，スキーマモードという概念が定式化された経緯について解説し，各スキーマモードの特徴，およびそのアセスメントの方法を紹介する（第2章）。最後に，モードアプローチに基づくスキーマ療法の介入の流れについて述べる（第3章）。結論から言うと，従来のスキーマ療法のアプローチにおける介入とモードアプローチによる介入は，さほど異なるものではない。たとえば，当事者の「完璧主義サイド」と「よりリラックスしたヘルシーなサイド」との間で，2つの椅子による対話のワークを行うとする。モードアプローチの言葉を使えば，これは「要求的ペアレントモード」と「ヘルシーアダルトモード」の対話ということになるが，従来のスキーマ療法からすると，「厳密な基準スキーマ」のスキーマサイドと当事者におけるヘルシーサイドとの対話とみなすことができる。つまり，本書でモードアプローチとして紹介する数々の技法は，従来のスキーマ療法の文脈のなかでも適用することができる。

1.1 早期不適応的スキーマ

「早期不適応的スキーマ（early maladaptive schemas : EMSs）」は，「個人の認知，感情，記憶，社会的知覚，および社会的相互作用や行動パターンなどに影響を与える，全般的で広範なパターン」と定義されている。早期不適応的スキーマは主に幼少期に形成され，その後の生活状況やコーピング様式，対人関係などに応じて，生涯を通じて変化したり維持されたりする。早期不適応的スキーマが活性化されると，強い不安や悲しみ，孤独感といったネガティヴな感情が惹起される。Young et al.（2003）は18の早期不適応的スキーマを同定し，それらを5つの「スキーマ領域」に分類した。これらの早期不適応的スキーマは，主に臨床観察やそれに基づく考察を通じて同定されたものであり，実証的および科学的に検討されたものではないが，早期不適応的スキーマという概念の妥当性を支持する研究は存在する。

人は誰でも，1つあるいは複数のスキーマをもつ。そのなかには強烈なスキーマも含まれるだろう。そのスキーマが，病的な感情体験や何らかの症状，あるいは社会的機能の損傷に関わっている場合，それは「不適応的」とみなされる。重度のパーソナリティ障害当事者は，Youngスキーマ質問票（Schmidt et al., 1995）において，ほとんどのスキーマで高得点となる。一方，パーソナリティ障害の診断基準を満たさず，社会的機能がある程度保たれ，日常生活レベルの問題だけを抱えている当事者は，たいてい1つか2つのスキーマのみが高得点となる。表1.1に，Youngが同定したスキーマ領域と早期不適応的スキーマを示す。

事例

スーザンは40歳の看護師である。彼女は慢性のうつ病診断を受け，デイケアに参加している。スーザンは，職場で同僚からひどいいじめを受けていたことを報告し，そのせいで「うつになってすべてがダメになってしまった」と語った。スーザンの最も顕著な特徴は，「目立たない」

表 1.1　早期不適応スキーマとスキーマ領域（Young et al., 2003）

スキーマ領域	スキーマ
断絶と拒絶	見捨てられ／不安定 不信／虐待 情緒的剥奪 欠陥／恥 社会的孤立／疎外
自律性と行動の損傷	依存／無能 損害や疾病に対する脆弱性 巻き込まれ／未発達の自己 失敗
制約の欠如	権利要求／尊大 自制と自律の欠如
他者への追従	服従 自己犠牲 評価と承認の希求
過剰警戒と抑制	否定／悲観 感情抑制 厳密な基準／過度の批判 罰

ということだった。というのも，デイケアに参加して 2 週間経っても，他のメンバーは誰一人として彼女の名前を知らなかったのである。彼女は自分からはセラピストにも近づかず，他の当事者にも接触しなかった。グループ療法の間も，彼女は非常におとなしかった。グループのセラピストが，彼女を指名して発言や協力を促すと，彼女は他の人が今までにどのような発言をしたか何度も確認した後で，それに沿って極めて控えめに意見を述べた。職場での問題について話し合うためにソーシャルワーカーと面接の予約をしても，彼女はその時間に来なかった。こうした少しハードルの高い状況に対して，彼女はそれを回避してしまうのだった。しかし彼女は，自分が問題から逃げていることについて指摘されると，一転して横柄な態度に出てくることがあった。治療開始から数週間が過ぎてもなお，スーザンは積極的に自分の行動を変えることを避け，うつ病治療のための心理療法も効果がないと思われた。

　Young スキーマ質問票において，スーザンは「服従スキーマ」で高得

点を示した。彼女はつねに他者の欲求にとらわれていた。同時に彼女は，自分が弱くて無力な存在であり，他者から抑えつけられているとも感じていた。彼女はどうすれば自分がもっと自律的になったり，自分の本当の欲求に気づいたりすることができるのか，全くわからないようだった。そこで現在彼女が最も強く感じている無力感や無気力感を対象にイメージエクササイズを導入し，それらを探ってみることにした。イメージエクササイズのなかで，スーザンは幼少期の体験を想起したが，それらは非常にストレスフルなものだった。父親はアルコール依存症で，よく突然不機嫌で暴力的になった。一方，母親は非常に服従的かつ回避的であり，抑うつエピソードを抱えていた。そのため，母親はスーザンを父親から守ることができなかった。また，両親は小さなホテルを営んでいたため，スーザンを含む子どもたちは，つねにおとなしく目立たないようにしている必要があった。

　イメージエクササイズにおいて，「小さなスーザン」は何をすることもなく，おとなしく台所の床に座っていた。彼女は，自分のしたいことや親にしてもらいたいことについて，思い切って両親に伝えることができない。なぜなら自分が親に何かを求めることで，母親がそれを不快に感じたり，父親が攻撃的になって危険な状態になったりすることをとても恐れているからである。その後のスキーマ療法では，イメージエクササイズのなかに「イメージの書き換え（imagery rescripting）」が加えられた。「イメージの書き換え」においては，先ほどの幼少期のイメージのなかに，「小さなスーザン」を癒し，彼女の欲求を満たすことのできる「ヘルシーアダルト」が登場する。「ヘルシーアダルト」役は，最初はセラピストが行うが，後にスーザン自身がその役を担うようになる。「ヘルシーアダルト」の登場によって，自分の過度に内気なところや従順なところがもたらす問題，そして他人に服従的な態度を取ることがもたらす否定的な結果に対して，スーザン自身が向き合えるようになっていった。

　セラピストとスーザンは，スーザンの行動パターンの問題点について

話し合った。彼女は自分の興味関心に反した行動を取ることで，自分の欲求を満たすことができずにいる。また周囲の人は，彼女の回避的なふるまいにイライラさせられる。そのためスーザンは，自分の関心や欲求により見合った形でふるまう勇気をもたなければならない。「イメージの書き換え」と「共感的直面化（empathic confrontation）」を繰り返し行うことで，スーザンは少しずつ主体性を取り戻し，デイケアの活動にも積極的に参加できるようになった。彼女は周囲に打ち解け，自分の欲求を伝えられるようになってきた。

　スーザンとセラピストは，スキーマに駆動された悪循環のパターン（problematic schema-driven patterns）についてある程度じっくり話し合い，分析を行うことができた。すると彼女は，治療開始当初はセラピストに言わずにいた，ある問題について告白した。それはある男性との関係についてである。男性は季節労働者で，絶えず暴力的にふるまう人だったため，スーザンは2年前に彼と別れたのだが，彼は未だにつきまとい，自分と会って性的関係をもつよう要求し，彼女もそれに応じてしまっていた。もちろんそれはスーザンの意に反することである。しかしスーザンはスキーマについて学んだことで，彼に対する自らのそのような行動を，自らのスキーマやスキーマに基づく行動パターンに関連させて捉えられるようになった。

1.1.1 「断絶と拒絶」領域のスキーマ

　このスキーマ領域は，アタッチメントの問題によって特徴づけられる。この領域のスキーマはすべて，対人関係における安全や信頼の欠如と関連している。関連する感情や情動の質は，それぞれのスキーマによって異なる。たとえば，「見捨てられ／不安定スキーマ」は，幼少期以前に見捨てられた体験が原因で，「重要他者に見捨てられる」という感覚が生じる。一方で，「社会的孤立／疎外スキーマ」をもつ人は，過去の仲間集団から排除された経験により，「所属感」がもてない。「不信／虐待スキーマ」を

もつ当事者は，幼少期に周囲の人々によって傷つけられてきた経験があり，主に「他者に脅かされている」と感じやすい。

(1) 見捨てられ／不安定スキーマ

　このスキーマをもつ当事者は，「自分が大切に思う人との関係は決して続くことがない」という感覚に苦しみ，他者に見捨てられることを絶えず恐れている。彼／彼女たちのほとんどは，幼少期に誰かに見捨てられた体験を報告する。その多くは，親が家族を捨ててどこかへ行ってしまって世話をしてくれなかった，重要他者が早くに亡くなった，などである。このスキーマをもつ当事者はしばしば，信頼できない人と関係をもつことによって，何度も自分のスキーマを確証してしまう。また，見捨てられることを恐れる必要のない安定した関係においても，ちょっとした出来事（たとえば，パートナーが仕事から帰るのが予定より1時間遅れた）が誇張して捉えられ，過度の喪失感や見捨てられ感のきっかけとなってしまう。

事例 見捨てられ／不安定スキーマ
　25歳の大学生キャシーには，パニック発作や強い解離症状が見られ，その治療のために心理療法を開始した。これらの症状は，父親の家で週末を過ごしてから下宿先に戻ろうとするときに増大する。彼女は別の街の大学に通っていたが，ほぼ毎週末に父親の元を訪ねていた。キャシーと父親の関係は非常に親密である一方で，それ以外の他者との関係は表面的なものであった。彼女が父親以外の他者と親密な関係にあると感じることはまれであり，これまで一度も恋愛関係に発展したことがなかった。彼女はまた，「私には他の人と本当の意味で親しい関係をもつということがどういうことかわからない」とも述べた。この問題の背景についてじっくり考えようとすると，キャシーは非常に不安定になってしまう。そして「もう誰も自分とは一緒にいてくれないに違いない」という考えに圧倒され，泣き崩れてしまう。こうした反応は，成育歴と関連していた。キャシーの実母は，彼女が2歳のときに重い病気で亡くなって

いた。父親は2年後に再婚し，その再婚相手が育ての親になった。しかしその継母も，キャシーが16歳のときに突然の発作で若くして亡くなってしまった。

(2) 不信／虐待スキーマ

　このスキーマをもつ人は，他人とは自分を虐待し，恥をかかせ，不当に扱う存在だと考えている。彼／彼女たちは故意に傷つけられることを恐れ，絶えず他人を疑っている。相手が自分に好意的に接してきた場合でも，その相手に何か裏の意図があるのではないかと考える。このスキーマが活性化すると，主に不安と恐れを経験する。スキーマが深刻な場合，その人物はほとんどすべての社会的状況において激しい脅威を感じる。「不信／虐待スキーマ」は，典型的には幼少期の虐待が原因で形成されることが多い。性的な虐待が多く見られるが，身体的な虐待，精神的な虐待，言葉による虐待もまた深刻な虐待スキーマをもたらしうる。ほとんどの場合，当事者は幼少期に，両親やきょうだいといった身内から虐待を受けている。しかし，クラスメイトからのいじめなど，同年代の仲間から受ける痛ましい行為によっても，同様の重篤な虐待スキーマが形成される場合があることに留意されたい。このような場合，強力な「欠陥／恥スキーマ」が同時に形成されることが少なくない。

> **事例** 不信／虐待スキーマ
> 　26歳の看護師ヘレンは，幼少期と思春期に継父からの性的虐待と身体的虐待を受けた。大人になるにつれ，彼女は男性不信を募らせ，自分を大切に扱ってくれる男性を見つけることはできないに違いないと確信するようになった。彼女は，男性が女性に対して礼儀正しくふるまう状況を想像することさえできずにいる。彼女にとって親密な関係は，そのほとんどがインターネットで出会った男性であり，性的な関係が中心の長続きしないものであった。さらに不幸なことに，その関係のなかで，彼女は繰り返し虐待や暴力を受けてしまうのである。

(3) 情緒的剥奪スキーマ

　このスキーマをもつ当事者は，幼少期は穏やかで特に問題はなかったと報告する。しかし，実際は思いやりや愛情に満ちた関わりを十分に経験しておらず，本当の安心や愛情や満足を感じたことがない。このスキーマは，あまり激しい感情を伴わないことが多い。その代わり，このスキーマをもつ当事者は，他者が自分を愛したり安心感を与えたりしてくれるような関わりを与えても，それらを感じとることができない。このスキーマをもつ人々は，自分自身がこのスキーマから深刻な被害を受けることは少ない。しかし，周囲の人々は，彼／彼女たちと親密になることができず，愛情やサポートを受け取ってもらえないと感じるため，彼／彼女たちが情緒的剥奪スキーマをもっているとはっきり理解できる。情緒的剥奪スキーマをもつ人々は，何らかの理由で，他者が自分に好意をもつという事実を感じたり認識したりすることができないようである。何かのきっかけで当事者の生活状況が立ち行かなくなったりしなければ，情緒的剥奪スキーマにまつわる問題は顕在化しないまま，維持されることも多い。

事例 情緒的剥奪スキーマ

　サリーは30歳のとても優秀な事務職員である。彼女は仕事の能力に長け，幸せな結婚をしており，友人とも良好な関係を育んでいる。しかし，彼女は誰に対しても，親密で本当に愛されていると心から感じることができない。彼女は，夫や友人が彼女のことをとても愛してくれていると知っているが，単純にそれを「感じる」ことができない。サリーは人生の大半において，非常に立派に自分の役割をこなしてきた。ただ1年前から急に，仕事上の責任と業務量がかなり増大してしまった。サリーはしだいに疲労と孤独を感じはじめ，現状を改善することができない自分に気がついた。セラピストは彼女に対し，仕事と生活のバランスを整えること，もっとリラックスすること，生活のなかに充実した時間を増やすことを提案した。しかしながら彼女はこれらの提案を，自分にとって大切なこととして受けとめられなかった。それは，彼女が自分自身のこ

とを大切で価値のある存在として受けとめられないのと非常によく似ている。サリーによれば，彼女の幼少期の体験はすべて「OK だった」とのことである。しかし実際には，両親は共に仕事が忙しく，あまり家にいなかった。それについてサリーは，職場での長い一日の後に子どもたちの世話をすることは，両親にとってはとても大変なことだっただろうと述べるだけであった。

(4) 欠陥／恥スキーマ

　このスキーマに特徴的なのは，「自分は欠陥人間だ」「自分は劣っている」「自分は望まれていない」といった感覚である。このスキーマをもつ人は，現実はどうであれ，自分には価値がなく，いかなる愛情や尊敬，注目にも値しない存在だと感じている。これらの感覚は，強烈な恥の感情と結びついていることが多い。このスキーマは BPD の当事者によく見られ，しばしば「不信／虐待スキーマ」と併存する。このスキーマをもつ人の多くは，幼少期に自分の価値をひどく貶められたり屈辱を与えられたりするような経験をしている。

事例　欠陥／恥スキーマ

　23 歳の男性看護師ミカエルは BPD 当事者であり，最近になって心理療法を開始した。彼は強烈な恥の感情をもっており，そのせいで仕事に大きな支障が出ていると報告した。周囲の人たちは，ミカエルを「有能で親しみやすい人間」と賞賛しているにもかかわらず，彼は自分のことを「何の魅力もない退屈な人間」だと考えている。他人がそのような賞賛の言葉をかけてくれても，彼はどうしても信じることができない。彼はまた，なぜ恋人が自分に尽くし，一緒にいたいと思ってくれるのかも理解できない。幼い頃，彼は両親，特にアルコール依存症である父親からの激しい身体的・心理的虐待を受けて育った。父親はしばしば，ミカエルと姉を呼びつけては，彼らの実際のふるまいとは無関係に，「汚らわしい奴らめ！」と罵った。

第 1 章　スキーマ療法とは何か？　029

(5) 社会的孤立／疎外スキーマ

　このスキーマをもつ人々は，他者から疎外されていると感じ，自分は孤独で一人ぼっちだという感情をもっている。また，自分は全くの変わり者で，他の誰とも似ていないと感じている。ある社会的な集団において，たとえ周囲からは集団に馴染んでいるように見えても，本人はそのように感じることができない。このスキーマを有する当事者はよく，幼少期に自分は文字通り「孤立」していたと報告する。それはたとえば，土地の言葉をうまく話せなかったり，皆が行っている幼稚園に行かせてもらえなかったり，子どもを対象とした部活やクラブなどに入れなかった，といったことである。また，このスキーマをもつ人には，その人が育った環境や家庭と，その人がその後自力でつかみとった生活状況との間に大きなギャップがあることが多い。その典型例としては，十分な教育を受けられない貧困家庭に育ったが，家族のなかで自分だけが高度な教育を受ける機会を獲得したというような状況である。このような人は，自分は家族からも共に教育を受けている仲間からも異質な存在であると感じてしまう。なぜなら，家族のなかでは自分だけが教育を受けている存在であるし，同じ教育を受けている仲間のなかでは自分だけが異なった社会的背景をもつ存在だからである。こうした場合，特に「自分の家庭環境は劣悪だった」と認識されている場合は，「社会的孤立／疎外スキーマ」に加えて「欠陥／恥スキーマ」が併せて形成されることがある。

　事例　社会的孤立スキーマ

　　デイヴィッドは48歳の技術者である。彼は何かに所属している感覚を全くもつことができない。それは公的な集団でも私的な集団でも同じことで，彼は「これまで生きてきて，自分が何かの集団に所属できていると感じたことは一度もなかった」と述べた。デイヴィッドが9歳のときに，家族は小さな村に引っ越した。この村は彼の生まれ故郷から遠く離れており，彼は，村の子どもたちの話す方言をほとんど理解できず，子どもたちに馴染むことができなかった。両親は共に新しい仕事や自分

自身のことで手一杯だったため，ほとんどデイヴィッドをサポートすることができなかった。彼は学校でも同級生に馴染めず，多くの子どもたちが所属するスポーツや音楽のクラブにも入部することはなかった。彼が特に覚えているのは，地域の活動や行事に参加できなかったときに感じた強烈な孤独感と疎外感である。

1.1.2　「自律性と行動の損傷」領域のスキーマ

　この領域のスキーマは，自律性と達成能力に関わる問題が中心となっている。この領域のスキーマをもつ人は，自分を頼りなく他者依存的であると感じ，自分で物事を決められないことに苦しんでいる。彼／女たちは，自らの判断で何かを決定した場合に，そのことが重要な対人関係に損害を与えてしまうのではないかと極端に恐れている。また，誰かに何かを求められても，自分はそれに応じられないだろうと考えている。なかでも「損害や疾病に対する脆弱性スキーマ」をもつ人は，自らの意思決定によって何かに挑戦したり生き方を変えようとしたりすると，そのせいで自分自身や他人をかえって傷つけてしまうことになるかもしれないと恐れている場合もある。

　この領域のスキーマは，モデルとなる人物を通じた社会的学習によって形成される。たとえば，危険な状況や病気にかかることに対して過度に神経質な養育者や，汚染恐怖のような強迫性障害の養育者に育てられた子どもには，「損害や疾病に対する脆弱性スキーマ」が形成されやすいかもしれない。同様に，同じくこの領域のスキーマである「依存／無能スキーマ」は，両親が，自分の子どもは年齢相応の発達課題を達成するためのスキルをもっていないかもしれないと心配し，子どもに対して過保護に関わった結果，形成されることがある。一方で，この領域のスキーマは，子どもに対する両親の要求があまりにも高く，その要求に自力で応じるには幼なすぎたにもかかわらず親から何のサポートも受けられなかった結果，形成されることもある。また，幼少期にネグレクトの被害を受け，極端なストレス下に置かれていた当事

者は，本来与えられるべきサポートを与えられないまま大人になってしまっている。このような人には，健全な自律性が身についておらず，親に与えてもらえなかったサポートを何が何でも周囲から得ようとして，極端に依存的にふるまう行動パターンが形成されているかもしれない。

(6) 依存／無能スキーマ

　このスキーマをもつ人は，自分は無力であり，他者から助けてもらわなければ日々の暮らしが成り立たないと考えている。ほぼすべての依存性パーソナリティ障害の当事者が，このスキーマを有している。依存／無能スキーマをもつ人のなかには，幼少期に過度に高い要求を受けつづけてきた人もいる。これはたとえば，親が病気のためにしっかりしていなければならなかったといった，暗黙のうちに感じていた社会的要請であることも多い。彼／彼女たちは，慢性的に過度のストレスにさらされていたため，自分が有能であるという感覚や，健全なコーピングのあり方を身につけることができなかった。一方で，このスキーマをもつ人のなかには，両親から何かを求められたことが一切なかったという人もいる。このような親は，子どもが思春期や青年期に入っても，年齢相応の責任を与えず，自律性が発達するような関わり方をしない。そして過度に干渉し，いつまでも子どもの世話をしつづけていることが多い。

　このスキーマをもつ当事者は，治療関係において非常に協力的な態度を示す。治療のなかでこのスキーマが明らかになるまでには少し時間がかかる。良好な治療関係が形成されたにもかかわらず，治療がなかなか進展しないとセラピストが感じることもある。当事者が治療において非常に丁寧な姿勢を示したり，セラピストの助言に極めて熱心に反応したりするにもかかわらず，治療がなかなか進まない場合，セラピストは当事者に何らかの依存的なパターンがあるのではないかという仮説を立てるとよい。特に，当事者がこれまでにさまざまな治療を受けたにもかかわらず，はかばかしい効果が得られていない場合，この「依存／無能スキーマ」の存在を想定する必要がある。

事例 依存／無能スキーマ

　　メアリーは23歳の学生である。彼女はとても内気で頼りない印象を周囲に与える。母親はメアリーに対して大変に過保護で，大学の課題をメアリーが面倒がったり嫌がったりすると，それを手伝ってやっている。母親はまた，課題の締め切りをメアリーが忘れないよう，いつも電話をかけてくる。メアリーは，生活全般に対する母親の過保護な関わりにすっかり慣れ切ってしまっている。彼女は同級生と異なり，幼少期や思春期の頃，決められた日課というものが全くなかった。彼女は，自らの生活に責任を負うことに全く自信がもてず，考えるだけで恐怖を感じてしまう。事実メアリーは，本当は小遣い稼ぎのためにアルバイトを探したいと思っているが，自分にはできないと感じている。彼女は，たとえ自分がアルバイトについたとしても，職場の上司とまともに話すこともできないし，仕事をきちんとこなすこともできないと感じている。

(7) 損害や疾病に対する脆弱性スキーマ

　このスキーマは，いつ起こるかわからない悲劇や大惨事，病気などに対する過剰な不安によって特徴づけられる。心気症や全般性不安障害の当事者がこのスキーマを有することはよくあることである。当事者の報告によると，母親あるいは祖母が過度に用心深い性格で，深刻な病気や生活上の危険をひどく警戒しており，幼少期の当事者を過度に心配したり，当事者に対して何事にも警戒するよう求めたりすることが頻繁だったということである。このような「用心深い監視人」による「指導」を通じて，幼い当事者は，たとえば病気にならないために，洗っていない果物は決して食べない，スーパーマーケットに行った後は必ず手を洗う，といった衛生に関する厳密なルールに従うようになる。このスキーマはまた，自然災害や重病など，深刻でコントロールできない出来事に実際に遭遇したことのある当事者にも見られる。

事例 損害や疾病に対する脆弱性スキーマ

　31歳の内科医コニーは，自分が子どもをもつべきか否か決断できずにいた。彼女は，子どもは2人欲しいと思っていたが，「もし子どもの身にトラウマとなるような悲劇的な出来事が起きたらどうしよう」と考えると，恐怖でおののいてしまうのだった。そもそもコニーは，自分が簡単には妊娠できないかもしれないし，仮にできたとしても，子どもが恐ろしい病気にかかっていたり，流産してしまったり，何か恐ろしいダメージを受けたりして，無事に妊娠期間を過ごすことができないかもしれないとも考えていた。しかし，コニーは遺伝性の病気を患っているわけでもなく，妊娠にあたって何らかの危険因子をもっているわけでもなかった。つまり，彼女が妊娠や出産についてこのように心配する理由は現実的には何もなかったのである。

　セラピストが，広く不安を感じたり，絶えず心配してしまうことに関連する幼少期の出来事を思い出すようコニーに求めたところ，彼女は母方の祖母について話しはじめた。幼いコニーが自分の意志で何かをしようとすると，祖母はいつもひどく取り乱した。祖母は，17歳にもなったコニーの外出に，「心配で寝ていられなかった」と言った。コニーが12歳でサマーキャンプに行ったときは，「不安で死にそうだった」と言った。祖母とかなり親密な関係にあったコニーの母親も，祖母と同じようにいつもコニーのことを心配していた。

(8) 巻き込まれ／未発達の自己スキーマ

　このスキーマをもつ人は，アイデンティティの感覚が希薄である。彼／彼女たちは，他者（多くは母親）からの保障がないと，日々の事柄について何も決定することができないと感じている。保障を与えてくれる特別な相手がいなければ，彼／彼女たちは意思決定することができない。極端な場合，このスキーマをもつ人は，「自分は一人の独立した人間である」という感覚をもつことができない。当事者は，自分が巻き込まれている人物について，「非常に親密で，感情的にも深く関わっている」と報告する。「巻

き込まれスキーマ」をもつ人は，知性的で高い教育を受けている人が少なくない。にもかかわらず彼／彼女たちは，自らの感情に気づいたり，自らの意思で物事を決めたりすることができない。「誰かに巻き込まれている人」がその関係を肯定的に捉えている場合，その人は表面的には「巻き込まれスキーマ」に苦しむことはない。しかしながら，「巻き込まれスキーマ」によって，自律性や社会的機能が損なわれて二次的な問題が発生したり，配偶者やパートナーが当事者の巻き込まれ状態に不満を抱いたりするなどして，このスキーマの問題が顕在化することがある。またこのスキーマはしばしば，強迫性障害の症状と関連している。

事例 巻き込まれ／未発達の自己スキーマ

　秘書をしている25歳のティナは，ボーイフレンドに対して時折攻撃的になったり強迫的になったりするのだという。二人の関係は非常に親密である。二人は日中いつも一緒に過ごし，おしゃべりをしたり，テレビを観たりしている。二人とも，自分だけの趣味もなく友人もいない。このような親密な関係にもかかわらず，主にティナ側の関心の欠如が理由で，性的関係は希薄であった。心理療法の初回セッションで，ティナは生活上のあらゆる領域で強い不安を感じると訴えた。しかし，セラピストが，ティナの問題にはこうした不安や彼女自身の趣味や関心の欠如があると理解しても，ティナ自身は，彼に対して強迫的になってしまうこと以外は，自分の生活は「完璧だ」と思いつづけていた。彼女は，自分の親を「素晴らしい両親だ」と強く感じていた。彼女と両親の関係も非常に親密で，ティナはその関係を100％肯定的に捉えていた。彼女は，一日に何度も母親に電話をし，たとえどんなに小さなことでもアドバイスを求めた。彼女は，何もかも両親に相談できるのは幸せなことだと主張した。ティナは，ボーイフレンドに対して性的欲求が湧かないということまで両親に相談していた。

(9) 失敗スキーマ

　このスキーマの特徴は，自分は完全に失敗しているという感覚や，自分は他人に比べて才能や知性に欠けているといった感覚である。このスキーマをもつ人は，自分が人生のいかなる領域においても成功することはないだろうと信じている。彼／彼女たちはしばしば，学校生活において，あるいは自分の家族から，極めて否定的な評価をされた経験がある。その際，特に「外に表われるその人の社会的な側面（学業やスポーツ，仕事におけるパフォーマンスなど）」を他者から否定されるといった経験をしていることが多い。また，幼少期や思春期に，完璧主義的な人のもとで，達成を価値とする活動に従事することで（例：クラシック音楽を演奏する，競争的なスポーツを行う），失敗スキーマが形成されてしまう人もいる。このスキーマをもつ人にとって，試験を受けるといった，何か成果を要求されるようなストレス状況は，大変苦痛に満ちたものになる。このスキーマは時に，「自己成就予言」のように機能する。というのも，失敗スキーマをもつ人は，何かを要求される場面を非常に恐れるため，そのような場面をことごとく回避し，実際に成功体験が得られない。そのような場面をどうしても回避できない場合も，「失敗スキーマ」によって十分な準備ができないため，結局悪い結果に終わるという悪循環に陥ってしまう。

事例 失敗スキーマ

　24歳の大学生のトビーは，抑うつ症状と極度のテスト不安を訴えて，心理療法に訪れた。彼の知的能力と興味関心の高さからすると，彼が学業で失敗するとは考えにくいのだが，トビーは一日のほとんどをベッドで過ごし，大学の課題を先延ばしにするといった回避パターンに陥っていた。彼は自分が学業で成功することはできないに違いないと確信しており，彼は自分を完全なる「失敗者」であるとみなしていた。これまでの学校生活や，大学1年生のときにも良好な成績を収めているにもかかわらず，自分が「失敗者」であるという彼の感覚は，ここ数年にわたって持続している。トビーは2歳上の兄についてよく話す。兄は非常に才

能があり，何をやっても素晴らしくよくできる。トビーはこれまでずっと，自分が兄に比べて能力がなく劣っていると感じてきた。さらに，トビーは幼少期や10代の頃，地元のスイミング・チームに所属しており，地域の競技会に参加していた。コーチはとても厳しい人で，トビーが2位だったときはいつも，1位になれなかったことに対してあからさまに落胆を示した。

1.1.3 「制約の欠如」領域のスキーマ

　この領域のスキーマをもつ人は，ごく常識的な「制約（limits）」を受け入れることができない。彼／彼女たちは，穏やかでいることができず，「最後の一線」を簡単に超えてしまう。自制心に欠けており，日々の生活や学業や仕事を適切に遂行することが難しい。「権利要求／尊大スキーマ」をもつ人は，自分には特権が与えられていると感じており，自我肥大の傾向にある。「自制と自律の欠如スキーマ」をもつ人は，自律性が欠如しており，欲求不満耐性が低い。「自律性と行動の損傷」領域のスキーマと同じように，この領域のスキーマも，直接的なモデリングと社会的学習によって形成される。当事者の多くは，子どもの頃に甘やかされて育ったか，もしくは当事者の両親が同じく幼少期に甘やかされて育ち，常識的な制約を受け入れられなくなっている可能性がある。しかし，一方でこれらのスキーマは，両親が非常に厳格で過度に制約を押しつけ，当事者がそれらの制約を窮屈に感じていた場合にも形成されることがある。この場合は，そうした厳格な制約や規律に対する一種の反抗のような意味合いで，このスキーマが形成される。

（10）権利要求／尊大スキーマ

　このスキーマをもつ人は，自分を特別な存在だと思っている。彼／彼女たちはたいていの規則や慣習は気に留める必要がないと思っており，自分が何かに制限されたり禁止されたりすることを非常に嫌う。このスキー

マは主に，自己愛的なパーソナリティ特性と関連する。当事者は，権力と支配力を何としてでも手に入れようとし，とにかく他者と競争する。彼／彼女たちはこのスキーマのモデルとして，父親など自分にとって重要な人物が，非常に自己愛的であったり，並外れた成功者であったりしたことを報告することが多い。このスキーマをもつ人のほとんどは，対人関係において他者を支配し操作することを幼少期から直接的に強化されてきている。それはたとえば，父親が息子に対し友達をコントロールするように仕向けたり，両親が「自分たちは特別な家族なのだから，お前たちも特別な存在だ」と子どもたちに言い含めたりするといったことである。

事例　権利要求／尊大スキーマ

　アランは48歳で，職場のチームリーダーである。彼は「職場で嫌がらせを受けている」と言い，そのための心理コンサルテーションを求めて治療にやってきた。「職場の馬鹿どもの行動を正すにはどうしたらよいか」というのが彼にとっての「治療目標」だった。アランはセラピストに対し，支配的で横柄な態度を示した。彼の話を総合すると，彼は職場でも横柄にふるまい，同僚を貶めるような行動をたびたび取っているようであった。セラピストが彼のこのようなふるまいに言及すると，彼は高圧的な態度で，「この私についてあなたがとやかく言うのであれば，こちらも相応の対応をさせてもらいますよ」と述べた。

(11) 自制と自律の欠如スキーマ

　このスキーマをもつ人は，自分をコントロールすることや，自らの欲求を我慢することに困難を抱えている。彼／彼女たちは，退屈だと感じるとすぐに投げ出してしまう。そして自制や忍耐を要する課題に耐えることができない。周囲の人はこのような当事者を，「自分の都合ばかりを考え，必要な責任を果たせない怠け者」と捉えることが多い。成育歴におけるこのスキーマの起源は，「権利要求／尊大スキーマ」と非常によく似ている。しかし，幼少期に何らかの虐待を受けた人にも，このスキーマが形成され

ることがある。というのも、ネグレクトや虐待のある家庭で育った子どもは、自制や自律を習得する機会を与えられることがないためである。

> **事例** 自制と自律の欠如スキーマ
>
> 46歳のスティーヴンは、自称「フリーの芸術家」である。現実には、彼は生計を福祉制度に頼っているのだが、彼はいつも今構想を練っている芸術や音楽のプロジェクトについて話す。彼のプロジェクトのうち、実際に彼が携わった仕事はただひとつ、インターネット上のキャラクターを作ることである。スティーヴンは、抑うつ症状と将来の展望がないことを訴えて治療を受けにきた。しかし治療においてセラピストが、目標を明確にして行動を起こして今より生きやすくなるようにしようとすると、彼はことごとくそれらに抵抗を示し、拒否する。たとえ具体的な目標が示されたとしても、彼はその目標を達成するために自らの時間や労力を使おうとはしないのだった。

1.1.4 「他者への追従」領域のスキーマ

この領域のスキーマをもつ人は、自分自身よりも、他者の要求や願望、欲求を優先する。彼／彼女たちは、他者の要求に応えることにエネルギーを注ぐ。ただしそのやり方は、その人のスキーマによって異なる。強力な「服従スキーマ」をもつ人は、他者の考えや要求に沿うように自らの態度やふるまいを調整する。一方、「自己犠牲スキーマ」をもつ人は、他者の抱える問題に対して必要以上に責任を感じ、自分がそれを解決しなければならないと考える。このスキーマの持ち主は概して、他者を気持ちよくさせることが自分の義務だと信じている。「評価と承認の希求スキーマ」をもつ人は、他者に気に入られようと躍起になる。彼／彼女たちの行動と努力はすべて、自分自身ではなく他者の願望を反映したものになる。

成育歴や発達歴に着目すると、この領域のスキーマは、たいていは二次的に形成されたものであることがわかる。その基盤にある一次的なスキー

マの多くは,「断絶と拒絶」領域のスキーマである。つまり,この「他者への追従」領域のスキーマは,当事者が「断絶と拒絶」領域のスキーマに対処しようとしている間に,二次的に形成される。たとえば,重要な養育者(多くは父親)が,アルコール依存症で,酔うといつも攻撃的にふるまう人であったとする。子どもの当事者はそれに脅威を感じ,「不信／虐待スキーマ」が形成されるだろう。そして次第に,服従的にふるまえば酔った父親との衝突を避けられることを学習するかもしれない。このように二次的に学習したふるまいが,「服従スキーマ」の形成に至るのである。このような二次的スキーマにはモデルがいることもある。たとえば,母親が自らそのような父親に服従し,父親の乱暴行為を止めなかったり,そこから立ち去らなかったりした,といった場合である。

(12) 服従スキーマ

　このスキーマをもつ人は,対人関係において他者を自分より優位に立たせる。彼／彼女たちは,他者の要望や考えに沿って,自らのふるまいを整え,他者に合わせようとする。他者の要望が明確に示されていない場合でも,彼／彼女たちは,それらを推測し,それに従おうとする。「服従スキーマ」をもつ人は,たとえセラピストの手助けがあっても,自らの欲求に気づき,それを満たすことが非常に難しい。当事者は幼少期,危機的な家庭状況を経験しており,そのような家庭では一方の親が他方の親に過度に服従していたことが多い。攻撃的で暴力的な父親に母親が過度に服従的であったとか,自らの欲求や願望を口にするとひどく罰せられた,などがその例であろう。本節の冒頭で紹介したスーザンの事例が,この「服従スキーマ」の典型例である。

(13) 自己犠牲スキーマ

　このスキーマをもつ人が関心を示すのは,いかにして他者の欲求を自分が満たすか,ということである。これは,他者の考えに屈してそれに従う「服従スキーマ」とは異なり,他者や状況が求めていることに迅速に気づき,

それに自ら応じようとするものである。つまりこの「自己犠牲スキーマ」は，かなり積極的で自発的なスキーマである。このスキーマをもつ人は，自分自身の欲求を自覚すると，罪悪感を覚える。対人援助職者には，高い確率でこのスキーマをもつ人が存在する。日常生活のなかでも，お金や尊敬を得られるわけでもないのに，時間や労力がやたらとかかる仕事や役割を繰り返し引き受ける人がいる。たとえば，幼稚園や学校において，同じ人がPTAの役員を何度も繰り返し引き受けるといったことがある。そのような人は，「次こそは絶対に指名されても応じない」と固く心に決めたとしても，結局は毎回引き受けてしまう。なかには，再選される前から，自分が役員を断ることを想像し，それだけで罪悪感にさいなまれる人もいる。この例からもわかる通り，「自己犠牲スキーマ」は，健康な人にもよく見られるものだが，そのような人に十分なサポート資源があれば，臨床的には特に問題はないかもしれない。

事例　自己犠牲スキーマ

　ヘレンは35歳の看護師で，クリニックに勤務している。彼女はいつでも時間外業務を快く引き受け，その仕事ぶりも申し分ないため，クリニックから高い評価を受けていた。彼女はクリニックの「サービス保証部門」の代表者であり，しばしば病気の同僚に代わって仕事をするなど，つねに完璧な働きぶりである。仕事への熱意に加え，彼女は私生活においてもPTAの役員で，ほかにもさまざまな集まりに熱心に参加していた。ヘレンは当初，「燃え尽き」を訴えて心理療法にやってきた。セラピストには，完璧なまでの仕事ぶりと私生活でのさまざまな活動がヘレンを圧倒し，ストレス過剰になっているように思われた。しかしセラピストが「どうしてあなたは，これほどまでに何でも頑張るのですか？」と尋ねたところ，彼女は心底驚いた様子で，「え？　でも，私のやっていることなんて，たいしたことないですよね」と答えるのだった。

(14) 評価と承認の希求スキーマ

　このスキーマをもつ人にとって非常に重要なのは，他者に対して自分をよく見せることである。彼／彼女たちは，自らの外見や立ち居ふるまい，そして社会的立場を向上させることに多大な時間とエネルギーを注ぐ。その目的は，自らを向上させることではなく（すなわち自己愛のために自らを美化したいのではなく），ひたすら他者に評価され，承認してもらうことである。このような人は，他者の意見や，他者からの評価や承認に対する欲求のほうが絶えず優先されるため，自分自身の本当の欲求や願望を自覚することが難しい。

> **事例** 評価と承認の希求スキーマ
>
> 　32歳のサラは弁護士で，一見非常に満ち足りて幸せな人であるように見える。彼女は多くの友人や豊かな趣味をもち，成功を収めた立派な男性と結婚している。しかし彼女は，自分自身（そして自分の人生そのもの）がなぜか「偽物だ」と感じるようになり治療に訪れた。サラは，自分を「退屈で不十分な人間だ」と感じるのだという。彼女は自らの「生き生きとして魅力的なライフスタイル」について，次のように述べた。「私はいつでも最高レベルのグループに所属し，最高レベルの活動をしていなければならないのです。それはまるで，一度にいくつものボールを巧みに操るようなものです。ものすごいプレッシャーです。そのため私は，本当はそうではないのに，いつも面白くて魅力的な存在のふりをしています」。

1.1.5 「過剰警戒と抑制」領域のスキーマ

　この領域のスキーマをもつ人は，自分の内なる感情や欲求を表出したり，自らそれらを感じたりすることを回避する。「感情抑制スキーマ」をもつ人は，内的感情，興味関心，子どもらしい欲求を，馬鹿馬鹿しく不必要で幼稚なものとみなしている。「否定／悲観スキーマ」は，世界に対して極

めて否定的な見方をする。このスキーマをもつ人は，物事をつねに悪いほうに考える。「厳密な基準／過度の批判スキーマ」をもつ人は，何かを達成することへのプレッシャーをつねに強く感じているが，極めて高い基準を自らに課すために，実際に多くのことを成し遂げたとしても決して満足できない。「罰スキーマ」を有する人は，間違いが起きた場合はいつでも，それが故意であれ偶然であれ罰を与えられなければならない，という懲罰的で道徳的なルールをもち，実際にそのような態度を取る。

　これらのスキーマは，強化や社会的モデリングによって形成されることが多い。たとえば，感情を素直に表現することを好まない養育者から，感情的になることは恥ずべきことだと教えられた場合などである。また，達成や成功だけを重んじ，人生の楽しみや自由な活動といったものを価値のないことだと軽視するような養育者のもとで育った場合なども，これらのスキーマが二次的に形成されることがある。

　これらのスキーマを有する人のなかには，幼少期において，強烈な感情を伴う何らかのネガティヴな体験をしたと報告する人がいる。そのような人は，強烈な感情を「嫌悪刺激」として学習し，何としてもそのような感情を避けて自分を守ろうとする。これは，たとえば家族の誰かが非常に攻撃的で感情的な物言いをする人物だったというように，自分自身よりも他の人の感情に関係していることが多い。「厳密な基準／過度の批判スキーマ」や「罰スキーマ」は，養育者のもつ道徳的価値観や達成基準，またはいつどのように当事者を罰したか，あるいは失望や怒りを当事者にどのように示したか，などの要因が影響する。

(15) 否定／悲観スキーマ

　このスキーマをもつ人は，あらゆる状況において，否定的で問題のある側面に絶えず目を向ける。彼／彼女たちは物事がうまくいかないことを絶えず心配し，いたるところで問題が起きると思っている。当事者がしばしば報告するのは，自分の「否定／悲観スキーマ」は，非常に悲観的で，あらゆることに対してつねに否定的な見方をしていた両親や，その他の重要

他者をモデルにして形成されたということである。このスキーマをもつ人は，肯定的な見方をするよう促しても，結局は否定的な世界観に立ち戻ってしまうため，周囲の人たちをひどく失望させてしまう。

事例 否定／悲観スキーマ

　46歳の数学教師エリックは，妻からカップルセラピーのために自分のセラピストと会ってほしいと求められた。妻は，セラピストに支えられながら，もっと前向きにいろいろなことに挑戦していこうとしているが，夫の悲観的な態度がそれを妨害するのだと訴えた。エリックは，自分がネガティヴな感情をもちやすい人間だと自覚はしているものの，この世は邪悪な世界であり，人生は悲しみと問題に満ち溢れていると確信しており，またそう思うことにはそれ相応の理由があると主張する。彼は，人生の肯定的な側面について考えることは，全く非現実的なことだと固く信じて疑わない。セラピストがエリックに現在の仕事について尋ねると，彼は，同僚との間に起きた問題やチームの配置の問題などについて延々と不満を語った。その話に妻が割って入った。妻が言うには，エリックは希望通りの職場やチームで働くことができており，彼の経歴はこれまでも今も非常に順調であるということだった。

(16) 感情抑制スキーマ

　このスキーマをもつ人は，素直で自然な感情を表現するのは望ましくないこと，あるいは愚かなことだと思っている。彼／彼女たちにとって，感情は取るに足らない不要なものである。なかには，怒ったり取り乱したりしたときに，そのことを養育者から馬鹿にされたという幼少期の経験をもつ人もいる。自分の感情を愚かで幼稚なものとして捉えるようになると，彼／彼女たちは感情を価値のないものとみなすことになる。ほかには，家族が手をつけられないぐらいに激しい感情を示し，なすすべがなかったという体験を通じて，このスキーマが形成されることもある。具体的には，家族間の喧嘩の際に誰かが感情を爆発させたり，当事者である子どもに向

かって他の家族に対する不満を激しくぶつけたりするといったことである。このような体験をした子どもは，感情を恐ろしく自分を圧倒するものとして捉えるようになる。「感情抑制スキーマ」の治療においては，当事者が感情を「愚かなもの」として理解しているのか，それとも「恐ろしいもの」として理解しているのかを見極めることが重要である。

> **事例** 感情抑制スキーマ
>
> 　36歳の建築家ピーターは，当初，気分変調症の診断で治療を訪れた。彼は落ち着いた印象を与える男性であったが，「うれしい」「愉快」といった感情に乏しかった。セラピストが冗談を言ってみても，彼はほとんど笑わなかった。ピーターが兄との間にある非常に複雑な関係について語りはじめたとき，セラピストは内に秘めた彼の怒りに気がついた。しかし，セラピストが怒りの感情について焦点を当てようとしても，ピーターは「何の感情も感じていない」と否定するのだった。そこでセラピストは，幼少期の体験を尋ね，彼の家族が互いにどのような感情を表現しあっていたのかを話すよう求めた。ピーターによれば，彼の父親はつねに無表情で，感情を表すことがほとんどなかったという。一方，母親は非常に感情的な人で，自らの感情に圧倒されることが多かったという。ピーターや兄がまだ幼い頃，母親はその兄とよく口論をしていた。口論をすると彼女は決まって大混乱に陥り，しょっちゅう大泣きしていた。そして口論の後には必ずピーターの部屋に来て，泣いたりわめいたりするので，ピーターはいつも母親をなだめ，落ち着かせなければならなかった。こうした経験は彼自身の感情を激しく消耗させ，その結果，彼は強烈な感情を嫌うようになっていった。

(17) 厳密な基準／過度の批判スキーマ

　このスキーマをもつ人は，高レベルの目標を掲げ，その目標を達成することに対して絶えずプレッシャーを感じている。彼／彼女たちは，すべてにおいてベストを尽くそうとする。のびのびと楽しむことに時間を使えず，

目標達成に無関係な活動を軽視する。そして完璧主義かつ厳格である。彼／彼女たちは，自ら設定した高い目標や基準を疑問に思うことがない。それらが達成される可能性が極めて低い場合や，達成しようとすることで生活に悪影響が出そうな場合でも，それらの高い目標や基準を「当然のこと」として捉えている。

> **事例** 厳密な基準／過度の批判スキーマ
>
> 　ニックは44歳の内科医であり，抑うつ症状の治療を求めて心理療法を開始した。彼の抑うつエピソードは，職場に新たに設立された医局の長に任命されてから始まった。医局を発展させ，軌道に乗せることが彼に課せられた責任だった。初回セッションにおいて，セラピストは，ニックがどのような計画や目標を立てているのか，まず彼に尋ねた。ニックによれば，抱えているすべてのプロジェクトをうまく管理し，すべての仕事を完璧かつ効率的に，そして深刻な遅れが出ないように進めていく必要があるということだった。彼は，するべきことが多すぎるし，1日に16時間以上働くのは無理があるし，つまり自分の計画が非現実的であることは頭ではわかっていた。しかし実際には，明らかに無理のある非現実的な基準に折り合いをつけ，目標レベルを下げることがどうしてもできないでいた。治療が始まってさほど経たないうちに，ニックは，今の生活をもう少し楽な状態にするためには，さまざまな基準や目標のうちどれか1つでもレベルを下げる必要があるのに，どうしてもそれができないことに気づいたのである。

(18) 罰スキーマ

　このスキーマをもつ人は，過ちを犯したら人は罰せられるべきだと信じている。彼／彼女たちは，自分自身にも他人に対しても無慈悲で短気である。そのほとんどが，幼少期に「罰スキーマ」のモデルとなった人がいたと報告する。

> **事例** 罰スキーマ
>
> 52歳のトムは，スキーマ療法に対してさして乗り気ではなかったが，彼の主治医は，彼が自分の借家人たちに対して過剰に不満が強いことを自覚するよう促し，治療を始めたほうがいいと彼を説得した。トムは大きなマンションを管理しており，借家人のルール違反につねに神経を尖らせている。そして，借家人の規則違反（たとえば騒音など）に不満を漏らしてばかりいる。トムは，些細なことで借家人と言い争いをし，彼／彼女たちの行動を改めさせようと必死な様子であった。マンションでもそんな感じなので，トムはどこに行っても周囲の人とうまくいかず，いつもトラブルを起こしていた。トムが主治医に話したところによると，彼の両親もまた，他者に対して非常に辛らつで，人生を楽しむことを息子に教えなかったし，それを許さなかった。トムと同様に，両親も非常に懲罰的であり，他人を批判してばかりいた。

1.2　欲求に焦点を当てる

　スキーマ療法において中核となる考え方は，人間の欲求に焦点を当てることである。心理学的な諸問題の起源を考える際，人間の欲求（および欲求が満たされないことから生じるフラストレーション）は重要な要因である。我々は，不適応的スキーマは，幼少期の欲求が適切に満たされなかった場合に形成されると仮定している。たとえば，「社会的孤立／疎外スキーマ」と「見捨てられ／不安定スキーマ」はそれぞれ，幼少期に，「仲間と社会的な接触をもちたい」という欲求や，「安定した人間関係をもちたい」という欲求が満たされなかったときに形成される。さまざまな研究によって，幼少期に何からのトラウマや強いストレスを体験すると，その後の人生において心理学的な問題が生じやすくなるということが示されており，我々の仮説はそれらの仮説によって支持されると考えられる。

　欲求に焦点を当てることは，問題の起源を理解することに加え，治療に

おいても重要な役割を果たす。不適応的スキーマは，人が自分自身の欲求を認識したり，感じたり，充足させることを妨げる。スキーマ療法の重要な目標のひとつは，当事者が自分自身の欲求に耳を傾け，それらをより明確に理解できるように手助けすることである。またもうひとつの重要な目標は，幼少期に満たされることのなかった，そして大人となった今では完全に満たすことが難しくなってしまった基本的感情欲求について，それらを今できる範囲で，適切な形で満たすことができるよう，当事者を導くことである。そのためには，以下に示す問いに基づき，当事者の抱える問題を，過去と現在の両面から分析する必要がある。すなわち，どのような欲求がこれまでに満たされてこなかったのか？　どのような欲求が現在満たされていないのか？　当事者が自らの欲求を満たせるようになるためには，どのようなことを改善したり学んだりすればよいのか？　ここで注意しなければならないのは，何の制約もない状況で，当事者の欲求をすべて完全に満たせる人などいない，ということである。そういう人を想定することは，現実的でも機能的でもない。心理学的に健康な人間は，自分自身の欲求と，他者の欲求との間に適度な折り合いをつけ，バランスを保つことができる。また，状況に応じた欲求の満たし方ができる。そのような人は，自らの欲求を満たすことの限界を理解しており，欲求とは現実的な制約のなかで満たしていく必要があると自覚している。

　人の欲求に焦点を当てることは，ヒューマニスティックな心理療法では本質となる考え方である。言い換えれば，アプローチの別にかかわらず，すべてのセラピストは，何らかの形で当事者の欲求に焦点を当てているとも言えるだろう。他の心理療法に比べてスキーマ療法が際立っているのは，すべての介入において，当事者の欲求を焦点化し，取り扱っていくための方法が明確化されていることである。たとえば，「イメージの書き換え」のエクササイズでは，外傷的な出来事をイメージしたうえで，その状況における当事者の欲求を扱う(第6章3.2項を参照)。「椅子による対話のワーク」は，当事者の欲求や権利を守るために行われるエクササイズである(第8章3.1項を参照)。

表 1.2　スキーマ領域と基本的欲求との関連

スキーマ領域	関連する基本的欲求
断絶と拒絶	安全なアタッチメント，受容，世話
自律性と行動の損傷	自律性，有能感，自我同一性の感覚
制約の欠如	現実的制約，自己統制
他者への追従	欲求や感情の自由な表出
過剰警戒と抑制	自発性，遊びの感覚

　Young et al.（2003）は，人間の基本的欲求について5つの領域を同定した。5つのスキーマ領域はそれぞれ，各基本的欲求に関連していると Young et al.（2003）は仮定している（表 1.2 を参照）。これらの基本的欲求は，不適応的スキーマのリストと同様，我々の日々の臨床経験のなかから導き出されたものであり，実証研究に基づくものではない。これらはむしろ，Rogers（1961）や，Grawe（2006）のアプローチのような，人間の欲求に関する臨床的な分類と大きく重なるものである。

　先に述べたように，非機能的なスキーマは幼少期の欲求が適切に満たされなかった場合に形成される。その他のモデル（たとえば Grawe, 2006）と異なり，スキーマ療法は「制約（limit）」や「自己統制（discipline）」も欲求として仮定している。これらの欲求（制約，自己統制）が満たされないと，「自制と自律の欠如スキーマ」や「権利要求／尊大スキーマ」が形成される。この仮説は実証されたものではないが，教育や養育といった観点から考えれば，制約や自己統制といった欲求が重要であることは容易に理解できるだろう。このように不適応的スキーマは，何かの欲求が満たされなかった場合，とりわけ対人関係において親密さを求める欲求が満たされなかったり，あるいは非常に甘やかされて育てられたりした場合に形成されるのである。

　治療の過程では，さまざまな欲求に焦点を当てた介入が行われる。たとえば心理教育においては，幼少期に満たされなかった欲求が，どのように現在の問題に結びついているかを検討することが重要である。幼少期の欲求が満たされなかったことによって形成されたスキーマは，当事者のその

後の生活において妨害的に機能する。早期不適応的スキーマは，当事者の欲求が満たされることを妨げつづける。このようなスキーマに対する構造化された介入として，ホームワークで行うさまざまなエクササイズや，「行動パターンの変容（behavioral pattern-breaking）」といった技法が用意されている。これらのエクササイズや技法を通じて，当事者は自らの欲求を適切な形で満たすことができるようになる。

事例　スーザンの欲求に焦点を当てる

スーザン（1.1 項参照）は，すでに別れているはずの前の恋人に対してはっきりと拒否の意思を示すこと，そしてこの問題についてグループ療法の場で皆に検討してもらうことをセラピストと約束した。しかし彼女はグループで自ら手を挙げて，この問題を持ち出すことがどうしてもできないと述べた。そこでセラピストは個人セッションでこの問題に再び焦点を当て，このような回避のパターンが，スーザンの欲求が満たされるのをいかにして妨げているか，ということを強調した。

「スーザン，あなたは幼かった頃，重要なコーピングとしてこのような回避のパターンを身につけたのでしたね。なぜそうなったか，私にはそのことがよくわかります。幼い頃のあなたが生き延びるためには，家族のなかの衝突やストレス状況を回避するしかなかったのです。しかし，もしあなたが今，回避のパターンを変えることにチャレンジしないと，『制約を設けて，しっかりと自分を守りたい』というあなたの欲求を満たすことができなくなってしまいます。私はそのことを心配しているのです。そしてグループ療法の場は，あなたが自分の欲求や関心を表現する方法を学ぶには，うってつけの場なのです。あなたもご存知の通り，グループのメンバーは皆良い人ばかりで，誰一人としてあなたを傷つけるような人はいませんね。私自身，あなたがグループのなかで傷つくようなことは決してないだろうと考えています。グループのメンバーは皆，あなたの問題をよく理解してくれるでしょう。皆から理解され，サポートされたという体験は，あなたにとってきっと素晴らしいものになるでしょう」。

1.3　スキーマへのコーピング

　同じスキーマでも，それが行動に現われる場合，その現われ方はさまざまである。「スキーマへのコーピング（schema coping）」とは，人がどのように自分自身のスキーマに対処しているか，そして対人関係において，その人のスキーマがどのような形で顕在化しやすいか，といったことを言い表す概念である。「スキーマへのコーピング」は，精神力動論における防衛機制の考え方と非常によく似ている。スキーマ療法において，我々はこれまでの経験に基づき，以下の3つのコーピングスタイルを同定している。

■ 3つのコーピングスタイル
　「服従」のコーピングスタイルをもつ人は，スキーマがあたかも真実であるかのようにふるまい，スキーマに従った行動パターンを示す。
　「回避」のコーピングスタイルをもつ人は，さまざまな社会的状況や感情を，回避行動（たとえば社会的引きこもり，薬物乱用など）を通じて避けつづける。
　「過剰補償」のコーピングスタイルをもつ人は，あたかも自らのスキーマと正反対のことが真実であるかのように，非常に支配的で自信に満ちた態度でふるまう。

1.3.1　「服従」のコーピングスタイル

　「服従」のコーピングスタイルをもつ人は，スキーマに伴う感情を強烈に体験し，それらの感情があたかもスキーマからの「警告」であるかのように感じ，それらを受け入れ，服従する。「服従的コーピングモード」にある当事者は，スキーマは真実そのものであり，たとえば他者からの不当な扱いに遭った場合，スキーマに服従し，そのような扱いを耐え忍ぶ以外に対処法がないといったふるまいを示す〔訳注：この文章はややわかりづ

らい。「服従スキーマ」と「スキーマに服従すること」と「服従的コーピングモード」が混同されているように思われる］。「服従」のコーピングスタイルの典型例としては、「服従スキーマ」をもつ当事者が、そのスキーマに服従し、他者に服従的に関わるといった場合や、幼少期に深刻な性的虐待を受けた人が、大人になってからも親密な関係において相手からの虐待的な扱いを受け入れてしまうといった場合が挙げられる。

> **事例** 「服従」のコーピングスタイル
>
> スーザン（1.1 項を参照）のもとには、以前付き合っていた暴力的な男性から時折電話がかかってくる。そしてたいていは電話の後、本心では全く望んでいないのに、スーザンは彼のもとを訪れ、性的な関係をもってしまう。彼女は、他者からの愛情や関心が全くなくなってしまうことを、ひどく恐れている。彼とのセックスにおいて、スーザンは性的な興奮を全く感じることができない。しかし、そのときの彼女は、他者との関わりにおける温もりや愛情のようなものを、わずかながら感じることができるのである。いずれにせよ、スーザンに対して興味や関心を示してくれる人は、彼以外に誰一人いなかった。またスーザン自身、自らの欲求を誰かに示すなどということは、想像することもできなかった。彼女は、誰かに欲求を示し、わかってもらいたいと本心では願っていたが、そのようなことは決して現実には起こりえないと確信していたのである。

1.3.2 「回避」のコーピングスタイル

当事者がスキーマの活性化やそれに伴う感情を回避して自らを守ろうとする場合、我々は「回避」のコーピングスタイルを検討する。回避に関わる典型的な行動パターンとしては、社会的引きこもりや、他者との感情的な関わりの回避や欠如である。このようなコーピングスタイルをもつ当事者と治療で接すると、我々セラピストは、彼／彼女たちとの交流や接触が

希薄だと感じることが多い。また，狭い意味で「何かの行動を回避する」というだけでなく，感情的な体験を回避するために「何か一定の行動パターンを取る」という場合も，そこに回避のコーピングスタイルを読み取ることができる。このような回避の例としては，感情を避けたり感情を処理したりするために何らかの物質を乱用する，といったことが挙げられる。あるいはその時々の感情を感じないようにするために，別の刺激に自分の注意を向けつづけるという対処をする人たちもいる。たとえば，コンピュータゲームに没頭する，ワーカホリック，テレビを観つづける，インターネット依存，過食行動などがこれに当てはまる。我々は，不安などの否定的な感情を軽減するために，これらの行動を取ると当事者が報告する場合，回避のコーピングスタイルを検討するようにしている。

事例　「不信／虐待スキーマ」の回避

27歳のBPD当事者サビーナは，幼い頃に性的虐待を受けた経験がある。彼女は男性と交際することができないと訴えた。彼女は時々，男性と接する機会をもつよう友人たちに説得され，パーティなどのイベントに連れ出される。しかしパーティで男性が彼女に近づこうとすると，彼女はうろたえ，ひどく困惑してしまう。こうした状況において彼女が一番に感じるのは，「逃げたい」という衝動である。こうした反応は，「不信／虐待スキーマ」に典型的である。しばしば，彼女は大量のアルコールを飲んでその場をやり過ごそうとする。アルコールを飲むと，絶望的な感情は少し抑えられるが，それでも完全に安心できるわけではない。それでもアルコールを飲むと，彼女は気分が高揚し，男性に対する脅威が少しだけ薄らぐのを感じる。酔うと，彼女は会ったばかりの男性と自ら進んで性的な関係をもつこともある。ただしこうしたセックスでは，彼女はたいてい何の感情や感覚も感じない状態になる。サビーナは，自分自身のアルコール乱用と，そのうえでの性交渉を恥ずべきものと感じている。しかし，アルコールなしでは到底リラックスできない。彼女は，パーティで何も飲まないで素面でいようと心に決めても，土壇場になっ

てパーティへの出席をキャンセルするなどしない限り，結局は耐え難い感情が生じ，再びアルコールを飲んでしまうのであった。

1.3.3 「過剰補償」のコーピングスタイル

「過剰補償」のコーピングスタイルを有する人は，スキーマと正反対のことがあたかも真実であるかのようにふるまう。たとえば，「失敗スキーマ」をもつ人は，自分の業績をことさらに誇示し，アピールしようとする。「不信／虐待スキーマ」をもつ人は，過度に自己中心的で攻撃的なふるまいを示すかもしれない。「不信／虐待スキーマ」に過剰補償している人のなかには，虐待を受ける脅威から逃れるため，逆に他者を虐待してしまうという人もいる。「服従スキーマ」に過剰補償する人は，相手に服従するよう求め，強制的に自分の考えを受け入れさせようとする。治療場面においては，セラピストが，当事者に支配されている，窮地に追い込められている，あるいは脅かされているなどと感じるとき，治療関係のなかで過剰補償のコーピングが生じているものと考えられる。たとえば，自己愛的な過剰補償を行う当事者は，セラピストの経歴や資格について挑発的に尋ねるなどして，セラピストの「価値下げ（devaluation）」を図ろうとすることが多い。対照的に，強迫的に物事をコントロールすることで過剰補償するタイプの当事者は，セラピストの発言を厳密に，しかも細部にわたってチェックし，修正しようとする。どちらのタイプにせよ，セラピストは当事者に支配され，自分が価値下げされていると感じるだろう。

事例 過剰補償

25歳のニコルは，BPDおよび反社会性パーソナリティ障害の当事者である。彼女は，幼少期にひどい性的暴力と身体的暴力の被害に遭っていた。15歳になった頃から，彼女はさまざまな違法ドラッグに手を出し，売春婦として働き，暴力沙汰で警察に捕まるようにもなっていった。治療関係において，ニコルはセラピストに対して頻繁に憤慨し，腹を立て，

攻撃的にふるまったり罵倒したりした。セラピストは，ニコルの「攻撃モード」を承認するとともに鎮静化し，攻撃モードの背景にある感情を探索しはじめた。するとニコルは次第に，自分が他者から脅かされていると感じていることや，他者を信頼できないという気持ちについて語りはじめた。彼女は，たとえ自分から素直に助けを求めたとしても，誰も自分を助けてはくれないだろうと固く信じている。ニコルはこれまで誰かに助けてもらったという体験をしたことがない。したがって，セラピストや他の医療スタッフは彼女を助けるためにそこにいることを頭では理解しているものの，実際には「助けてもらっている」と感じることができないでいた。

「スキーマへのコーピング」は，スキーマそれ自体よりも，それに気づき明確化することが容易である。過度に服従的で依存的に見える当事者は，自らの欲求に焦点を当てることをせず，スキーマに関連した強烈な感情が湧き上がると，それにそのまま巻き込まれてしまうことが多い。セラピストが目の前の当事者のなかに何の感情も見出せない場合，あるいはセラピストが当事者とのラポールをどうにも確立できないと感じる場合，その当事者は「回避的コーピングモード」にあると考えられる。また，セラピスト（あるいは当事者にとっての重要他者）が，当事者に支配されている，あるいは脅かされていると感じる場合は，当事者が「過剰補償的コーピングモード」にいることが多いだろう。

1.4 「スキーマモード」モデル

1.3項ですでに述べたように，ある1つのスキーマが，多様な行動や体験につながりうる。たとえば，「失敗スキーマ」を強固にもつ男性がいるとする。彼は，自分の犯したちょっとしたミスに対して，ひどく悲しみ，絶望感や無力感を抱くことがある。しかし一方で，彼が過剰補償モードに

ある場合は，自分の業績をこれみよがしに自慢したり，自分のミスを否認したりするかもしれない。さらに，彼が回避モードにあるときは，失敗やそれにまつわる感情を避けるために，何かにチャレンジしなければならないような状況をそもそも回避するだろう。

　パーソナリティ障害をもつ当事者は，スキーマに関連した特定の行動パターンを有しており，それが治療の進行の妨げになることがある（もちろんそれらの行動パターンは，当事者の生活場面でも何らかの妨げになっているだろう）。その典型例が，回避性パーソナリティ障害の傾向を有する当事者の示す，極めて強固な社会的回避行動である。この種の当事者は，ほんの数セッションで治療に来るのをやめてしまったり，セラピストとごく限定されたやりとりしかできなかったりする。というのも，彼／彼女たちの回避的なコーピングスタイルがあまりにも強固で，それが治療場面でも活性化されてしまうからである。

　別の例としては，自己愛性パーソナリティ障害の傾向があり，さらに過剰補償的なコーピングスタイルを有する当事者は，治療場面やその他の生活場面において，絶えず相手を支配しようとする。このような当事者に対しては，セラピストは毅然とした態度を保ち，治療者としての役割を果たさなくてはならない。しかしながら，別のタイプの当事者，特にBPD当事者においては，また事情が異なる。というのも，BPDをもつ人は，持続的に1つのコーピングモードに留まることはなく，その時々に活性化されたスキーマに関連した状態のなかで，モードがころころと頻繁に変化するのである。BPD当事者の感情状態は頻繁に変化し，そのこと自体が治療の妨げになる可能性がある。なぜなら，感情の変化とモードの変化は連動し，その結果，当事者の意見や計画までもが頻繁に変化することになってしまうからである。BPD当事者が，あるときは自らの行動を改善することに非常に意欲的であるにもかかわらず，次の瞬間には，そんなことは絶対に不可能だと主張するのは，感情とモードが変化するからである。

事例　1つのコーピングが持続するケース

　45歳のコンピュータ・プログラマーのフィリップは，自己愛性パーソナリティ障害の傾向がある。彼は自らの社交不安を軽減するためにセラピーを受けに来た。フィリップは，人が怖いとセラピストに訴えた。フィリップは他者といると極度の不安と馬鹿にされた感じを抱きやすく，そのため人と関わることをひどく嫌っていた。彼の幼少期のトラウマを考えれば，こうした状態は理解できるものである。フィリップは子どもの頃，深刻な神経皮膚炎を患い，そのため同級生から何年にもわたってひどいいじめを受けていた。そのような経験を通じて，彼のなかに耐えがたいほどの恥の感覚が形成されていった。とっくの昔に皮膚炎は治ったにもかかわらず，彼はちょっとしたことで自分のことを恥ずかしいとか人から馬鹿にされたと感じるのであった。

　このような対人不安を訴えているにもかかわらず，フィリップは，非常に支配的な印象を与える人物であった。おそらく彼は過剰補償の状態にあるのだろう。セッション中，彼は絶え間なく話しつづけ，セラピストは彼の話にほとんど口を挟むことができない。彼はこれまで受けてきた治療やセラピーについて，彼自身が専門家で，セラピストはまるで彼の同僚であるかのように，そしてあたかも他の患者について論じているかのように説明した。セラピストが何かコメントしようとすると，彼はただちにそれを遮り，コメントを訂正しようとする。セラピストからは，フィリップは自らの体験や社交不安，そしてセラピストに対して向き合おうとしていないように見受けられた。セッションが始まって30分も経つと，セラピストはフィリップに支配されているように感じ，そのような状況にイライラしはじめた。そして，フィリップがこのような過剰補償のコーピングを続ける限り，彼とはまともに話ができないのではないかと思うに至った。彼は自分が重篤な「欠陥／恥スキーマ」をもっていると訴えるが，セラピストからすれば，彼の言動からそのようなスキーマを理解することもできないし，彼のなかにそのような感情が生じているとも思えないのであった。

このようなケースの場合，スキーマ療法として重要なのは，当事者に対して過剰補償のパターンについて共感的に直面化し，早いうちからこれらのパターンに対処していくことである。

> **事例** スキーマモードが頻繁に変化するケース

　39歳でBPDのベティは，これまで15カ月間にわたって治療を続け，セラピストとの関係もようやく親密なものになってきていた。ある日セラピストはセッションに少しだけ遅刻してしまい，ベティはその間，座る場所の全くないセラピストのオフィスの前で，待ちぼうけを食うはめになってしまった。部屋に入る際，セラピストはベティが少々立腹していることに気づき，セッション中に彼女の怒りについて話し合おうとしたところ，ベティは，「この汚らしい部屋の前に椅子があろうがなかろうが，あなたには全く関係ないのよね！　あなたはこの部屋の前で誰かを待つ必要なんか全くないのだから！」と言った。このようなベティの怒りに対し，セラピストが素直に応じて謝ると，彼女はその謝罪を受け入れず，今度は自分自身のことを「恩知らずな人間」とののしるのであった。なぜなら，セラピストが予約でいっぱいでとても忙しいことをベティは知っているにもかかわらず，自らの不快感をセラピストに示したからである。彼女は，自分がセラピストに対し決して怒るべきではなかったと感じていた。セラピストはそれに同意せず，セラピストが時間に間に合わなかったことにベティが怒りを感じるのは当然のことだと伝えた。セラピストに対して怒りを感じたとしても，それでベティが悪い人間だということにはならない。このようなやりとりのなかで，セラピストとの関係にふたたび安心感を抱いたベティは，幼い頃，家具が何もないがらんとした部屋のなかで，一人ぼっちで過ごした時間がとても寂しかったのだと，泣きながら語りはじめた。

　フィリップやベティにおけるこれらの現象を説明するために，スキーマモードという概念は考案された。「スキーマモード」は，「特定のスキーマ

と関連した現在の感情状態」として定義される。スキーマモードは頻繁に変化することもあれば，極めて堅固に持続することもある。多くの異なるスキーマを抱え，数々の強烈なスキーマモードに陥りやすい当事者にとっては，背景にあるスキーマに言及するよりも，スキーマモードそのものを取り扱うほうがはるかに容易であることが多い。スキーマモードは主に，ネガティヴな感情に関連するモードと，これらのネガティヴな感情に対処するために用いられるモードの2つに分類される。

1.4.1 チャイルドモード

「チャイルドモード」は，怒り，悲しみ，見捨てられといった強烈なネガティヴ感情と関連している。これは，多くの心理療法（たとえば交流分析）で活用されている「インナーチャイルド」の概念に近いかもしれない。たとえば「不信／虐待スキーマ」をもつ人が「虐待されるチャイルドモード」の状態に入ると，恐怖を感じ，相手の言いなりになってしまうだろう。

1.4.2 非機能的ペアレントモード

ネガティヴな感情に関連するもう1つのモードは，「非機能的ペアレントモード」である。概念的には，これらのモードは精神力動論における「（加害者の）取り入れ」に近いかもしれない。スキーマ療法における「非機能的ペアレントモード」は，養育者の非機能的な反応を子ども自身が内在化したものと捉えられている。このモードにある人は，自分自身にプレッシャーをかけたり，自分自身をひどく嫌悪したりする。たとえば「不信／虐待スキーマ」をもつ人が「懲罰的ペアレントモード」に入ると，自分を価値のない存在とみなし，そのような自分を憎く感じることであろう。

1.4.3　非機能的コーピングモード

　コーピングモードは，スキーマへの3つのコーピング，すなわち回避，服従，過剰補償に関連している。「回避的コーピングモード」にいる人は，自らの感情や他の内的体験を回避したり，社会的な関わりを絶ったりする。「過剰補償的コーピングモード」にいる人は，当該のスキーマに関連する感情と逆の感情を得ようとして，自らを鼓舞したり，誇大的にふるまったりする。上の事例では，ベティのモードは変化しつづけていたが，フィリップにおいては強力な「過剰補償的コーピングモード」が一貫して現れていた。

1.4.4　ヘルシーモード

　「ヘルシーモード」には，「ヘルシーアダルトモード」と「幸せなチャイルドモード」がある。「ヘルシーアダルトモード」にある人は，現実的な視点に基づいて，自らの人生や自分自身を捉えることができる。そのような人は，必要な責任を果たすことができるが，同時に，自らの欲求や幸福を尊重することができる。このモードは，精神力動論における「健全な自我機能」の概念と重複する。「幸せなチャイルドモード」は，楽しみ，喜び，遊びといった感情に関連している。

> 　スキーマは概念的には「特性（trait）」に近い。一方スキーマモードはスキーマに関連した「状態（state）」を表す。スキーマモードは，次の4つの領域に分類できる。
> 　(1) チャイルドモード
> 　(2) 非機能的ペアレントモード
> 　(3) 非機能的コーピングモード
> 　(4) ヘルシーモード（ヘルシーアダルトモード／幸せなチャイルドモード）

モードは，スキーマそのものよりもはるかに容易に同定し，扱うことができる。それゆえモードは，より困難な問題を抱えた当事者の治療において中心的な役割を果たす。スキーマ療法においてスキーマモードの概念を用いる場合，すべての治療技法はつねに当事者の「現在の感情状態」，すなわちモードに焦点を当てることになる。言い換えると，そのときに活性化されていないモードに焦点を当てたり，そのようなモードについての情報を得たりすることには，あまり意味がない。今この瞬間に活性化されているモードに取り組むことで，当事者は，自らのモードやスキーマに気づき，それらを変えていくことができるようになる。

> **事例** フィリップ――過剰補償モードに向き合う
> 　フィリップが過剰補償モードにあることを30分ほど観察しつづけたセラピストは，その後，そのことについて単刀直入に話をした。「フィリップ，あなたが社交不安に苦しんでいることはよく理解できました。でもおかしなことに，今このセッションのなかで，あなたがそのような不安を抱いているようには感じられません。私の目の前で社交不安について話しているときのあなたは，非常に淡々としていて，むしろ自信たっぷりに見えました。これは，あなたが話してくれた不安とはむしろ正反対です。私は，あなたがある種の過剰補償をしているのではないかと考えています。『過剰補償』という言葉はご存知でしょうか？　人は過剰補償をすると，自分の抱える問題と正反対のふるまいをします。あなたの場合は，過剰補償によって，人前では冷静さを保ち，状況を支配し，あたかも不安など全くないようにふるまうということです。このような仮説について，あなたはどう思いますか？」。

> **事例** ベティ――さまざまなモードに対する手当て
> 　ベティとのセッションでは，セラピストは彼女の怒りを承認することに焦点を当てる。セラピストはすでにベティのことをよく知っており，ベティが相手に対して怒りを表現できないことを十分に理解している

(これは「要求的ペアレントモード」「罪悪感を誘発するペアレントモード」「懲罰的ペアレントモード」によるものである)。セラピストはまず，「懲罰的ペアレントモード」を阻止するために働きかける。「ベティ，座るところもないような薄暗い廊下で待たされたら，誰だって怒りを感じるはずです。あなたには怒りを感じる権利があります。あなたのなかの『懲罰的ペアレントモード』が『怒ってはいけない』とあなたに言ってくるのであれば，そのほうが間違っているのです！」。当事者は，セラピストのこのような言動をモデルとして内在化し，日常生活において「懲罰的ペアレントモード」が出てきたときに，自らそれに対峙するためのスキルを習得していく。そしてセラピストがセッションを通じて焦点を当てる必要があるのは，「脆弱なチャイルドモード」による悲しみの感情である。スキーマ療法が目指すのは，当事者が自らのスキーマを修復するために，情緒的なサポートを受けられるようになること，そして健全な愛着を形成するためのスキルを習得することである。そのための治療技法として，「見捨てられ，傷ついた感情」に焦点を当てたイメージエクササイズが有効である。あるいはベティのケースでは，「椅子による対話のワーク」を用いて，怒りを表現したり「懲罰的ペアレントモード」と対峙したりすることに焦点を当ててもよいだろう。

モードモデルを用いることによって，当事者が抱えている問題について，それをセッション内でのセラピストとの相互作用に直接的に関連させて理解できるようになる。またモードモデルを通じて，当事者のもつさまざまなモードと，当事者の抱えるさまざまな問題や症状とを関連させて理解できるようにもなる。次章（第2章）では，モードモデルによる問題の概念化について解説し，各モードに適した治療戦略について紹介する。

1.5　よくある質問

(1) スキーマ療法では，18個の早期不適応的スキーマが挙げられているが，その根拠は何か？　ほかの数，たとえば15個や20個である可能性はないのか？

　早期不適応的スキーマの数や種類は，実証研究に基づくものではなく，臨床的な観察に基づき，暫定的に設定したものである。つまり不適応的スキーマがちょうど18個存在する，という明確なエビデンスがあるわけではない。研究者によっては18個より少ないと言う人もいれば，もっと多いと主張する人もいる。全体的に見ると，スキーマの質問紙を使った量的な研究からは，18個のスキーマとその因子構造の間には良好な適合が示されている（Oei & Baranoff, 2007）。しかし，質問紙が翻訳された場合，その適合性が見られないこともあり，今後の実証研究によって，別の因子構造が見出される可能性もあるだろう。

(2) スキーマと「仮定・思い込み」との違いは何か？

　スキーマはCBTにおける「仮定・思い込み（assumption）」に比べ，より包括的な概念である。「仮定・思い込み」は意識レベルに近い認知を表す概念だが，スキーマには意識のみならず，無意識レベルや暗黙の認知も含まれる。さらにスキーマという概念には，感情的側面，対人的側面，そして行動的側面までもが包含されている。

(3) さまざまなスキーマの間に階層的な関係があるように思われる。たとえば「服従スキーマ」は「服従的コーピングモード」とどのような関係にあるのか？　スキーマ療法におけるさまざまな構成要素はどのように関連しあっているのか？

　18個の早期不適応的スキーマは，ほぼ同等のレベルのものとして位置づけられている。ただし，「断絶と拒絶」領域のスキーマは，他の領域のスキーマに比べて，より「一次的（主要）」なレベルにあり，その領域以外（たとえば「他者への追従」領域）のスキーマは，「断絶と拒絶」領域

のスキーマに対するコーピングによって形成された「二次的」なスキーマであるとも言えるかもしれない。このように，各スキーマ間の関連性については，これまであまり明確にされてこなかった。一方，モードモデルにおいては，「ペアレントモード」と「チャイルドモード」が一次的なモードであり，これら2つのモードによる情緒的苦痛に対して二次的に形成されたパターンが「コーピングモード」であるという明確な位置づけがある。つまりスキーマ間の関係に比べて，モード間の関係性のほうが明確に定義づけられているということになる。

(4) スキーマとモードの明確な違いは何か？　たとえば「罰スキーマ」という早期不適応的スキーマもあれば，「懲罰的ペアレントモード」というモードもある。両者を区別する必要があるのか？

たしかにスキーマとモードを明確に区別するのが難しい場合がある。モードとスキーマの主な違いは，モードモデルではスキーマがその瞬間にどのような状態として現れているかという点に焦点を当てる，ということである（これは「自我状態」という概念と似ているかもしれない）。スキーマモードは，スキーマやコーピングパターンによって誘発された強烈な感情状態である（スキーマやコーピングは感情そのものではない）。スキーマモデルにおいて，スキーマは「状態」ではなく「特性」を説明する概念であるため，モードモデルに比べて「今・ここ」での感情状態をそこまで重要視していない。

(5) ポジティヴスキーマとは何か？　そのようなスキーマも存在するのか？

スキーマという概念は，そもそも実験心理学において定式化されたものであり，当初は心理学的に健康な人々の情報処理過程を説明するために用いられていた。すべての人において，世界，自己，他者，社会的相互作用などについての表象としてのスキーマが幼少期に形成される。両親に愛されて育った子どもの多くは，「自分は価値がある」「自分は愛される人間だ」という自己スキーマと，「人は基本的に友好的で信頼に値する」という他

者スキーマを，現実的な範囲でもつようになるだろう。

　一方，スキーマ療法，特に従来のスキーマモデルでは，ネガティヴで非機能的なスキーマやモードに焦点を当てることがほとんどである。しかしながら新たなモードモデルにおいては，「ヘルシーアダルトモード」と「幸せなチャイルドモード」からなる「ヘルシーモード」が提唱されており，他のネガティヴで非機能的なスキーマやモードとほぼ同列に扱われている。ここで注目しておきたいのは，モードの概念がスキーマ療法のみならずさまざまな心理療法のアプローチを統合しうる，ということである。セラピストが心理療法においてどのようなアプローチを用いても，そこにポジティヴなスキーマやモードという発想を加えていくことが可能である。いずれにせよ，ポジティヴスキーマという発想は，スキーマ療法の文脈においてまだ非常に新しいものであり，その定義や検証は今後の課題であると言えよう（Lockwood & Perris, 未発表）。

第2章
モードの概念

　Young et al.（2003）が最初にスキーマモードのモデルを開発したときには，10のモードが提唱された。その後，オランダのマーストリヒト大学のArnoud ArntzとDavid Bernsteinたちのグループが，モードアプローチを発展させる過程で，さらなるモードが考案され提唱されることとなった。彼らは，主要なパーソナリティ障害を網羅できるよう，モードの概念を拡張したのである。現在提唱されているスキーマモードの大部分は，自記式のスキーマモード質問票（Schema Mode Inventory（SMI）；Lobbestael et al., 2010）によって評定ができる。とはいえ，従来のスキーマモデルと同様，モードモデルも実践的・発見的なアプローチに基づいている。したがって，現在提唱されているモードはあくまで暫定的なものであり，今後さらに発展し，拡大していくであろうことに留意したい。

　本章において，私たちは18のスキーマモードを提唱している（その概要は表2.1，詳細な解説は表2.2参照）〔訳注：本文では「18のスキーマモード」とあるが，表2.1，表2.2には25のスキーマモードが紹介されている〕。そのうち14のモードは上述のSMI（Lobbestael et al., 2010）によって評定することができるが，残りの4つはBernstein et al.（2007）によって提唱されたものである。日々の臨床実践においては，これらのモードが組み合わさったようなものや，その他のモードにも遭遇することであろう。

表2.1　モードの概要

非機能的チャイルドモード（Dysfunctional child modes）
- さみしいチャイルドモード（Lonely）
- 見捨てられた・虐待されたチャイルドモード（Abandoned/abused）
- 羞恥心と劣等感にあふれたチャイルドモード（Humiliated/inferior）
- 依存的チャイルドモード（Dependent）
- 怒れるチャイルドモード（Angry）
- 強情なチャイルドモード（Obstinate）
- 激怒するチャイルドモード（Enraged）
- 衝動的チャイルドモード（Impulsive）
- 非自律的チャイルドモード（Undisciplined）

非機能的ペアレントモード（Dysfunctional parent modes）
- 懲罰的ペアレントモード（Punitive）
- 要求的ペアレントモード（Demanding）

非機能的コーピングモード（Dysfunctional coping modes）
◇スキーマへの服従（Surrender）
- 従順・服従モード（Compliant surrender）

◇スキーマの回避（Avoidance）
- 遮断・防衛モード（Detached protector）
- 回避・防衛モード（Avoidant protector）
- 怒り・防衛モード（Angry protector）
- 遮断・自己鎮静モード（Detached self-soothing）

◇スキーマへの過剰補償（Overcompensation）
- 自己誇大化モード（Self-aggrandizer）
- 注目希求モード（Attention-seeking）
- 完璧主義的過剰コントロールモード（Perfectionistic overcontroller）
- 妄想的過剰コントロールモード（Paranoid overcontroller）
- いじめ・攻撃モード（Bully and attack）
- だまし・操作モード（Conning and manipulative）
- 略奪モード（Predator）

機能的ヘルシーモード（Functional, healthy modes）
- 幸せなチャイルドモード（Happy child）
- ヘルシーアダルトモード（Healthy adult）

2.1　スキーマモードの概要

　我々は，非機能的なスキーマモードを大きく3つに分けて考えている（表2.1参照）。それは，「非機能的チャイルドモード」「非機能的ペアレントモード」「非機能的コーピングモード」である。非機能的コーピングモードは，「スキーマへの服従」「スキーマの回避」「スキーマへの過剰補償」という3つのコーピングスタイルに対応するモードとして，さらに分類される。その

表2.2　スキーマモードの詳細な解説

	非機能的チャイルドモード
脆弱性に関連するチャイルドモード	・さみしいチャイルドモード 一人ぼっちの子どものような感覚。子どもにとって最も重要な感情欲求が満たされなかったために、当事者はつねに以下のような感情を抱く――空虚感、孤独感、周囲に受け入れられない感じ、愛される価値がない、愛されていない、これからも愛されることはない。 ・見捨てられた・虐待されたチャイルドモード 見捨てられること、そして／あるいは虐待されることに対する強烈な心の痛みと恐怖心。当事者は自分を迷子のように感じ、以下のような感情を抱く――悲しい、おびえる、傷つきやすい、無防備、絶望、愛情を欲する、何かの犠牲になった、自分には価値がない、路頭に迷う。当事者は、傷つきやすい幼子のような印象を周囲に与える。彼／彼女たちは、無力で、自分は完全に孤独であると感じており、自分を世話してくれる養育的な存在を見つけることに執着する。 ・羞恥心と劣等感に溢れたチャイルドモード 「見捨てられた・虐待されたチャイルドモード」の亜型。「見捨てられた・虐待されたチャイルドモード」に比べ、「見捨てられた」という感覚は弱いが、その代わりに、幼少期の家族内やそれ以外の関わりにおいて、「恥ずかしい思いをした」「自分は劣っている」といった感情をより頻繁に体験してきている。 ・依存的チャイルドモード 自分は無能であると感じており、大人としての責任を取ることに圧倒されてしまう。退行する傾向や、世話をされることを求める姿勢が強い。幼少期に支配的なしつけを受けている当事者が多く、そのために自主性や自信を十分に形成されることがなかった。
怒りに関連するチャイルドモード	・怒れるチャイルドモード 「脆弱なチャイルドモード」の中核的な感情欲求や生理的欲求が満たされなかったために、激しい怒り、激昂、腹立ち、欲求不満、イライラなどを感じている。虐待的な扱いに反逆し、怒りを発散させるが、その方法が不適切である。周囲には権利を要求する、あるいはわがままに感じられ、敬遠されてしまうことが少なくない。 ・強情なチャイルドモード 「怒れるチャイルドモード」の亜型。不合理な要求をされたり、自主性を妨害されたりしたときに、怒りを感じるものの、それを直接的には表現せず、受動的かつ反抗的な態度を示す。「強情で頑固な人」と周囲に思われやすい。 ・激怒するチャイルドモード 強烈な怒りの感情を経験しており、他者を傷つけたり物を壊すといった、制御不能な攻撃性として外に現れる。表出された攻撃性はコントロールを失い、時に不当に攻撃してくる相手を本当に殺そうとしたり、破滅させようとしたりする言動に出ることもある。当事者は、怒り狂ったり、手のつけられない子どものようになったり、加害者（とみなした相手）に対して暴力を振るったり怒鳴りつけたりすることもある。
自律性の欠如に関連するチャイルドモード	・衝動的チャイルドモード 自分の望む通りにしたいがために、自分や他者に起こりうる結果を考慮せず、自分本位に、自制の効かない仕方で欲望や衝動のままに行動する。当事者の多くは、わずかな時間も欲求不満に耐えることが難しく、甘やかされてきたという印象を周囲に与える。時に、欲求が満たされないことに対して抗議をすることによってこのモードに入る当事者もいる。

表 2.2　つづき

非機能的ペアレントモード

罰に関連する ペアレントモード	・懲罰的ペアレントモード 自分を批判したり罰したりした親や他の養育者の声が，当事者に内在化されたものである。当事者は，自然な欲求を感じたり表出したりしただけだが，それを罰されてきたという幼少期の体験をもつため，今でも欲求を抱く自分に怒りを感じ，それは罰に値するものと考えている。このモードは，自分に対して厳しく批判的で，容赦がない。このモードの徴候や症状としては，自己嫌悪，自己批判，自己否定，自傷行為，自殺念慮，自己破壊的な行動といったものが含まれる。
批判に関連する ペアレントモード	・要求的ペアレントモード 極端に高い基準を満たすよう，絶えず子どもに強く要求しプレッシャーをかける。当事者は，唯一許される状態は，完全であること，予以上の高成績を収めること，何もかもを完璧な状態にしておくこと，高い地位を得るために奮闘すること，控えめであること，自分自身のニーズより他者のニーズを優先すること，効率的であること，時間を無駄にしないこと，である。当事者は，感情を率直に表現したり自然体でいたりすることは，間違ったことであると感じている。

非機能的コーピングモード

「スキーマへの服従」 に関連するコーピング モード	・従順・服従モード 相手と衝突することや拒絶されることへの恐怖から逃れるために，他者に対して受け身的な態度をとる，へつらう，従順にふるまう，再保証を求める，あるいは自己を卑下するといった反応を示す。他者からの虐待的なかかわりを消極的に受け入れてしまう場合もあれば，当事者が自らの健康的な欲求をただ単に満たそうとしないという場合もある。スキーマに駆動された自滅的なパターンを維持するような形で，パートナーや自らの行動を選択してしまう。
「スキーマの回避」に 関連するコーピング モード	・遮断・防衛モード 感情的に遮断することによって，スキーマによる苦痛から心理的に身を引く。当事者は，すべての感情を抑制し，他者とのつながりを断ち，他者からのサポートを拒絶し，まるで機械であるかのようにふるまう。このモードのもつ徴候や症状には，離人症，空虚感，退屈，物質濫用，過食，自傷行為，心身症的な訴え，および「ブラックアウト（意識消失）」などが含まれる。 ・回避・防衛モード 行動を回避することがこのモードの主な特徴である。当事者は，社会的な状況，特に能力が試されたり，葛藤を感じたりするような場面を避ける。また，何らかの感情や感覚が生じるような場面を避けたり，それらが喚起されるような活動を避けたりもする。 ・怒り・防衛モード 脅威だと感じている他者から自分自身を守るために，「怒りの壁」を用いて防衛する。イライラや怒りを表出することによって，他者との間に安全な距離を保とうとする。このモードにある当事者が，相手への文句や不満を表出するのは，相手との間に距離を置いて自分を守るためである。 ・遮断・自己鎮静モード 感情を締め出すことを目的に，自分を鎮静させたり，逆に刺激を与えたり，あるいは気をそらせたりするための活動を必死に行う。こうした行動の多くは，嗜癖的あるいは強迫的なものが多く，ワーカホリック，ギャンブル，危険なスポーツ，乱交，薬物乱用などが含まれる。そのような自己刺激的な活用ではなく，たとえばコンピュータゲームに没頭する，過食をする，テレビを観つづける，空想にふけるといった，自分を鎮静させるような活動を一人きりで強迫的に行う当事者もいる。

第 2 章　モードの概念　069

表 2.2 つづき

「スキーマへの過剰補償」に関連するコーピングモード	・**自己誇大化モード** 自分が欲するものを手に入れるため、あるいは手に入れたものを絶対に手放さないため、競争的な言動を示したり、高圧的にふるまったり、相手を侮辱したり、誰かを口汚く罵ったり、あるいは高い社会的地位を求めて貪欲に行動したりする。自分のことばかり考え、他者の欲求や感情に対して共感を示さない。自分が他者より優位に立っていることを誇示し、特別な人として扱われることを期待する。彼／彼女たちは、すべての人に適用される規則であるにもかかわらず、自分だけはそれに従わなくていいと思っている。優れている、との自己感覚を得たいがために、他者から賞賛されることを強く欲しい、頻繁に自慢したり、自分を大きく見せようと振る舞ったりする。 ・**注目希求モード** 他者から注目され、他者からの賞賛を得たいがために、突飛な行動を取ったり、あえて不適切なふるまいをしたり、大げさな態度を示したりする。当事者がこのような行動を示すのは、根底にある孤独感を埋め合わせたり、他者からの承認の不足を補おうとするためであることが多い。 ・**過剰コントロールモード** 当事者が脅威であると認識した事態、あるいは実際の現実的な脅威から自分を守るために、何かに過剰に注意を集中させたり、反芻に没頭したり、過剰に何かを制御しようとしたりする。次の 2 つの亜型に分けることができる。 ・**完璧主義的過剰コントロールモード** 完璧主義に固執することで、コントロールを手に入れたり、悪い結末や他者からの批判を防いだりしようとする。 ・**妄想的過剰コントロールモード** 何かを過剰に警戒したり、他者の言動を「悪意の表れ」とみなして入念に調べたり、自らの疑念に基づいて他者の行動を制御しようとしたりするなど、妄想的なタイプ。 ・**いじめ・攻撃モード** 他者を脅したり、攻撃をしたり、威嚇をしたりすることを通じて、欲しいものを手に入れたり、脅威や危害から自分を守ろうとしたりする。 ・**だまし・操作モード** 特定の目標を達成するために、相手をだましたり、ウソをついたり、操作したりする。他者を犠牲にしたり、自らの罪を免れようとしたりすることも含まれる。このモードは、よく刑事犯に見られ、また自己愛的な人に見られることもある。彼／彼女たちは、自分が望むものを得るために策略したり操作したりする。 ・**略奪モード** 当事者は冷淡かつ非情である。彼／彼女たちは、計算高い策略や脅しによって、競争相手、何らかの障害、敵などを取り除こうとする。「ホットな（激しい）」攻撃を示す「いじめ・攻撃モード」とは対照的に、略奪モードの攻撃は、冷たく無慈悲である。このモードは、主に精神病質の人に見られるものである。

表 2.2　つづき

機能的ヘルシーモード
・幸せなチャイルドモード 「今・この瞬間」の中核的感情欲求が満たされており，心が平和である。また，次のような感情が生じている——愛されている，満足している，つながっている，満たされている，守られている，褒められている，価値がある，育まれている，導かれている，理解されている，承認されている，自信がある，有能である，適切に自律的である，独立している，安全である，回復力がある（resilient），強さがある，コントロールができる，適応的である，楽観的である，自発的である。
・ヘルシーアダルトモード このモードは，働いたり，養育したり，責任を負ったりという，大人が果たすべき適切な機能を担う。大人が追求することのできる楽しい活動を実践する——性的活動，知的活動，美的活動，文化的な興味関心に基づく活動，健康を増進するための活動，運動など。

ほかに，当事者の健康的で機能的な側面を表すモードとして，「幸せなチャイルドモード」と「ヘルシーアダルトモード」の 2 つが提唱されている。「今，その人がどのモードにあるか」を理解し，見極めていくためには，最初に大まかな分類に基づいてモードを同定し，その後，そのモードの特性をより具体的に検討していくことが有用である。表 2.2 は，個々のモードについて詳細に解説したものである。

2.1.1　非機能的チャイルドモード

「非機能的チャイルドモード」にある当事者は，その場の状況にはそぐわないほどの強烈で，否定的で，ストレスフルで，圧倒されるような感情に襲われている。これらの感情は，たとえば，不安，渇望，絶望，孤独感，見捨てられ，恐怖などである。ほかにも，怒りや激怒のような「ホットな（激しい）」感情もこのモードに含まれる。このような感情状態にある当事者に「今，自分が何歳ぐらいに感じるか？」と尋ねると，決まって「子どものようだ」という回答が返ってくる。年齢をはっきりと答える人もいれば，そうでない人もいる。年齢に関する典型的な回答は，「ものすごく幼くて，まるで赤ちゃんみたい」とか「幼稚園児みたい」といったものであ

るが，なかには「10代の初め頃（多くは12, 13歳）」と答える人もいる。

　非機能的チャイルドモードは，大きく2つに分けることができる。1つは，「脆弱なチャイルドモード」であり，このモードは，悲しみ，絶望感，見捨てられといった感情を特徴とする。もう1つは，「怒れるチャイルドモード」「衝動的チャイルドモード」で，特徴的な感情は，イライラ，怒り，自制の欠如，強情さといったものである。すべてのモードは，そのモードに関連して生じる感情のうち最も主要なものにちなんだ名前がつけられる。たとえば，「さびしいララ」「虐待され，絶望したマリア」「強情なトム」といった具合である。

> 　当事者が今現在チャイルドモードにいるかどうかを見極めるには，「今，自分が何歳ぐらいに感じるか」と尋ねるとよい。当事者がチャイルドモードにある場合，彼／彼女の感じている年齢は，実年齢に比べてかなり幼いものとなる。

2.1.2　非機能的ペアレントモード

　「非機能的ペアレントモード」も「非機能的チャイルドモード」と同様に，ネガティヴな感情に関連している。しかしながらチャイルドモードとは対照的に，この「非機能的ペアレントモード」は，高圧的で，自己嫌悪的ないしは自己批判的であるという特徴をもつ。非機能的チャイルドモードが，「一次的」な欲求や感情と関連したモードであるのに対して，非機能的ペアレントモードは，「二次的」なモードである。スキーマ療法では，ペアレントモードは，「道徳」に関する両親の態度や言動が，当事者に内在化されたものと想定している。非機能的ペアレントモードにある人は，自分自身に対して極端かつ過剰なプレッシャーをかける。非機能的ペアレントモードは，「懲罰的ペアレントモード」のもつ過度に懲罰的な道徳的価値観や，「要求的ペアレントモード」が掲げる高すぎる理想によって，非機能的な結果をもたらす（これは「超自我」のもつ要素に類似する）。自己

に関連した認知や感情のうち，主に罪悪感や自己嫌悪，自己の価値下げといったものが大半を占める場合，それは「懲罰的ペアレントモード」によるものである可能性が高い。強固な「懲罰的ペアレントモード」をもつ当事者は，自分自身を「ダメ人間」「最悪」「人間としてまともじゃない」「いらない人間」などのように捉えている。

　一方の「要求的ペアレントモード」は，自分自身に高い要求水準を課し，強いプレッシャーをかける。しかしながら，このモードは必ずしも懲罰的ペアレントモードのように強い自己嫌悪が根底にあるわけではない。「要求的ペアレントモード」をもつ当事者は，「すべての仕事を完璧に仕上げてからでなければ休憩してはならない」「この仕事をきっかり予定通りに終えなければ，私は職を失うだろう」あるいは「私は最高の成績を収めなければならない。そうでなければ落第と同じだ」などと考える。「要求的ペアレントモード」が要求する達成基準や行動にはさまざまなものがあることに注意する必要がある。「要求的ペアレントモード」が要求しているものが，生活のどの領域に関係しているものであるのかを理解することが重要である。こうした要求は，主に（特に職業上の）「達成」に焦点を当てている場合もあるが，「他者との関係」における行動に焦点を当てている場合もある。

● 「達成」に焦点を当てた「要求的ペアレントモード」

　「達成」に焦点を当てた「要求的ペアレントモード」をもつ当事者は，つねにプレッシャーを感じ，職業や学業において期待に見合う結果を残せなかった場合，つねに挫折感を味わう。彼／彼女たちの目的は，すべてのことを正しく完璧な方法でこなし，「一等賞」を獲ることである。当事者にとっては，高い業績を収めることが最優先される。この背景として，両親が達成を非常に重んじる人だったこと，あるいは厳しい教師や野心的なトレーナーのような，過度に要求してくる養育者に囲まれてきたと報告する当事者が多い。親が子どもに対して特に高い要求をしなくても，親自身が自らの達成のために必死で努力する姿を子どもが見て，それがモデルと

なって子どものなかに間接的にこのモードが形成される場合もある。そのような親は，たいていの場合，自分自身に対して非常に高い達成基準を設けている。

● 感情や社会的行動に焦点を当てた「懲罰的ペアレントモード」（罪悪感を誘発する）
　「懲罰的ペアレントモード」のなかには，主に当事者の対人関係や社会的状況における行動に関して要求水準が高いタイプもある。「感情や社会的行動に焦点を当てた懲罰的ペアレントモード」にある人の典型としては，自分は他者のために自分自身を犠牲にすべきであり，つねに他者の心の安定や欲求に配慮しなくてはならないと固く信じているような人である。彼／彼女たちは，自らの欲求に従うと他者の利益が阻害される可能性がある場合には，いかなる場合であっても自分の欲求を満たすことは許されないと感じる。このタイプの「懲罰的ペアレントモード」をもつ当事者が，他者の欲求よりも自分自身の欲求を優先したり，自分が他者の欲求を制限することになったりすると，自分自身が非常に利己的な人間に感じられ，罪悪感が生じる。

　このモードの家族的な背景としては，当事者は，自分が何か不適切な行動をしてしまった際に母親（あるいは他の親密な他者）があからさまにイライラする，あるいはイライラしているような言動を示していたことを思い出すことがよくある。彼／彼女たちの母親は，抑うつ的，あるいは他の慢性的な疾患を抱えていた場合が多く，当事者はその子どもとして母親の世話をしなければならなかった。子の「親化（parentification）」という概念は，以下のようなパターンと関係していることが多い。つまり，当事者が，子どものときに自分の親の幸福と健康に対して責任を感じていた，あるいは母親のパートナーが母親に対して情緒的なケアを提供しなかったり不在だったりしたために，その「代理」を果たさなければならないと感じていた，といったものである。このタイプの懲罰的ペアレントモードをもった人は，「自分が何かを『したくない』と伝えるとパートナーを傷つけてしまうので，私には言えません」とか，「私の周りの誰もが気分良く過ごせることは，

私にとってとても大切なことです」というような考えをよく口にする。子どもに生じる罪悪感は，親から示される非言語的な反応によって引き起こされる場合が多い。

　看護師，セラピスト，ソーシャルワーカーといった対人援助の領域で仕事をする人のなかには，罪悪感を引き起こすこの種のペアレントモードをもつ人が多い。ある程度までならこのモードは機能的であり，こうした仕事に携わるには必要なものかもしれない。というのも，このモードは援助の対象者に対する高度に専門的な関与を引き出したり，うまくいけば対象者に対する非常に効果的な援助を可能にしたりすることがあるからである。しかしながら，対象者に巻き込まれすぎたり，援助の仕事に燃え尽きてしまったりするような場合は，このモードは非機能的なものとなる。同時に，このモードをもつ人は，クライアントを傷つけたくないと思うあまり，クライアントに対し，重要だが苦痛や不快を伴う問題に直面させる勇気をもてない場合がある。あるいはこのモードをもつ対人援助職者は，クライアントが自らの問題に責任を負うことを手助けする代わりに，自分自身がクライアントの責任を引き受けてしまう。つまり，他者に対して適切な限界を設定できず，過剰適応状態になってしまう場合，このモードは非機能的なものとなる。

　ペアレントモードを十分に理解するためには，このモードにおいて聞こえるのは誰の「声」なのか，誰の「声」を使って当事者が自分自身に話しかけているのか，ということを尋ねると役に立つ。多くの当事者が，その声は，たとえば母親，父親，祖母，柔道のコーチ，クラスメイト，牧師などの声であると，自分自身で気づくことができる。

　「非機能的ペアレントモード」に特徴的なのは，自己嫌悪，罪悪感，挫折感といった感情である。またこのモードをもつ人は，自分自身に対して過剰にプレッシャーをかける。「要求的ペアレントモード」において最も重要なのは「達成」というテーマである。「懲罰的ペアレントモード」で重要なのは，主に対人関係に関連する「倫理的価値観」

> というテーマである。「非機能的ペアレントモード」の家族的背景を理解するためには，このモードにおいて誰の声が聞こえるのか，誰の声で自分に話しかけているのか，当事者に尋ねるとよいだろう。

2.1.3 不適応的コーピングモード

　「非機能的ペアレントモード」や「非機能的チャイルドモード」とは異なり，「不適応的コーピングモード」は通常，激しい感情を伴わない。「不適応的コーピングモード」の概念は，「非機能的ペアレントモード」と「非機能的チャイルドモード」に関連した感情に対する当事者の「対処のありよう」を説明するために使われるものであり，「過剰補償」「回避」「服従」という3つの状態がある。「不適応的コーピングモード」にあるかどうかは，このモードにあるときの感情が，他のモードにあるときほどネガティヴでも強烈でもないことから判断できる。短期的には，コーピングモードにあるとき，当事者はネガティヴな感情から距離を置いたり，刺激のある活動や自己鎮静的な活動を行ったりすることで，ある種の安心を得ているだろう。しかしながら，長期的に見れば，不適応的コーピングモードは，当事者や周囲に対してネガティヴな影響を及ぼすため，さらなる問題やストレスを生み出すことになる。当事者が「従順・服従コーピングモード」にある場合，他のコーピングモードに比べて回避や過剰補償を行うことが少ないため，当事者は「非機能的ペアレントモード」や「非機能的チャイルドモード」による感情や欲求を，より強く感じるかもしれない。当事者がコーピングモードにあるときに「今のあなたは何歳であるように感じますか？」と尋ねられると，多くの当事者は子どもの頃の年齢ではなく，現在の実年齢を答える。また重要なのは，我々はこのモードを「不適応的」と表現するが，実際にはこのモードは幼少期の困難な状況を生き延びるために形成された戦略であった，ということである。つまり，幼少期にはこのモードはむしろ有用だったのである。

「不適応的コーピングモード」にある当事者は，「非機能的ペアレントモード」や「非機能的チャイルドモード」にあるときほど感情的な苦痛は感じない。しかしながら長期的に見ると，コーピングモードにもさまざまな問題が生じることになる。コーピングモードにある当事者が「感じる年齢」は，実年齢であることがほとんどである。

● スキーマへの服従――不適応的コーピングモード

「従順・服従モード」にある当事者は，他者の欲求や要望に完全に従おうとする。それには，他者からの虐待や不適切な扱いをそのまま受け入れること，あるいは他者の欲求のために自分を犠牲にすることが含まれる。彼／彼女たちは，他者のやるべき仕事を自分が引き受けたり，他者から欲求に対して適切な制約を設けることができなかったりする。依存的な行動パターンを示す人もいる。

事例　従順・服従モード

52歳のイヴリンは，強迫性障害（OCD）と依存性パーソナリティ傾向をもつという診断を受けている。彼女は秘書の仕事をしているが，現在は，OCDに対するエクスポージャーのため入院加療中である。セラピストが対人関係について問うと，イヴリンは，パートナーが攻撃的で過度に支配的であると話した。彼女はパートナーを恐れており，彼に暴力を振るわれても，それを受け入れていた。また，彼女はつねにパートナーを喜ばせるような行動を取っていた（例：彼の好きな服を着る，彼のスケジュールに自分の計画を合わせる，彼の提案にすべて従う，など）。セラピストがイヴリンの服従的なパターンについて指摘したところ，彼女は「ほかに方法がない」と主張した。OCDの症状には，そのような服従のサイクルに歯止めをかけるという一面があった。OCDの症状のために，イヴリンはパートナーを家に泊められなかったり，彼に会うために外出できなかったりするからである。このようにOCDの症状には，

パートナーとの服従的な関係に制約を設けるという機能があるが，彼女の全般的な行動パターンは「従順・服従モード」として捉えることができるだろう。

● スキーマの回避――不適応的コーピングモード

「スキーマの回避」というコーピングモードの主な機能は，「回避」というその名の通りである。すなわち，「非機能的スキーマ」「非機能的ペアレントモード」「非機能的チャイルドモード」に関連する感情を「回避」するのがこのモードである。このモードにある人は，感情のきっかけとなるもの，そして感情そのものを回避しようとする。典型的には，社会的引きこもり，社会的場面におけるアルコールや物質乱用，治療場面での対人的接触の乏しさ，などが挙げられる（「回避・防衛モード」「遮断・防衛モード」）。そのほか，感情を回避するために自分を過度に鎮静させる行動を取る人もいる。それはたとえば，何かを食べたり（時にはむちゃ食い），テレビを見たり，空想に浸ったりするといったことである（「遮断・自己鎮静モード」）。一方で，スリル満点のコンピュータゲームに没入したり，覚醒度を上げる薬物を使用したりするなどして，自分を刺激することによって感情を回避しようとする人もいる（「自己刺激モード」）。ほかに，積極的に活動しているように見えるが，実は社会的状況におけるリアルな対人関係を避けつづけている当事者もいる。このような人は，セラピーのセッションではあれやこれやと不満を訴えるが，対人関係を避けているため，セラピー外の社会的状況では特に大きな問題を抱えていないことが多い。さらに，怒りによって他者との間に距離を置こうとする当事者もいる。そのような人はセラピーの場でも怒っているように見え，そのためにセラピストとの間に距離ができてしまう。しかし実はその怒りは「本物の感情」ではない（「怒り・防衛モード」）。

事例 遮断・防衛モード

　28歳のジェーンはBPDの当事者であり，治療を求めて来談した。初

回セッションでの彼女は,とても友好的で感じのよい印象であった。ジェーンは,笑顔たっぷりに,自分自身や生活歴について話した。彼女は十分な教育を受けており,礼儀正しく,自分を大切にできているように見えるため,一見しただけでは彼女が重篤な精神障害に苦しんでいることに気づくのは難しいと思われる。しかしながらセッションを重ねるなかで,ジェーンがほんのわずかなきっかけで感情的に不安定になってしまうことが次第に明らかになってきた。作業所での仕事でちょっとしたミスをしたときにも,彼女は極度の緊張や不安,そして激しい怒りを感じるのだった。それらの感情があまりにも強烈なため,引きこもったり,アルコールや処方薬を乱用したりすることでしか,彼女は感情をなだめることができなかった。ジェーンの表面的にはしっかりとした様子は,「遮断・防衛モード」として概念化することができる。彼女自身はそれを「うわべだけのおしゃべり」と名づけた。

事例 怒り・防衛モード

48歳のキャロラインは,その背景に父親からの暴力や仲間からの虐待,幾度もの流産,2番目の夫の癌による死などを抱えている。夫と死別した2年前から,彼女は主に痛みの問題を訴えて,いくつかの心療内科クリニックを訪れた。そもそもこの10年ほど,キャロラインはさまざまな痛みを訴えてさまざまな身体科を受診しさまざまな薬物療法を試したが,治療は奏効せず,どの医師も彼女の痛みの原因を突き止めることができなかった。痛みの背景には心理的要因があるのではないかと示唆した医師やセラピストもいたが,彼女自身は身体の痛みにこだわりつづけ,むしろそのような示唆に対しては激しい怒りをあらわにした。キャロラインは,自分の痛みは決して改善せず,このまま死ぬまで治らないだろうと不満を訴えた。彼女は痛みの医学的原因を見つけることができない医師やセラピストすべてに対し,腹を立てていた。

ところで,キャロラインの理学療法士と作業療法士は,彼女がダンスや描画のようなポジティヴな活動を行っているときには,とてもリラッ

クスしており，時には楽しそうな様子を見せることさえあることに気がついた。しかしながら，心理療法のセラピストが，個別のセッションのなかで，彼女のこのような様子について話をしようとすると，キャロラインは再び痛みについての不満を訴えはじめ，セラピストに対して怒りを示した。「あなたの痛みは本物じゃない」とセラピストに言われたように感じたからである。キャロラインの怒りによって，彼女から遠ざけられたようにセラピストは感じた。痛みに対する過度のこだわりや，いざ治療に取りかかろうとすると怒りに転じてしまう現象は，「不満および怒り・防衛モード」と概念化することができるだろう。

● スキーマへの過剰補償──不適応的コーピングモード

　当事者が過剰補償のコーピングモードにあるとき，周囲の人はその人から支配や攻撃されているように感じたり，無力感を抱いたりする。あるいは何らかの形でその人からコントロールされているように感じたりもする。これは自己愛的な傾向をもつ人の典型的なパターンである。セッション場面では，当事者がセラピストに対してひっきりなしに間違いを指摘したり，セラピストの能力に疑問を呈したり，もっと文献を読むよう要求したり，といったセラピストを「価値下げ」する行動となって表れる。

　別の形の過剰補償としては，他者を支配するために，「意図的に」「わざと」攻撃的にふるまう，というものがある。このような行動を示すのは，触法系の当事者に多い。彼／彼女たちは，他者を欺いたり脅したりするために非行や犯罪行動を起こしたり，攻撃的な，あるいは「狡猾な」行動を取ったりする。

> 「従順・服従モード」にある人は，自らの欲求を犠牲にして，他者の要求に応じたり，他者の望みのまま行動したりする。このモードをもつ当事者は，自分自身の欲求を遮断してしまっている。

　「スキーマの回避」というコーピングモードの特徴は，文字通り「回避」

である。回避には行動の回避もあれば，感情や対人関係の回避もある。

「スキーマの過剰補償」というコーピングモードにある人は，「脆弱なチャイルドモード」と反対のことがあたかも真実であるかのようにふるまう。

2.2　モードモデルによるケースの概念化

治療開始時に，ケースの概念化（case conceptualization）を行う。概念化に含まれる情報は，当事者の抱える問題や症状，対人関係のパターン，問題となる感情，成育歴などである。

事例 フィリップのモードモデル

セラピストは，治療の第一段階として，フィリップ（1.4 項参照）と一緒にモードモデルを作成した（図 2.1 参照）。フィリップが子ども時代にクラスメイトたちとの間で経験した心配や不安，恥といった感情は，「小さなフィリップ」という脆弱なチャイルドモードとして概念化された。人々や社会的状況に対するフィリップの嫌悪感は「怒れるチャイルドモード」として概念化された。フィリップをいじめたり恥をかかせたりした元クラスメイトたちは，フィリップの内なる「懲罰的ペアレントモード」に関連づけられた。フィリップの，治療場面（および他の生活状況）における中心的な対人関係のパターンは，「自己愛的過剰補償モード」と名づけられた。この自己愛的なパターンとは別に，フィリップにとって最も重要なコーピング戦略は「回避」であった。彼は非難や拒絶されることをあまりにも恐れており，対人関係や友人関係は長続きせず，社交的なイベントにはほとんど参加しなかった。そうしたなかで彼は社会的に孤立してしまい，悪循環が強化され，社会恐怖と抑うつ症状はさらに悪化していった。彼の回避的な行動は，「回避／遮断・防衛モード」として概念化された。

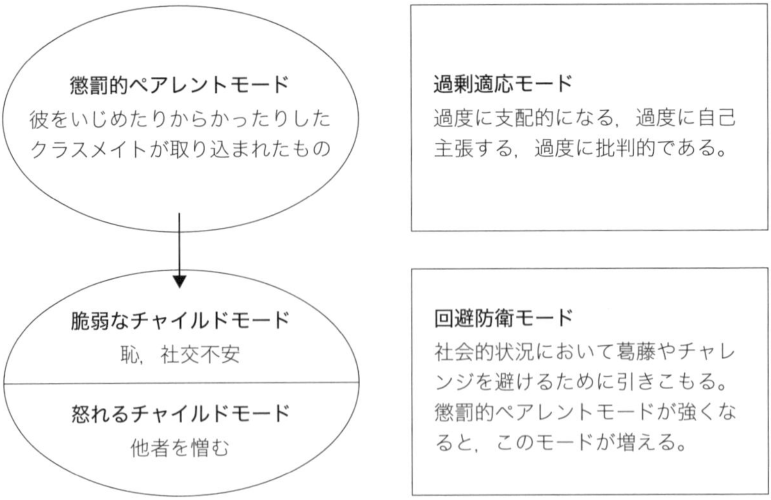

```
┌─────────────────────────┐  ┌─────────────────────────┐
│   懲罰的ペアレントモード   │  │     過剰適応モード         │
│  彼をいじめたりからかったりした│  │ 過度に支配的になる，過度に自己│
│  クラスメイトが取り込まれたもの│  │ 主張する，過度に批判的である。│
└────────────┬────────────┘  └─────────────────────────┘
             ▼
┌─────────────────────────┐  ┌─────────────────────────┐
│   脆弱なチャイルドモード    │  │    回避防衛モード          │
│     恥，社交不安          │  │ 社会的状況において葛藤やチャレ│
├─────────────────────────┤  │ ンジを避けるために引きこもる。│
│   怒れるチャイルドモード    │  │ 懲罰的ペアレントモードが強くな│
│     他者を憎む            │  │ ると，このモードが増える。   │
└─────────────────────────┘  └─────────────────────────┘
```

図2.1　フィリップのモードモデル

　スキーマおよびスキーマモードは，自己評価尺度（Bamelis et al, 2011; Lobbestael et al., 2010）を用いて評価することができる。しかし，自記式の質問紙では，その質問のなかに，個々のモードが個々の当事者にとってもつ特別な質的意味が含まれておらず，情報源として十分とは言えない。そのうえ，モードが表れていることに当事者自身が気づいていないとか，あるいはありのままに報告することにためらいを感じて当事者が回答を操作してしまう可能性もある。質問紙からの情報とは別に，我々は，以下の点に関する情報をつねに入手する必要がある。それは，(1) 当事者にとって重要な問題や症状，(2) 当事者の成育歴に関する情報，(3) 当事者の対人関係のパターン，(4) 治療に対する当事者の期待や目的意識，という4点である。

2.2.1　当事者にとって重要な問題や症状

　ケースの概念化にあたっては，何よりもまず，当事者が主観的に最も気になっている問題や症状をモデルに反映させる必要がある。具体的には，

当事者のもつ障害による症状，対人関係上の問題，日常生活における困難，非機能的な相互作用のパターンなどが含まれるだろう。当事者の訴えるさまざまな問題や症状がいかに相互に関連しているか，ということも重要な情報である。

　強度の抑うつ感情や不安は，「脆弱なチャイルドモード」の一部とみなせることが多い。アルコールやネット賭博などによって不安や絶望感を麻痺させていると当事者が報告する場合，我々はそれらの不安や絶望感は「脆弱なチャイルドモード」によるものと捉え，アルコールやネット賭博については「遮断・防衛モード」や「自己鎮静モード」によるものと理解する。

　治療の第一段階において的確なモードモデルを構築するために，セラピストは必要な情報については直接的に尋ねていく必要がある。「あなたは今，主な治療目標として『仕事に対する自信をもっともちたい』とおっしゃいました。しかし一方で，何かにチャレンジする状況を避けることによって，ご自分の実力を発揮してこなかったとも述べています。この問題にはどのような感情が関係していると思われますか？　自分の実力を示す良い機会がめぐってきたのにそうしなかった場合，あなたはどんなふうに感じるのですか？　実力を発揮する代わりに，どのような行動を取るのでしょうか？」。

　ある特定のモードとの関連が強い症状がいくつかある。たとえば，「スキーマの回避モード」「回避／刺激コーピングモード」と強く関連するのは，物質乱用，解離症状，病的賭博といった症状である。「脆弱なチャイルドモード」と強く関連するのは，強烈な悲しみや不安といった症状である。

　しかしながら一方で，同一の症状であっても，当事者によってはモードが異なる場合がある（同一の当事者のなかでもその時々でモードが異なる場合もある）。たとえば，BPD当事者の多くは，自傷行為（自分を切る行為）を「自分を罰する手段」であると報告する。この場合，自傷行為は「懲罰的ペアレントモード」として捉えることができる。しかし別のBPD当事者たちは，「遮断・防衛モード」による解離症状から抜け出すために自傷行為を用いている。この場合，自傷行為は，行きすぎた「遮断・防衛モード」から自分を救い出す機能をもつ。あるいは，ペアレントモードやチャ

イルドモードによるつらい感情に距離を置くために，自傷行為を行うという人もいる。このような人は，特に気分がひどく落ち込んだときに自傷行為を行う。その場合の自傷行為はある種の儀式のようなもので（人によっては特定の音楽やロウソクの灯りとともに自傷行為を行う），落ち込んだ感情から抜け出すために役に立つのだという。このような自傷行為は「遮断・防衛モード」として理解できるだろう。

　さらに複雑なのは，一人の当事者が抱える同じ症状であっても，さまざまな状況ごとに，その症状のもつ機能が異なる場合があるということである。その場合，症状は，当事者のもつ複数のモードと関係しているのであろう。たとえば，一人の当事者が，先ほど説明したようなさまざまな文脈で自傷行為を行うと報告することがある。ほかにも，重症の摂食障害でむちゃ食い症状のある人が，むちゃ食いは「自分を罰するための手段」であると述べる場合がある。そのような人は，自分を「価値下げ」するためにむちゃ食いをしたり（「そのとき私は自分に『太った豚！　死ぬまで食ってろ！』と言うのです」），あえて自分に苦痛を与えたりする（胃が痛くてたまらなくなるまで食べつづける）。この場合，過食は「懲罰的ペアレントモード」として理解できる。しかしながら，摂食障害や過食の問題を訴える当事者のなかには，むなしさや孤独を感じると，それを鎮静化させるために過食をする人もいる。この場合の過食は「自己鎮静コーピングモード」として捉えることができる。このように過食という症状も，複数のモードに関連している。ということは，これらの症状を治療で扱う際には，個々の状況における個々の症状に最も関連の深いモードを同定する必要がある。

> 　特定のモードにおいて典型的に見られる症状がある。たとえば，解離症状は「回避的コーピングモード」とつねに関連している。一方で，同じ症状であっても，個々の当事者や個別の問題状況におけるさまざまなモードから生じている場合もある。後者の場合，症状とモードの関係性については，セラピストと当事者で丁寧に整理し，理解していく必要がある。

2.2.2　当事者の成育歴に関する情報

　各ケースにおける個別のモードモデルを構築するにあたって次に重要なのは、当事者の成育歴に関する情報である。

　セラピストはまず、症状と成育歴との関連性について、当事者に直接尋ねるとよいだろう。今生じている感情に関連する幼少期や思春期の体験にはどのようなものがあるか、幼少期において誰のどのような行動が当事者のモデルとなっているのかといったことを、セラピストは当事者に質問する必要がある。たとえば、強力な「要求的ペアレントモード」をもつ人は、両親や教師たちから、何かを達成するよう過度にプレッシャーをかけられていたと報告することが多い。しかしながら、親が子どもに対して直接的にプレッシャーをかけることはせず、むしろ親自身が非常に強い野望を抱いており、子どもがその姿をモデリングしたにすぎない、という場合もある。当事者のなかには、自分の価値を損なうスキーマが人生を通じてどのように形成されてきたかについて、自発的に語ってくれる人もいる。

　セラピストは、スキーマモードの背景について、このように当事者に話してもらうだけでなく、セラピスト自身の仮説を立て、当事者とともに検討する必要がある。たとえば、子ども時代に遠い場所への引っ越しを繰り返し、新たな社会的環境にそのつど適応しなければならなかったという事態は、ストレス因子になりうるだろう。当事者が新たな環境でつねに孤独を感じていたのであれば、このような経験が「社会的孤立スキーマ」の下地になったと理解することができるかもしれない。ただし一方で、このようなストレッサーに上手に対処できる当事者や家族もおり、そのような場合は、「社会的孤立スキーマ」が形成されることはないであろう。つまりスキーマに関する仮説は、つねにあらゆる可能性に開かれている必要がある。別の例を挙げよう。両親との極めて親密な関係を報告する当事者の場合（たとえば30歳の男性で、彼は毎週末実家を訪れ、毎日母親と電話で話している）、それは「巻き込まれスキーマ」や「依存的チャイルドモード」を示唆している可能性がある。あるいはむしろ彼の自律性に水を差すよう

な「非機能的ペアレントモード」がそこにあるのかもしれない。

　現在抱える感情の問題や非機能的パターンの成育歴における起源を理解するにあたって，当事者による報告とセッションでの率直な話し合いに加え，「アセスメントのためのイメージエクササイズ」を活用することも有効である。このエクササイズでは，当事者は，現在抱えている問題状況をイメージとして体験し，そのイメージを人生早期（その多くは幼少期）の記憶や映像と関連づけるよう求められる。ケースの概念化にとって重要な情報が，このイメージエクササイズを通じて得られることが少なくない。

> **事例**　成育歴に関する情報を活用する──自己報告の場合

　23歳のキャサリンは，BPDの当事者で，食べ物を口に入れると激しいむかつきや吐き気を感じ，さらに自己嫌悪に陥るため，ほとんど何も食べることができない。彼女が言うには，何かを食べるだけで，自分が「悪い」人間であると強く感じてしまうということである。キャサリンは養女として育っている。彼女は幼少期，「家のなかのものを勝手に食べたでしょう！」と養母に決めつけられ，食事の席から追い出されたり，食事をすること自体を禁止されたりといった「罰」を受けることがよくあった。食べ物に関する自己嫌悪は，「懲罰的ペアレントモード」によるものであり，そのモードが彼女に対し，「お前は悪い人間なのだから，何かを食べるに値しない」と言ってくるのであった。

> **事例**　成育歴に関する情報を活用する──イメージエクササイズの場合

　42歳のマリアは心理学者で，とても厳格な学派に所属している。あるときマリアがその学派について批判的な意見を述べたことで，同じ学派に所属するかなり年配の女性の先輩との関係が悪化してしまい，そのせいでマリアは抑うつ状態に陥ってしまった。「自分の意見は決して間違っていない」と思っているにもかかわらず，マリアはこのような状況に対して激しく動揺し，「このままでは私は駄目だ」と述べ，さらにその先輩から見捨てられることをひどく恐れていた。彼女のこのような反

応があまりにも激しいので，セラピストは驚いた。というのも，マリアと夫をはじめとする家族との関係は非常にうまくいっており，彼女は幸せに暮らしていたからである。彼女は，その女性の先輩との関係に頼り切っているわけではなかったのである。イメージエクササイズを通じてわかったことは，マリアの見捨てられ不安の感情は，彼女の子ども時代と関連しているということである。エクササイズのなかでマリアが想起したのは，母親と一緒にいる場面であった。母親はいつも，マリアが少しでも否定的なことや批判的なことを言うと，愛情を示すのを拒んで幼いマリアを罰した。このような体験に基づく感情や，「懲罰的ペアレントモード」によって，今もなお，母親を連想させる年配の女性の先輩との関係において，見捨てられ不安が惹起されたのである。

2.2.3　当事者の対人関係のパターン

　次に重要な情報源は，治療というある種の社会的状況における当事者のふるまいである。セラピストは当事者のふるまいを注意深く観察し，当事者の対人関係のありようについて直接的に話し合う。たとえば，治療関係でとても従順にふるまう当事者の場合，治療の初期段階から，このことをモードモデルの仮説に組み込みつつ，当事者と明確に共有する必要がある。「あなたはとても思いやりがあり，礼儀正しくふるまっていらっしゃいますが，時折，従順すぎるのではないかと感じられることがあります。私の言っていることが理解できますか？（理解できないようであれば，具体例を挙げる）あなたはほかの人に対しても，このように従順にふるまうことがありますか？」。治療関係において生じる当事者の対人関係のパターンとモードは，それ以外の対人関係でも同様に現れうる。セラピストはそのことを念頭に置いておく必要がある。

> **事例** モードモデルにセラピストとの相互作用を活用する――フィリップの場合

　セラピストは，フィリップがセッション中に，支配的かつ自己愛的にふるまうことに気がついた。ただ，フィリップが対人関係について訴えるのは，自らの不安や心細さ，どうしようもない怒りなどである。セラピストはセッション中のフィリップのふるまいについて彼自身に直面化し，このことを彼の「過剰補償モード」としてケースの概念化に組み込むことを提案した。このような話し合いをするなかで，フィリップは，ほかの人たちからも支配的で自己愛的であると指摘されたことがあることを思い出した。ただし彼自身は，そのような指摘の意味がよくわからない，ということだった。さらにフィリップが思い出したのは，かつて付きあっていた恋人たちからも，彼の横柄で支配的な態度を批判されたことがあったという事実である。そこでセラピストは，あるセッションを撮影したビデオをフィリップに見せ，セッション中の彼のふるまいを自分で観察してもらうことにした。ここでフィリップは，はじめて自らの支配的で自己愛的なふるまいを理解し，「過剰補償コーピングモード」としてモードモデルに加えることに同意したのだった。

> **事例** モードモデルにセラピストとの相互作用を活用する――マリアの場合

　マリアは，治療関係においていつも友好的で感じよくふるまっていた。各セッションの冒頭で，マリアはセラピストに対して，親しい友人のように，そして自らの幸せよりもセラピストの幸せを願っているかのように，近況を尋ねるのだった。マリアのこのような傾向についてセラピストはマリアとともに詳しく検討し，彼女の過度の他者志向的なあり方は「従順・服従コーピングモード」と関連しているのではないかという仮説が立てられた。このモードによって，マリアは，他者，特に女性に対して自己犠牲的かつ利他的に関わってしまう。それはまるで，母親が子どもじみた言動をするのに付きあわなければならなかったという幼少期の体験と同じだった。このような理解に対し，マリアは全面的に同意した。
　この事例では，マリアのこのような行動が社会的な状況において強化

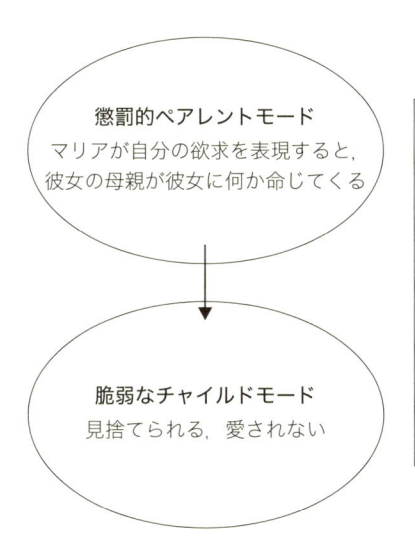

```
懲罰的ペアレントモード
マリアが自分の欲求を表現すると，
彼女の母親が彼女に何か命じてくる
```

```
従順・服従モード
他者の欲求のほうに完璧に焦点を当てる
"親友"の役を演じる
（特に自分以外の女性に対して）
彼女自身の欲求は抑える
このパターンは治療関係でも同様に
生じる
```

```
脆弱なチャイルドモード
見捨てられる，愛されない
```

図 2.2　マリアのモードモデル

されていることに留意すべきである。彼女が自己犠牲的にふるまうことで，他者はそれを心地よく感じ，マリアのことを好きになるのである。マリアにとって重要なのは，自らの行動が適切で機能的なものなのか，あるいは「従順・服従コーピングモード」に基づく非機能的なものなのか，ということを区別できるようになることである。後者の非機能的な行動は，マリアが自身の欲求を満たし，セルフケアをするうえで，大きな障害となるからである。マリアのモードモデルを図 2.2 に示す。

2.2.4　怒りに関連するさまざまなモードを区別する

　怒りや激怒の表出は複数のモード，特に「怒れるチャイルドモード」「激怒するチャイルドモード」「怒り・防衛モード」「いじめ・攻撃モード」といったモードにおいて重要な役割を果たしている。同時に複数のモードが活性化していることもあるため，当事者の問題行動を単一のモードにラベル付けすることが難しい場合もある。たとえば，「いじめ・攻撃モード」は，

まず当事者が欲求を満たされないと感じることから始まる。そのことに当事者が怒りを感じた場合，このモードが発動される。

とはいえ，怒りに関連するこれらのモードを区別するための指針がないわけではない。「怒れるチャイルドモード」は，怒りや激怒の制御が難しく，それらが子どもじみている場合に最も該当する可能性の高いモードである。「怒れるチャイルドモード」と判断するには，他者から見て，「（たとえ怒りの程度が度を越して強すぎても）たしかにこの状況であれば怒りが湧くだろう」と理解したり共感したりできるような明らかな引き金が必要である。このモードが活性化している当事者は，自分があたかも幼い子どもか思春期の頃のように感じると報告する。このモードにある人は，自分の欲求が他者によって満たしてもらえないことに対して抗議をしている。当事者は，他者から遠ざかるためではなく，他者との関係を修復するために怒り，闘っているのである。

一方，「怒りのコーピングモード（「怒り・防衛モード」「いじめ・攻撃モード」）で表出される怒りは，単に怒りを表出するという感情的機能ではなく，何らかの対処のための機能をもつように思われる。この場合，怒りは二次的であり，本来の感情ではない。そのため当事者が「怒りのコーピングモード」にあるとき，セラピストは親密なやりとりを当事者としているという実感がもてず，代わりに，当事者に攻撃されている，あるいは支配されていると感じてしまう。このモードにある当事者は，セラピストとの間に距離を置こうとする。「怒りのコーピングモード」は，他者を支配したり，自らのネガティヴな感情から気をそらしたりするために用いられることがある。また当事者によってはこのモードが，特定の状況によって引き起こされるのではなく，慢性化されている場合がある。この場合，激怒のような一過性の感情が生じることはほとんどない。「怒りのコーピングモード」にある当事者が，自らを子どものように感じると報告することは滅多にない。

「いじめ・攻撃モード」と「怒り・防衛モード」を区別するには，セラピストの逆転移感情を活用するとよい。セラピストから見て，当事者がセ

ラピストと距離を置くため，あるいは自らの（主にネガティヴな）感情と距離を置くために，当事者が怒りを「利用」しているように思われる場合，その人は「怒り・防衛モード」にある。当事者の怒りが急激かつ圧倒的で，セラピストがその怒りに支配されたり脅威を感じたりする場合，その人は「いじめ・攻撃モード」にあると言ってよいだろう。当事者の「怒りのコーピングモード」が，時に「怒り・防衛モード」と「いじめ・攻撃モード」の中間にあるように見えることもある。モードモデルを作る際は，そのことをありのままに記述する。というのも，これら2つのモードを扱う主な戦略（直面化，検証，機能の検討，限界設定）は基本的に同じであるため，当事者の怒りは2つのモードが混ざりあったものとして理解しておけば，それで事足りるからである。これらのモードを厳密に区別しようとしてモデルを複雑にする必要はない。

2.3 各パーソナリティ障害に特有のモードモデル

　スキーマモードモデルは一般的なモデルであり，多様な障害や問題に適用することが可能である。しかし，さまざまな調査研究から，特定の障害に特化したモデルが開発されており，特にパーソナリティ障害についてはさまざまなモデルが構築されている（Bamelis et al., 2011 ; Lobbestael et al., 2007, 2008）。ある障害に特化したモードモデルは，その障害をもつ当事者を理解する際のプロトタイプ（ひな形）として参照することができる。
　Young et al.（2003）は，BPDと自己愛性パーソナリティ障害に関するモードモデルをはじめて定式化した。Youngのモデルに基づいて行われるBPDの治療は，Arntz & van Genderen（2009）によってマニュアルが開発されている。スキーマ療法に関する初期の効果研究はすべて，この治療マニュアルを用いて実施された（Farrell et al., 2009 ; Giesen-Bloo et al., 2006 ; Nadort et al., 2009）。これらの研究によって，スキーマ療法がBPDに対して極めて有効であることが明らかになり，それがきっかけとなって，他のパーソナ

リティ障害についても個別のモードモデルが構築されることになった。

　ただし、これらのモデルはあくまでもプロトタイプ（ひな形）であり、個別の事例については、それだけでは十分に説明しきれないことが多い。パーソナリティ障害は複雑であり、さらに他の障害との併存率が高いため、モードモデルのひな形は個々の当事者に対して柔軟に拡大適用する必要がある。これは、モードモデルを個々の当事者の抱える個別の問題やパターンに適合させるべきであるということを意味する。個性記述的なモデルを構築するため、セラピストはモデルについて当事者と検討し、その人に典型的なパターンについて、さまざまなモードと関連づけて理解していく。それによって、中心的な問題として診断されたパーソナリティ障害についてだけでなく、併存疾患や付加的な問題に関しても、モードを追加したり、あるいはすでに特定されたモードに関連させたりして、包括的なモードモデルを作成することが可能になる。

　モードモデルに基づくスキーマ療法は、当事者独自のモードモデルを概念化することから始まる。モデルは、当事者の抱える主な問題や症状について、体系的かつ論理的に整理されたものとなる。当事者とセラピストが概念化されたモデルに合意する場合、それは有用なものとなる。合意のない場合は、意見の相違があることを確認し、治療が進むなかでモデルについて再度話し合うことの同意を得ておくようにする。たとえば、BPD当事者は、治療開始当初は「懲罰的ペアレントモード」を認識することができず、数カ月経ってはじめてそのようなモードに気づけるようなることが少なくない。あるいは、強い「過剰補償モード」をもつ人の場合、治療開始当初はその背後にある「脆弱なチャイルドモード」を意識することができない人が多い（Bamelis et al., 2011 ; Young et al., 2003）。次項からは、これまでの研究を通じて我々が構築した各障害に関するモードモデルについて紹介する。

2.3.1 境界性パーソナリティ障害

BPD においては，以下に挙げる 4 種類の非機能的なスキーマモードがモデルの中心となる。詳細は Arntz & van Genderen（2009）を参照されたい。

- 「見捨てられた・虐待されたチャイルドモード」――「見捨てられた」という強烈な感情と強い恐怖によって特徴づけられる。再び虐待されること，再び見捨てられること，あるいはその両方への恐れが関連していることが多い。
- 「怒れる・衝動的チャイルドモード」――幼少期に不当に扱われたことに対する怒りと関連している。このモードは「非自律的チャイルドモード」や「衝動的チャイルドモード」と併存することが多い。このモードにある人は，自らの欲求を，結果を顧みずに強引に満たそうとする。
- 「懲罰的ペアレントモード」――BPD のもつ非機能的なペアレントモードの中心的なもので，当事者を極端に価値下げしてくるモードである。当事者はこのモードのために頻繁に自己嫌悪に陥ってしまう。
- 「回避・防衛モード」――BPD のもつコーピングモードの中心的なもので，チャイルドモードやペアレントモードによるネガティヴな感情から当事者を守る機能を有している。このモードが関わる典型的な問題行動としては，社会的引きこもり，回避，物質乱用，処方薬（鎮静剤など）の乱用，むちゃ食い，などが挙げられる。

事例 境界性パーソナリティ障害

ジェーン（2.1.3 項および図 2.3 参照）は，人と会うとき，いつも「外面（facade）」を整える。これは，彼女の「回避・防衛モード」による。ジェーンは社会的状況でちょっとしたストレスにさらされるだけで，「脆弱なチャイルドモード（「小さなジェーン」）」が活性化され，強烈な恥

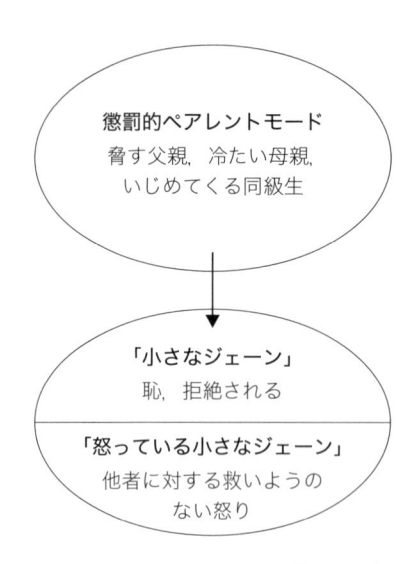

```
┌─────────────────────┐         
│  懲罰的ペアレントモード  │         
│  脅す父親，冷たい母親， │         
│   いじめてくる同級生   │         
└─────────┬───────────┘         ┌──────────────────────────────┐
          │                     │ 遮断・防衛モード              │
          ▼                     │ 「外面」，処方薬の利用，飢餓状態に │
┌─────────────────────┐         │ 陥らせること，"内的世界"を解離させる │
│   「小さなジェーン」    │         └──────────────────────────────┘
│    恥，拒絶される     │
├─────────────────────┤
│ 「怒っている小さなジェーン」│
│  他者に対する救いようの │
│      ない怒り        │
└─────────────────────┘
```

図2.3　ジェーンのモードモデル

や恐怖の感情にいとも簡単に巻き込まれてしまう。「脆弱なチャイルドモード」にあるときにジェーンに生じるのは，「愛されない」「孤独だ」「拒絶された」といった感情である。しかしながら彼女には，こうした状況の多くで，どうすることもできない怒りの感情も同時に生じていた。というのも，自らのネガティヴな感情が，あたかも周囲の人によって引き起こされたかのようにジェーンは感じており，そのような力をもつ他者に対して怒りを抱いていたのである（「怒れる小さなジェーン」）。社会的状況におけるほんの些細なことが，ジェーンのモードを活性化してしまう。それはたとえば，同僚の挨拶がジェーンにとってはぶっきらぼうだった，といったことである。ジェーンの「懲罰的ペアレントモード」は，彼女が子ども時代に出会った，さまざまな問題を抱える大人たちの声を反映していた。彼女の父親はアルコールの問題を抱えており，酒を飲むとジェーンを攻撃したり脅したりしてきた。そのような父親を含む家庭のストレスに晒されていた母親は，ジェーンに対して冷淡で批判的だった。そのうえ，高校時代に，ジェーンは太っていたせいで同級生からい

じめを受けていた。こうした人たちとの関わりのなかで，ジェーンの「懲罰的ペアレントモード」は形成されたのである。

　ジェーンの「遮断・防衛モード」は，社会的状況における「外面」にとどまらない。彼女はあらゆる感情を「オフ」にして感じないようにするために，神経遮断薬を使用していた。またジェーンは拒食によって自らを飢餓状態に置いていた。これは一方では「懲罰的ペアレントモード」による体重や体型への非難であり（ある種の拒食症はこのモードと関連する），他方では，飢餓状態が感情を平板化する作用を利用して，あらゆる感情を遮断するためである。拒食の主たる理由が後者の機能によるものであれば，その拒食行動は「遮断・防衛モード」に関連づけて理解することができる。ジェーンはさらに，ストレスフルな状況に遭遇すると自分の殻に引きこもってしまい，ファンタジーで満たされた内的世界に完全に入り込んでしまう。これはほとんど白昼夢のようであり，このようなときのジェーンはかなりの解離状態にあるが，これも感情への対処という意味では「遮断・防衛モード」と関連していると言えるだろう。

2.3.2　自己愛性パーソナリティ障害

　自己愛性パーソナリティ障害における主なモードは以下の通りである。

- 「さみしい脆弱なチャイルドモード」――劣等感や羞恥心といった感情を伴うことが多い。
- 強烈な「要求的ペアレントモード」
- 「激怒するチャイルドモード」――「脆弱なチャイルドモード」が活性化されそうになると，すかさずこのモードが活性化され，当事者は自己愛的な怒りに逃げ込み，時に自らの攻撃性を制御できなくなってしまう。
- 「自己誇大化モード」――自己愛性パーソナリティ障害にとって最

も顕著なコーピングモードであり，このモードを通じて自分自身を理想化し，他者を価値下げする。敗北感や劣等感の過剰補償でもある。
- 「遮断・防衛モード」あるいは「遮断・自己鎮静モード」——次のような行為を通じて自らを刺激するモードである。行為の例——ギャンブル，物質使用（コカインのような刺激物），ポルノ商品の過剰消費，過度の性行動。ワーカホリックもこのモードである可能性が高い。

事例　自己愛性パーソナリティ障害

　マイケルは，自らの行動が衝動的かつ依存的であると訴え，心理療法に通うことになった。彼はほぼ一日中，コンピュータゲームとインターネットのポルノサイトを見ることに時間を費やしており，こうした行動は，すでに職業上および経済上の問題を招いていた。彼はまた，頻繁に風俗通いをしていた。マイケルの仕事での夢は，音楽プロデューサーとして成功することだった。しかし実際には，地元のパーティバンドの営業を時折手伝う程度で，彼の夢とは程遠かった。マイケルは，自分が他者から高く評価されないことについて不満を訴えていた。周囲の人々はマイケルの才能や潜在能力に気づくことができず，そのせいで本来なら与えられるはずの尊敬や賞賛を得ることができないのである。

　幼い頃，彼の両親は大企業のオーナーであった。幼い頃，彼の両親は大企業のオーナーであった。両親は二人ともよく働き，ひとり息子のマイケルを後継者に考えていた。しかし，いくつかの不運な出来事や相続争いによって，彼は失脚してしまった。このことで，彼は自分を落伍者だと感じるようになった。彼の両親は数年後に会社を退職したため，マイケルの経済的状況はさらに悪化した。家族は，マイケルが幼い頃のほうが裕福だったし，彼自身も，数々の嗜癖的な行動によって多くのお金を失い，現在は多額の借金を抱えていた。家族は，彼をこれ以上経済的にサポートしたり，彼の支出を肩代わりしたりすることを拒否していた。

```
┌─────────────────────────┐  ┌──────────────────────────────┐
│   要求的ペアレントモード    │  │    自己愛的自己誇大化モード      │
│  達成や成功に対して努力する  │  │ 職業的に成功するという非現実的な理想 │
│       両親のモデル         │  │    彼を称賛しない他者の価値下げ    │
└─────────────────────────┘  └──────────────────────────────┘
              │
              ▼
┌─────────────────────────┐  ┌──────────────────────────────┐
│   脆弱なチャイルドモード    │  │       自己刺激モード           │
│    落伍者のように感じる      │  │   オンラインでのギャンブル       │
├─────────────────────────┤  │    ポルノサイトの利用          │
│   激怒するチャイルドモード    │  │       風俗の利用             │
│ 他者が脆弱なチャイルドモードに │  └──────────────────────────────┘
│  関連する問題を扱おうとする   │
│     ときに攻撃的になる       │
└─────────────────────────┘
```

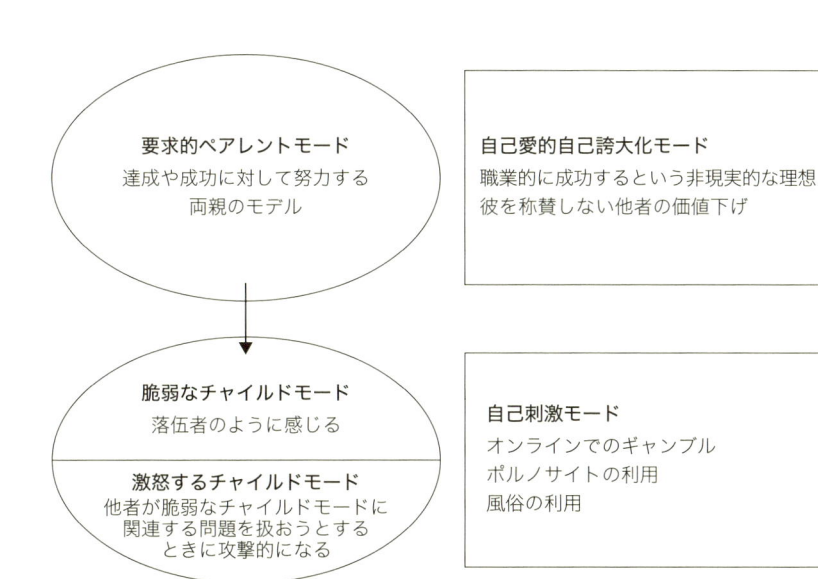

図 2.4　マイケルのモードモデル

マイケルは，このように拒否されることがとても気に障り，家族と怒り狂って口論することを繰り返していた。セラピストは，彼の経済的な状況に関連した否定的な感情について話し合おうとしたが，マイケルはこの話題を避け，逆にセラピストの質問に対してイラついた反応を示した。セラピストが，マイケルの職業上の挫折について扱う際も，彼は激怒し，セラピストを激しく言葉で攻撃するばかりだった。

マイケルのモードモデル（図 2.4）では，嗜癖行動（コンピュータによるギャンブル，ポルノの利用，度重なる風俗通い）は「自己刺激モード」と関連している。「自己愛的な自己誇大化モード」は，音楽関連の仕事での成功という非現実的なまでに高い期待と，彼を「特別」であるとみなさない他者を価値下げすることという両方と関連している。また，彼の嗜癖的でだらしない行動上の問題に関して「家族が支払いをすべきだ」という彼の要求も，同じく「自己愛的な自己誇大化モード」と関連している。彼

のもつ高い要求水準は，子ども時代の両親がモデルとなっており，それは「要求的ペアレントモード」として概念化できる。マイケルは，セラピーの現時点では強烈なネガティヴ感情について訴えることはなかったが（敗北感だけは例外的に訴えたが，それについても彼は正当化していた），それでもセラピストは彼のなかに「脆弱なチャイルドモード」の存在を想定した。周囲の何らかの刺激によってマイケルのなかに「失敗に関連する感情」が引き起こされると，彼は自らのコーピングモードをうまくコントロールすることができなくなり，「脆弱なチャイルドモード」に代わって「激怒するチャイルドモード」が活性化され，他者を攻撃することになる。もしマイケルが，過剰補償に基づくコーピング行動や「激怒するチャイルドモード」の行動化を制御できるようになれば，彼はおそらく，敗北感以外の，たとえば羞恥心や見捨てられ不安といった感情にも触れられるようになるだろう。このことについては，治療をさらに進めていくなかで，彼自身と話し合うことになると思われる。

2.3.3　演技性パーソナリティ障害

演技性パーソナリティ障害における主なモードは以下の通りである。

- 「脆弱なチャイルドモード」
- 「衝動的・非自律的チャイルドモード」
- 「過剰補償・注目希求モード」——典型的な演技的行動パターンのこと。たとえば過度に芝居がかった態度や誇張した感情表出など。誘惑的な性的行動もこれに含まれる。

事例　演技性パーソナリティ障害

46歳のエリサは，研究室で助手を務めている。彼女は，対人関係の問題，不安，自信のなさといった主訴に加え，彼女が自分で名づけた「お手伝い症候群（helper syndrome）」という問題に対して，セラピスト

に支援を求めた。主訴や問題についてのエリサの説明はあいまいで，的を射ていなかった。彼女は，自分がいかに傷ついているかということをセラピストに強調した。セッションが始まるといつも，エリサは早々に泣き出す。しかしながら，表出される感情はいささかわざとらしく，しかもあまりにもすぐにそれらの感情はトーンダウンする。彼女は一方で，自分がいかに有能であるかをアピールするが，そのやり方もやはり大げさな印象を与えるものであった。エリサは「お手伝い症候群」について訴えつづけた。「お手伝い症候群」がやめられず，「自分はつねにほかの誰かの仕事をする人でありつづける」というのが彼女の訴えだった。

対人コミュニケーションにおけるエリサの特徴としては，感情が表面的である，感情がコロコロ変わる，問題の表現に一貫性がなく芝居がかっている，行動が大げさで支配的である，といったことが挙げられる。幼少期の体験について尋ねられると，エリサは，見た目からしてサディスティックな両親から受けた深刻なトラウマについて語った。トラウマについて語るときの彼女の感情は，いつもより真実味が増すようにセラピストには感じられた。

エリサのモードモデルを図 2.5 に示す。これは治療初期に明確化されることはなかったが，彼女のトラウマとそれに関連する不安は，幼少期に受けた虐待やそれによる脆弱性に結びついている。両親の虐待は「懲罰的ペアレントモード」と関連している。そして対人コミュニケーションにおけるエリアの演技的なふるまいは，「注目希求コーピングモード」と関連している。

2.3.4　回避性パーソナリティ障害

回避性パーソナリティ障害における主なモードは以下の通りである。

- 「さみしい脆弱なチャイルドモード」
- 「懲罰的ペアレントモード」——特に罪悪感が強い。

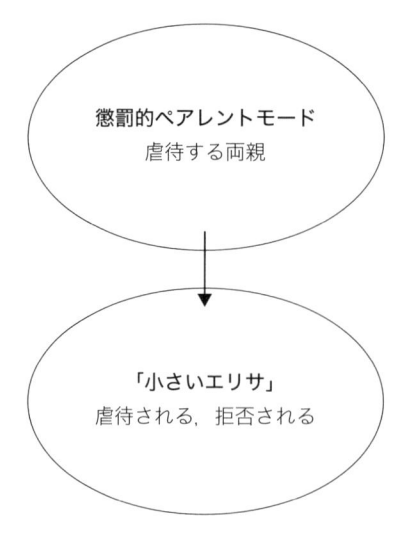

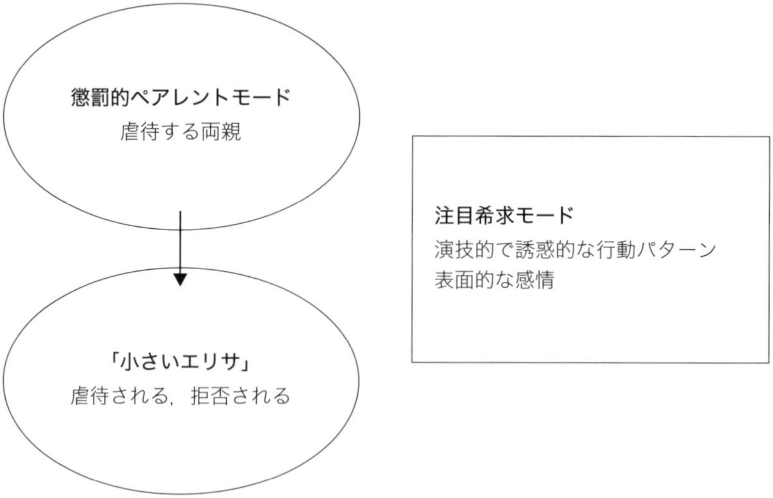

```
     ┌─────────────────┐
     │ 懲罰的ペアレントモード │
     │   虐待する両親      │              ┌──────────────────────┐
     └────────┬────────┘              │ 注目希求モード            │
              │                       │ 演技的で誘惑的な行動パターン │
              ▼                       │ 表面的な感情              │
     ┌─────────────────┐              └──────────────────────┘
     │  「小さいエリサ」    │
     │ 虐待される，拒否される │
     └─────────────────┘
```

図 2.5　エリサのモードモデル

- 「回避・防衛モード」——自らの内的な欲求，感情，思考から距離を取るために機能する。
- 「従順・服従モード」——他者の欲求や考えに従うという，回避性パーソナリティ障害に特有の服従的行動パターンに関連している。

2.3.5　依存性パーソナリティ障害

依存性パーソナリティ障害における主なモードは以下の通りである。

- 「見捨てられた・虐待されたチャイルドモード」——このモードは強力である。
- 「依存的チャイルドモード」——「自分ひとりでは日常生活に対処できない」という感覚を反映している。
- 「懲罰的ペアレントモード」——多くは，回避性パーソナリティ障害と同様に，自らの欲求を優先しようとすると，このモードが活

性化し，罪悪感が生じる。ただし，当事者が自分で意思決定をしようとしたり，自律的になろうとしたりするときに活性化する場合もある（「あなたにはどうせ無理だ」）。
- 「従順・服従モード」――依存性パーソナリティ障害において中心的なコーピングモードである。

事例 依存性パーソナリティ障害と回避性パーソナリティ障害が併存するケース

　21歳のナディーンは，深刻な社交不安を訴えて治療を開始した。彼女はほとんどあらゆる社会的な状況において，不安感，劣等感，そして無力感を感じてしまう。ナディーンは，職業訓練や仕事を，いつも数カ月で辞めてしまっていた。現在，彼女は無職で，ほぼ一日中自宅で過ごしている。彼女にとっては，他者に服従することが，「自分が受け入れられている」「存在を認められている」と感じるための唯一の方法であり，対人関係においてつねに他者の欲求を敏感に察知しようとしていた。しかしながら，たとえば仕事などで葛藤や問題が生じた際は，ナディーンは耐えがたいストレスを感じて，その状況に踏みとどまっていられなくなり，結局はそのような状況を回避するために家に閉じこもってしまうのであった。上司はいつも彼女に対して好意的に接してくれたが，仕事で何かわからないことが生じたときに，ナディーンはそのことを上司に質問できないことも大きな問題のひとつだった。彼女は，すべてのことを自分ひとりで完全に処理できないと（そしてそれはもちろん不可能なことでもある），自分を落伍者だと感じてしまうのだった。

　治療場面においても，ナディーンは非常に好意的で，礼儀正しく，気遣いを示した。彼女には，とても頼りになり思いやりのある彼がいる。しかし，彼女は彼との関係においても，自分自身の欲求や願望をはっきりと表現することができない。たとえば，彼女は自分自身の好き嫌いはそっちのけで，いつも彼がしたいことのほうを見つけようとする。彼が彼女に意見を求めても，自信をもって回答することができない。彼女自身，彼が自分の過度に服従的な姿勢に対してイライラしていることに気

づいていても，どうしても言えないでいる。

　子どものとき，彼女の父親は大酒飲みで怒りっぽかった。母親は，ナディーンが10歳のときに離婚するまで，いつも父親の言いなりであり，攻撃的な父親からナディーンを守ることができなかった。離婚後，母親は非常に抑うつ的になり，絶望感を訴えるようになった。ナディーンは，母親が困難な状況を生き抜くことができなくなることに対して恐怖を感じたため，母親の気分が少しでも楽になるよう，あらゆる努力をした。ナディーンはその当時からすでに，自分の母親の暮らしと幸福に対して責任を感じていたのだった。ナディーンが友達と一緒に遊ぶと，いつも母親の機嫌が悪くなった。彼女はそのことに対して罪の意識を激しく感じた。このような「親化（parentification）」や母親の欲求に対する責任感が，ナディーンの現在の服従的な対人関係のパターンを形成し，そのせいで自分自身の欲求を明確にしたり，受け入れたりすることができなくなってしまっていた。

　ナディーンのモードモデル（図2.6）では，自信のなさ，劣等感，依存といった感情は，「脆弱なチャイルドモード」と関連している。「批判的なペアレントモード」には，懲罰的で攻撃的な父親と，要求ばかりする母親の両方が投影されている。両親はナディーンではなく自分たちの欲求や幸福を優先していた。このモデルにおいてひとつ注意が必要なのは，母親がナディーンに自分の要求を積極的に示していたのか，あるいはナディーンが自ら母親の要求を読み取ってそれに応じていたのかは，あまり関係がないということである。コーピングモードとしては，彼女がつねに他者の欲求を気づかっていること，そして彼女自身の完璧主義が，「従順・服従モード」として概念化されている。回避行動のパターン（ストレスフルな社会的状況からの引きこもり）は，「回避・防衛モード」に関連している。

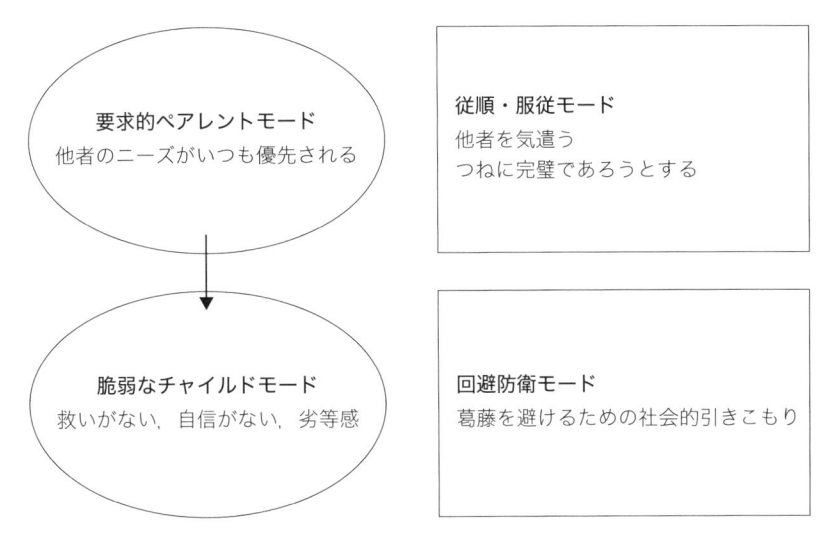

```
┌─────────────────────┐      ┌─────────────────────────┐
│  要求的ペアレントモード  │      │  従順・服従モード         │
│ 他者のニーズがいつも優先される │      │  他者を気遣う            │
│                     │      │  つねに完璧であろうとする    │
└──────────┬──────────┘      └─────────────────────────┘
           │
           ▼
┌─────────────────────┐      ┌─────────────────────────┐
│  脆弱なチャイルドモード   │      │  回避防衛モード          │
│ 救いがない，自信がない，劣等感│      │ 葛藤を避けるための社会的引きこもり│
└─────────────────────┘      └─────────────────────────┘
```

図2.6　ナディーンのモードモデル

2.3.6　強迫性パーソナリティ障害

強迫性パーソナリティ障害における主なモードは以下の通りである。

- 「さみしいチャイルドモード」——治療開始時点では認識されないことが多い。
- 「要求的ペアレントモード」「懲罰的ペアレントモード」——どちらか一方の場合もあれば，両方がある場合もある。
- 「完璧主義的過剰コントロールモード」——間違いやアクシデント，およびそれらによって生じる罪悪感を避けることを目的としている。これは過剰補償のモードであり，ワーカホリックとも関連している。
- 「自己誇大化モード」——自己愛的なコーピングモード，これは当事者の完璧主義と関連がある。完璧主義であることで，自分は他者に比べて道徳的に勝っているという感覚を当事者はもつことが

できる。彼／彼女たちにとって，他人とは「あてにならず，欠点の多い存在」である。

事例 強迫性パーソナリティ障害

　ピーターは 40 歳の教師で，慢性的なうつ状態に苦しんでいた。彼にはいくつか趣味があり，友人も少なくないにもかかわらず，ポジティヴな活動がほとんどできずにいた。代わりに彼が時間を費やすのは，あまり意味のなさそうな活動ばかりである。そのため，彼は日常生活に必要な作業や課題でさえ，終えることができない。このような状況を克服するため，彼は「やることリスト」をつくり，それを一日に何度も改訂するが，残念ながらそれがうまくいくことはなかった。「やることリスト」には有意義な活動や日課が多く含まれていたが，結局それらが行われることはなく，彼はほぼ毎晩，テレビの前で半リットルのワインを飲んで，一日を終えることになる。このような過ごし方が非機能的であることを頭では理解しているが，実際にはどうしてもこのように過ごしてしまうのである。

　子どもの頃，ピーターはかなり貧しい家庭に育ち，贅沢をする余裕はなかった。そこから，彼は極めて慎重に事に当たる姿勢や，お金を倹約する術を学んだ。現在彼の収入は十分にあり，しかもその気になれば楽しい活動に使える時間がたくさんあるにもかかわらず，楽しいことに時間やお金を使うことができない。貧しい家庭状況を埋め合わせるかのように，彼の家族は非常に親密であり，互いに巻き込まれていた。思春期に，ピーターが自立したいと訴えた際，彼の両親は激しく落胆した（「一緒にいて幸せじゃないの？」）。大人になってからも，パートナーとの間で，彼は自分自身の欲求や要望をはっきりと表現することができずにいた。そうしようとするとたちまち罪悪感が生じ，自分の意見を受け入れてもらえないのではないかと心配になるのだった。ピーターは，何人かの女性と親密な関係になったが，いずれの女性も，彼のことを「気難しすぎるし倹約家すぎる」と感じていた。彼は現在も独身であり，余暇に

```
┌─────────────────┐      ┌──────────────────────────────┐
│ 批判的ペアレントモード │      │ 完璧主義的過剰コントロールモード │
│ 彼自身の欲求や欲望を罰する │      │ 細部や「やることリスト」に関する強迫観念 │
└─────────────────┘      │ 極端に倹約する                │
         │                └──────────────────────────────┘
         ▼
┌─────────────────┐      ┌──────────────────────────────┐
│ 脆弱なチャイルドモード │      │ 自己刺激モード               │
│ さみしい,孤立している │      │ テレビ,アルコール            │
└─────────────────┘      └──────────────────────────────┘
```

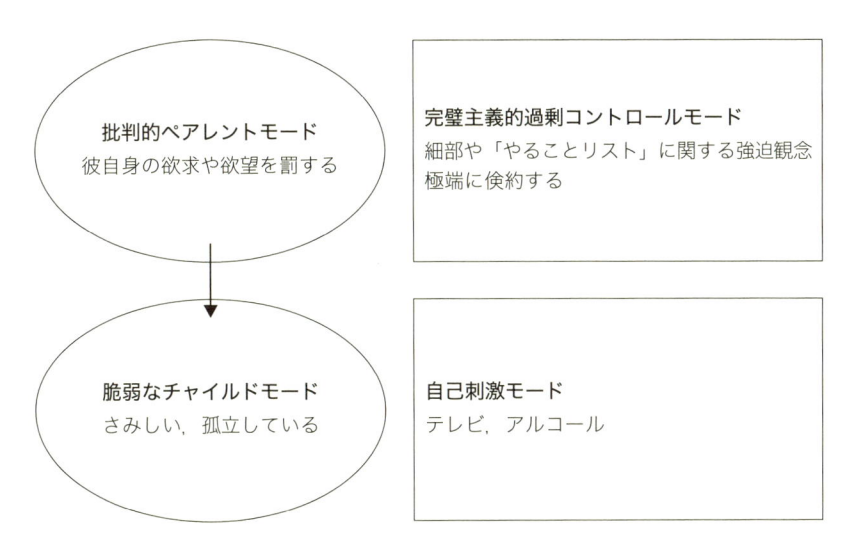

図2.7　ピーターのモードモデル

彼をテレビやコンピュータの前から引き離して共に過ごしてくれる人もいないため，抑うつ症状はさらに悪化してしまう。

ピーターのモードモデル（図2.7）において，罪悪感や孤立感は「脆弱なチャイルドモード」と関連している。「批判的ペアレントモード」は，物欲を制止し，愛着や自律への欲求を阻む。彼の細部へのこだわりと過剰な倹約ぶりは，「完璧主義的過剰コントロールモード」に当たる。テレビを見る時間の極端な多さとアルコールの過剰摂取は，「自己刺激モード」として概念化される。

2.3.7　妄想性パーソナリティ障害

妄想性パーソナリティ障害における主なモードは以下の通りである。

- 「見捨てられた・虐待された脆弱なチャイルドモード」——治療開始当初は認識されないことが多い。

- 「激怒するチャイルドモード」
- 「懲罰的ペアレントモード」
- 「妄想的過剰コントロールモード」――妄想的な体験やそれに基づく行動を反映したもの。
- 「回避・防衛コーピングモード」――これは妄想性パーソナリティ障害においては付加的・二次的なモードである。当事者が抱えることの多い，社会的回避やアルコールの問題を反映したものである。

事例　妄想性パーソナリティ障害

　エリックは54歳の塗装工で，アルコールの飲みすぎについてかかりつけ医に相談するよう妻に勧められていた。彼は面接にはいつも不機嫌な様子で訪れる。普段の生活でも攻撃的にふるまっているようである。妻は，エリックはよく近所の人とトラブルになり，それは特にお酒を飲んでいるときが多いと報告した。やがて，彼はいくつかの裁判を抱えることになった。それらの発端はいずれも，彼と近所の人との間で生じた些細ないざこざであった。彼は，たとえ相手が普通に接してきたとしても，人はすべて自分のことを悪く思い，自分に攻撃をしかけてくる存在であると固く信じていた。

　エリックは，極めて暴力的な家庭環境に育った。父親はアルコール依存症で，エリックに対し，言葉による虐待や身体的虐待を繰り返した。5歳のときに父親は失踪し，その後エリックは，幼少期から思春期にかけて，いくつかの養護施設や里親に預けられたが，そこでも虐待を何度も受けた。そのなかで，一見普通に見える人がアルコールの問題を抱えていたり何かに葛藤したりすることを，彼は学んだ。彼は誰のことも信用せず，友達は1人もいなかった。かかりつけ医は，エリックの不信感が彼の攻撃性のもとにあることを理解した。

　エリックのモードモデル（図2.8）によれば，幼少期の虐待の経験が強力な「懲罰的ペアレントモード」に反映されている。「脆弱なチャイルドモード」は，不信，恐怖，そして見捨てられ感を含むが，これは，

```
┌─────────────────┐      ┌──────────────────────────┐
│  懲罰的ペアレントモード │      │ 妄想的過剰コントロールモード       │
│  父親と里親による虐待    │      │ 他者に対して不信感に満ちていること │
└─────────┬───────┘      │ 争いを始めること              │
          │              │ 多くのトラブルに巻き込まれること  │
          ▼              └──────────────────────────┘
┌─────────────────┐
│ 脆弱なチャイルドモード  │      ┌──────────────────────────┐
│ 虐待，見捨てられ    │      │ 回避・防衛モード              │
├─────────────────┤      │ 社会的引きこもり，アルコールの使用 │
│ 激怒するチャイルドモード │      └──────────────────────────┘
└─────────────────┘
```

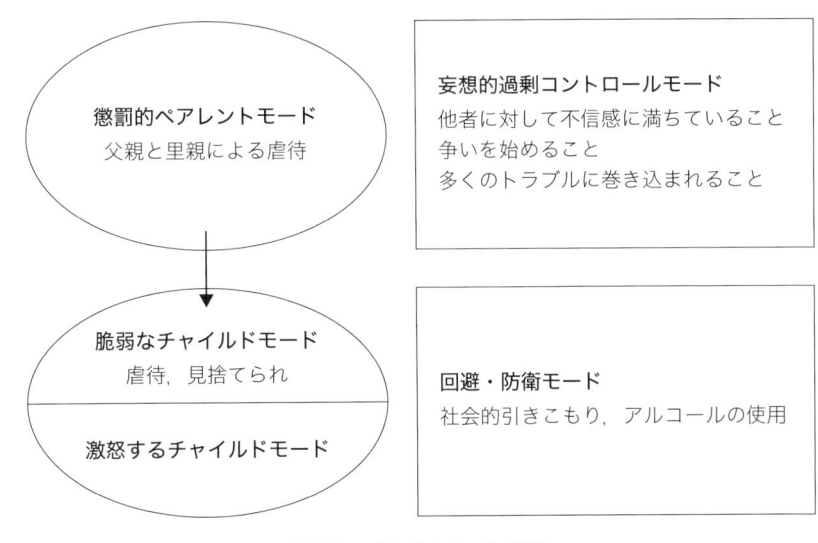

図2.8　エリックのモードモデル

幼少期に虐待された経験と見捨てられた経験の両方があるためである。エリックの他者に対する不信に満ちた攻撃的な態度（裁判を始めるという行動も含む）は，「妄想的過剰コントロールモード」として概念化される。社会的孤立やアルコールの使用は，「回避・防衛モード」として理解することができる。

2.3.8　法的な問題を抱える当事者

　法的な問題を抱える当事者に関するモードモデルは，さまざまなB群のパーソナリティ障害をもつ人に適用できる。しかし，実際には，司法による治療の中心的な目標は，犯罪行為を理解したり軽減したりすることであり，その意味で，このモデルは特定の精神病理学的な障害について整理したものではなく，むしろ犯罪行為とそれに関連するパターンについてのモデルであると言える。以下に挙げるのは，法的な問題をもつ当事者に関連したモードである。

- 「脆弱なチャイルドモード」「激怒するチャイルドモード」（これは他のパーソナリティ障害と同様である）
- 「非機能的ペアレントモード」（これも他のパーソナリティ障害と同様である）
- 「いじめ・攻撃モード」——これは特に法的な問題を抱える当事者に特有の過剰補償モードであり、当事者は、自分の欲求を満たすために、あるいは自分が利益を得るために、計画的（意図的）に攻撃的なふるまいを示す。
- 「だましモード」——これも過剰補償のモードであり、嘘をついたりだましたりする行動パターンが含まれる。このモードにある当事者は、自分が他者（たとえば病院や刑務所のスタッフなど。より一般的に言えば、だまそうとする相手）の求める通りの言動をしていると相手に信じ込ませようとする。しかし、このモードにある人は誠実ではなく、処罰を避けるため、あるいは自分の欲求（たとえばお金を得るなど）を満たすために、嘘をついたり重要な情報を隠したりする。
- 「略奪者モード」——このモードにある人は、自らの利益を追求したり、自分が気に入らない他者を排除したりするために、冷淡かつ計画的に、相手をひどく傷つけたり、時には殺してしまったりする。

　法的な問題を抱える当事者は、重篤なパーソナリティ障害を有していることが多い。特に、反社会性パーソナリティ障害とBPDが多く見られる。そのため、個別のケースの概念化では、それぞれのパーソナリティ障害のモードモデルに、法の問題に関連するモードを統合する必要がある。

> **事例**　法的な問題を抱える当事者
>
> 　31歳のニコルは、BPDと反社会性パーソナリティ障害の診断基準を満たしている。彼女は、長年にわたってドラッグや犯罪が身近な環境に

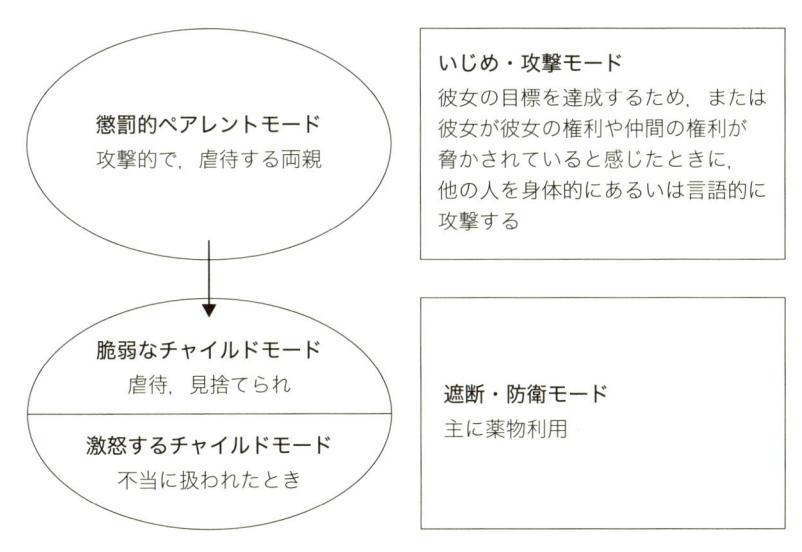

```
┌─────────────────────────┐  ┌──────────────────────────────┐
│   懲罰的ペアレントモード    │  │   いじめ・攻撃モード            │
│   攻撃的で，虐待する両親    │  │   彼女の目標を達成するため，または │
│            │             │  │   彼女が彼女の権利や仲間の権利が │
│            ▼             │  │   脅かされていると感じたときに， │
│   脆弱なチャイルドモード    │  │   他の人を身体的にあるいは言語的に│
│   虐待，見捨てられ         │  │   攻撃する                    │
│   ─────────────          │  └──────────────────────────────┘
│   激怒するチャイルドモード   │  ┌──────────────────────────────┐
│   不当に扱われたとき       │  │   遮断・防衛モード             │
└─────────────────────────┘  │   主に薬物利用                 │
                             └──────────────────────────────┘
```

図 2.9　ニコルのモードモデル

あった。ニコルは 12 歳から売春婦として働いており，薬物の取引や売春斡旋業者とのトラブルに巻き込まれてきた。幼少期，彼女は日々痛ましい身体的暴力，性的暴力の被害に遭っていた。彼女の両親は，父母ともに違法薬物に依存していた。

彼女は，BPD に関わるあらゆるモードをもっていた。それには，「極めて脆弱なチャイルドモード」「見捨てられた・虐待されたチャイルドモード」，強烈な「激怒するチャイルドモード」，そして「懲罰的・虐待的ペアレントモード」が含まれる。彼女は，売春婦としての仕事をこなす際やボーイフレンドが性的関係を強要してくる際に，それをやりすごすために薬物を用いた。つまり，薬物の使用は「遮断・防衛モード」として概念化できる。彼女の攻撃的行動は，主に身体的暴力と言葉による暴力であり，いずれも売春斡旋業者との争いや個人的な葛藤のなかで生じていた。彼女は他者を脅し，取っ組み合いの喧嘩をし，時には武器を使うことさえあった。彼女のこうした部分は「いじめ・攻撃モード」として概念化できる（図 2.9）。

2.3.9　慢性的なI軸疾患をもつ当事者

　モードモデルは，パーソナリティ障害のケースの概念化と治療において非常に有用である。しかし，慢性的なⅠ軸疾患のような，他の慢性化した精神障害にも活用することができる。Arntz（2008）は，摂食障害に関し，当事者の多くに以下のようなモードが特徴的であるとする仮説を提唱した。

(1)「脆弱なチャイルドモード」——当事者は，愛情や承認，自律性を欲するが，実際には，拒絶され，虐待され，そして非難されていると感じている。
(2)「要求的ペアレントモード」「懲罰的ペアレントモード」——批判的な親や親からの高い要求水準が内在化されている。それらの批判や要求は，食事や体型と関連していることが多いが，それ以外のことに関連している場合もある。
(3)「遮断・防衛モード」——当事者はやっかいな感情を押しやるために，過食や拒食に走る。
(4)「過剰コントロールモード」——当事者は摂食行動や自らの体型を過剰にコントロールしようとする。また，そのことで両親の注目を引き，両親を支配しようとする。しかしこれらは，当事者が本当の自律性を獲得したり，両親からの本当の肯定的関心を引き出したりすることにはつながらない。また，かえって両親が当事者を過剰に心配し，当事者の行動をコントロールしようとすることにもつながってしまう。そうなると，コントロールや自律性に関わる「権力争い」が開始されることになる。

　以下に，「拒食症のプロ」と呼ばれる「アナ」というウェブサイトからいくつかのフレーズを引用する。我々は容易に，これらのフレーズにさまざまなモードを見出すことができる*。

- 「私は，自分がこれまで存在している人間のなかで最も卑劣で，価値がなく，意味のない人間だと確信しています」（懲罰的ペアレントモード）
- 「罪悪感なしに食べることなどありえない」（懲罰的ペアレントモード）
- 「コントロールは良いことだと信じている。それは，"私の人生"という無秩序なものに秩序を与えるための唯一の方法だから」（過剰コントロールモード）

　スキーマ療法が適用可能なもう1つの領域は，慢性的なうつ病である（例：再発を繰り返すうつ病，ディスチミア型，難治性など／Renner et al., 2012）。モードモデルに基づくこのようなアプローチは，今のところ研究者にあまり知られていないが，C群のパーソナリティ障害に多く見られるモード（Bameils et al., 2011）は，慢性的なうつ病においても特徴的なモードであると推測することは可能である（それは，「見捨てられたチャイルドモード」をはじめとする種々の「脆弱なチャイルドモード」のほかに，「懲罰的ペアレントモード」「要求的ペアレントモード」「遮断・防衛モード」である）。慢性的なうつ状態の維持に関して，「体験の回避」は重要な役割を果たしているとされている（たとえば Hayes et al., 2005）。「体験の回避」という概念は，モードアプローチにおける「遮断・防衛コーピングモード」と重複する。また，双極性障害のリスク要因に関する研究やいくつかの理論に基づき，双極性障害に関するモードモデルの仮説を立てることもできる。そこには，コーピングモードのなかでも「自己誇大化モード」（場合によっては「自己鎮静モード」がそれに加わる）が，そしてほかには「要

＊出版の時点で，オリジナルのウェブサイトはすでに参照できなくなっている。しかしほかにもオンライン上で利用可能な多くの"プロ・アナ"と呼ばれるサイトがある。「痩せの十戒」のなかの「汝，罰せられることなく食べることなかれ」が最も有名なもののひとつである。Norris et al.（2006）はこれらのウェブサイトに関する質的分析を行っている。Wikipediaも参照のこと（http://en.wikipedia.org/wiki/pro-ana［2012年4月15日現在アクセス可］）。

第2章　モードの概念

求的ペアレントモード」「非自律的チャイルドモード」「脆弱なチャイルドモード」が重要な役割を果たしていると考えられる（Hawke et al., 2011）。

　ほかにも，強迫性障害（OCD）に関してモードモデルでの概念化を試みたものに，Gross et al.（2012）の報告がある。OCDを抱える当事者には，典型的には「脆弱なチャイルドモード」，強固な「要求的ペアレントモード」，およびコーピングモードでは「遮断・防衛モード」と「過剰コントロールモード」が見られる。OCDの症状は，さまざまなモードと関連している。当事者が，行動を過剰にコントロールすることによって完璧であろうとし，高い水準を達成しようとしている場合は，OCDの症状は主に「要求的ペアレントモード」と関連している。しかし他方で，OCDの症状は不快な感情を減じようとする効果（「遮断・防衛モード」）や，他者をコントロールする効果（「過剰コントロールモード」）も有している。

> **事例** OCD当事者のモードモデル
>
> 　現在52歳のイヴリン（2.3.1項参照）は，かつては秘書をしていたが，OCDの症状のために10年前に退職した。彼女は，20歳のときからいくつもの強迫観念と強迫行為に苦しんでいた。イヴリンの強迫行為には洗浄とコントロールにまつわるものがあり，病気の経過のなかでそれらは交互に現れたり，同時に出現したりした。また，これらの強迫行為は，主に病気や毒物による汚染に対する不安（強迫観念）と結びついていた。また，コントロールにまつわる強迫行為は，「自分の家が火事になるかもしれない」といった惨事に関する強迫観念とも結びついていた。
>
> 　子どものとき，イヴリンの生活状況は非常に不安定だった。彼女の父親は，双極性障害を抱えており，アルコールに依存していた。彼は，躁状態で酔っ払うと突然攻撃的になることがあった。そのため，幼少期のイヴリンは，自分や母親に危害が加わるのではないかと不安に思い，今にも父親が爆発するのではないかと，絶えずおびえていた。彼女の母親は気分がすぐれないことが多く，それもあって家庭の状況はつねに極めてストレスフルであった。イヴリンは，「あらゆる問題をちゃんと切り

抜けることができない」母親に対しても，恐怖を感じていた。こうしたことから，イヴリンは非常におとなしく，引きこもるようにして幼少期を過ごした。というのも，彼女は，両親を刺激することや，それによって「危険な」状況に巻き込まれることを避けたかったからである。そのため，彼女は健全な社会的相互作用のスキルを獲得することができなかった。彼女は，他者に近づこうとするとつねに恐怖を感じるようになり，また，対人関係のなかで自分の欲求をはっきりと表現する術を学ぶ機会を逃してしまった。こうした彼女の成育歴を考慮すれば驚くべきことではないが，イヴリンは，支配的で攻撃的なアルコール依存の男性と親密な関係を結ぶことを繰り返した。そして彼女は，母親が父親にそうしていたように，その相手に服従した。セラピストや他のメンタルヘルスの専門家を除いて，イヴリンには，彼女に対して友好的かつ支持的に接してくれる人が全くいなかった。

　治療の場面では，イヴリンはあらゆるサポートに対してとても愛想よく，開かれた態度を示し，セラピストに対しては感謝の意を表明した。彼女は，OCDの症状を患って以降，入院や外来などでさまざまな心理療法を受けてきた。それぞれの治療のなかで，彼女は強迫観念と強迫行為を減らすことには成功するのだが，治療が終わった途端に再発するということを繰り返していた。イヴリンは，最近受けた治療のなかで，曝露療法も実践することができた。それは，いつもの洗浄の儀式をせずにキッチンでいろいろなものに触るという不快で困難な治療ではあったものの，その入院治療中，自分や他の入院患者のために食事を作ることができるようになったり，病棟でのさまざまな活動に参加したりすることもできるようになった。しかし，退院してアパートに戻ると，すぐに再発してしまった。またイヴリンは，入院での治療期間中，個人療法のセッションでくまなく準備をしても，グループ療法で自分自身の考えや欲求をはっきり表現することができなかった。

　イヴリンの日常生活において強迫観念や強迫行為の果たす機能として，強迫行為は，イヴリンが他者と，特にそのときに付き合っているパー

トナーと距離を置くための助けになっていた。彼女の強迫行為が激しいときは，そのために，彼に自分のアパートを訪れたりベッドで寝たりしないでほしいと伝えることができるし，彼女のソファに座ることを禁止することもできる。イヴリンが選ぶパートナーは，彼女に対して言語的および身体的に攻撃的であり，彼女はその行為に制限をかけることも，より健康的な形で対応することもできずにいた。強迫行為を理由にすれば，暴力的なパートナーと無理のない形で距離を置くことができた。曝露療法のセッションの間は，イヴリンは強烈な悲しみや憂うつ，孤独感といった感情に煩わされた。彼女はまた，去年姉が死んだときがそうであったが，自分に近しい人が亡くなると，強迫行為が増悪すると報告した。彼女は，「たぶん，自分の人生のなかで他人とポジティヴな関係を築けていないから，強迫行為という防衛がないと悲しみの感情に耐えられないのかもしれない」と述べた。

イヴリンのモードモデル（図2.10）の大部分は，依存性パーソナリティ障害，および回避性パーソナリティ障害をもつ人のモデルと重複している。それは，彼女自身がその2つの診断を重複して受けているためでもある。孤独感や無価値感は，「脆弱なチャイルドモード」と関連している。自分自身の欲求をはっきりと表現できないという点は，「要求的ペアレントモード」および「懲罰的ペアレントモード」と関連している。他者に服従することと自分自身の欲求を無視することは，「従順・服従モード」として概念化される。強迫行為は，一方では「遮断・防衛モード」と関連している。それは，イヴリンが強迫行為によってネガティヴな感情を感じるのを抑えることができるからである。加えて，強迫行為は彼女が自分の欲求，主にはパートナーから暴力的に扱われたくない，という欲求を表現することを助け，また精神科のヘルスケアシステムのサポートを求めることを合理化してくれる。ヘルスケアの専門家は，イヴリンが人生において唯一安全だと感じることのできる人々であった。

慢性的なI軸障害を抱える当事者のモードモデルを検討する際，私たち

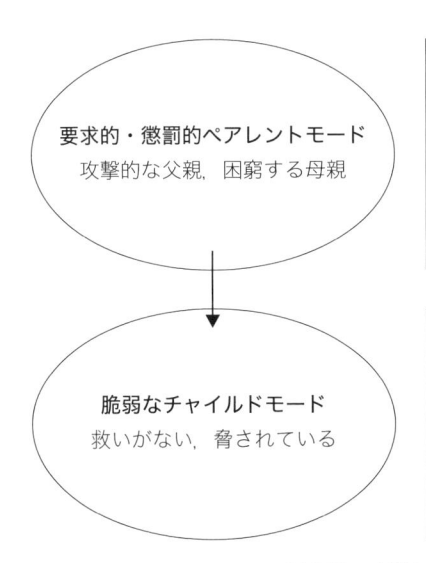

```
┌─────────────────────┐         ┌──────────────────────────────┐
│ 要求的・懲罰的ペアレントモード │         │ 従順・服従モード              │
│  攻撃的な父親，困窮する母親   │         │ 自分自身の感情を表現しない    │
└─────────────────────┘         │ OCDの症状によってのみ自分自身を│
           │                    │ 大切にし，サポートを求める     │
           ▼                    └──────────────────────────────┘
┌─────────────────────┐         ┌──────────────────────────────┐
│  脆弱なチャイルドモード     │         │ 遮断・防衛モード              │
│  救いがない，脅されている   │         │ OCDの症状によってネガティヴな │
└─────────────────────┘         │ 情動を遮断する                │
                                └──────────────────────────────┘
```

図2.10 イヴリンのモードモデル

はまず，その人に併存するパーソナリティの病理について理解しようとする。これは，彼／彼女たちの問題について，まずは関連するパーソナリティの問題から概念化する，ということである。そして次に，強迫や抑うつのようなⅠ軸の症状を，その症状が個々の当事者にとってもつ機能に応じてモデルに組み入れていく。

> Ⅰ軸の症状に特化したモードモデルはこれまで考案されていない。通常，併存するⅡ軸障害に関して最も適合しているモデルを，当事者の基本モデルとして活用する。Ⅰ軸の症状は，そのうえでパーソナリティ障害に関連した問題と同じような方法でモデルに統合する。

Ⅰ軸の症状のいくつかは，特定のモードに関連している場合がある。たとえば，アルコールの乱用は，ネガティヴな感情を遮断する機能をもっているため，多くの場合「遮断・防衛モード」に関連づけられる。しかし，その他のⅠ軸の症状は，極めてさまざまな形でモードモデルに関連づけら

れることになる。たとえば，抑うつ症状は，「悲哀」の感情がメインである場合は「脆弱なチャイルドモード」の一部かもしれない。しかし，当事者が強い回避を示しており，主に「意欲の減退」が主たる抑うつ症状である場合，それは「回避・防衛モード」の一部なのかもしれない。あるいは，回避が続くことで強化子が欠如するため，結果としてうつが生じていると考えられる場合もある。

> 個別のモードモデルは，通常はセラピーの最初の数セッションで概念化することができる。概念化には，自記式の質問紙，以前のセラピストや家族からの情報，成育歴の情報など，多くの情報源が用いられる。モードモデルは，つねに当事者とともに検討していくことが重要である（第3章参照）。

2.3.10 性的な問題をモードモデルでどう扱うか

一般的に，性的な問題および親密な関係に関わる問題は，それが当事者にとって極めて重要な問題であっても，治療のなかで十分に扱われることはあまりないようである。しかしながらスキーマ療法の文脈では，性に関する行動や問題は，それらのもつ機能に応じてさまざまなスキーマモードと関連づけて検討することができる。

● 脆弱なチャイルドモード

私たちは通常，性行動はあくまで成人の生活の一部として捉えがちであり，それを直感的にチャイルドモードと結びつけることは難しいであろう。しかし，問題となる性行動のパターンのなかには，「脆弱なチャイルドモード」と結びついているものもある。これは，ある人が他者と性的な関係をもつ場合，それが性的な関心からではなく，対人的な温かみや親密さを味わうための手段となっている場合が当てはまる。こうした当事者にとって性行為は，つながりや愛着，身体的な接触を味わうために行うのであって，

その行為自体はしぶしぶであり，我慢していることが多い。たとえばスーザン（1.1 項参照）は，今は何の関係もないのにそれでも以前の彼と会うのは，その男性と性行為をしたいためではなく（それどころか彼女は性的接触そのものに嫌悪を感じていた），単に身体接触を求めていたからである（彼女はそれについては「ある意味ではポジティヴなもの」として捉えていた）。その男性はスーザンに優しくしたり彼女を抱きしめたりしてくれる唯一の人物だからである。スーザンのこの態度は，まさに「脆弱なチャイルドモード」と関連している（「ほんの少しでも身体的接触を得られるなら何でもする」）。彼を性的に欲していないにもかかわらず，あるいは，彼によって性的な満足を得ることはないにもかかわらず，彼女が相手の性的な欲求を満たすことは，「従順・服従モード」とも関連している。

● 過剰補償のコーピングモード

　問題のある性行動は，かなりの確率で過剰補償のコーピングモードとも関連している。これは当事者が，自分自身の権力と支配力を感じるために，他者を性的に誘惑するような場合である。たとえばニコル（2.3.8 項参照）は，「私はどんな男性も誘惑することができるし，その後でポイっと捨てることもできるわ。私は男性を誘惑しているとき，彼らが私にとってはどうでもいい人たちでも，自分には強くて力があるって感じることができるの」と報告している。

● 回避のコーピングモード

　回避のコーピングモードは，親密な関係の乏しさや性交渉の欠如などに関連した問題の基礎となっていると考えられる。このモードにある当事者は，性にまつわる複雑な感情に触れるのを避けるために，あるいは（自分自身の回避的なパターンに基づき）他者との親密な関係は重要でないと考えていたりするために，性的な関係を回避する。

　回避モードの別のタイプとして，性にまつわる行動が強い自己刺激としての機能を担っている場合は「自己刺激モード」に該当する。これは，そ

の人が，複雑な感情を感じることを避けたりそのような感情から気をそらしたりするために，あえて自分自身に性的な刺激を与えるような場合である。こうした行為には，風俗やポルノの利用，過剰な自慰行為などがある。また，当事者は，たとえその行為が自分にとって優先すべき重要な対人関係に支障を来たすとわかっていても，あえて刺激や興奮を求めて新たな性的な関係を始めてしまう場合がある。あるいは，たとえ生活に支障を来たす可能性があるとわかっていても（たとえば仕事中であったり，支払いに余裕がなくても続けてしまったりするなど），欲求不満を回避するために，ポルノやインターネットのセックスチャットを利用する場合もある。

● 懲罰的ペアレントモード

　当事者が性的な行動を通じて自らを罰しているような場合，それは「懲罰的ペアレントモード」に関連している。典型例としては，自分自身に対して嫌気がさしたり，自らを汚らわしいと感じたりする際に，性的な行動を取るというものである。「どうせ私は汚れているから，ほかに何をやってもだめなんだ」というのが当事者の言い分である。性的にマゾヒスティックな嗜好があるわけではないのに，激しい身体的苦痛の伴う性行為を報告する当事者もいる。彼／彼女たちは，そのような行為を「私は悪い扱いを受けて当然だし，ほかには何の価値もない」と言ってむしろ積極的に受け入れる。こうした当事者のなかには，自分自身の性体験について，インターネットのチャットルームやフォーラムに頻繁に投稿している人もいる。懲罰的に性行為を行う当事者と「正常な」マゾヒスティック嗜好がある当事者との違いは，後者がマゾヒズムに関連する性的な興奮を報告するという点である。マゾヒスティックな行為や空想は，そのような嗜好をもつ人にとっては性的な刺激として不可欠である。すなわち，通常のマゾヒスティックな人にとって，そうした行為や空想は，思春期以前から，性行為や性的な刺激を得るために必要なことであり，自分を罰するための手段ではない。

> 常軌を逸した性行動であっても，必ずしもそのすべてが病的なもの

とは限らない。しかし，問題のある性行動のパターンは，あらゆる種類のモードと関係している可能性が高い。セラピストは，性に関連する当事者の行動については慎重に，しかし率直かつ明確に探索していく必要がある。

　当事者は，自らの性に関する行動パターンや問題について，それが本当は話し合うべきことであっても，自発的にはほとんど報告することがない。それは，彼／彼女たちが自分の性行動について「恥」の感覚を抱いていることが多いからである。さらに，逸脱した性行為や問題のある性行動について話すことは，いまだにタブー視されている。それは特に，問題となっている行為が，たとえば売買春やマゾヒスティックなオンラインでのデートといった，社会的に許容されない行為である場合に当てはまる。しかしながら，当事者の抱える重要な問題を十分に理解するためには，その人の性に関わる問題（例：実際の性行動，ポルノの過剰消費，性的ファンタジーへの耽溺）を含めて知ることが不可欠である場合もある。そのためには，セラピスト自身がそのようなタブーを打ち破り，性にまつわる問題を探索していく必要がある。

　当事者がこうした話をしやすくするために，セラピストがアセスメントのなかでノーマライズしていくことが有効である。「先ほど，インターネットでたくさんの動画を見たり，賭け事をしたりする，とおっしゃいましたね。そうした習慣をもつ人の多くが，ポルノをたくさん見たり，アダルトサイトをネットサーフィンしたりしていると言われています。こうした行為はよくあるごく普通のことなのですが，普段人はそのことについてあまり話をしません。あなたもご存知かもしれませんが，グーグル（Google）で最もよく検索されている単語は"セックス"です……あなたにも何か思い当たることがありますか？」「あなたは先ほど，オンラインで誰かと知り合いになることがあると，ちらりとおっしゃいましたね。ほかの患者さんから，そういう風に知り合った人とはすぐ性的な関係になることが多い，と聞いたことがあります。性的な関係を結ぶことだけを目的に，インター

ネットで人と知り合う，という患者さんもいます。先ほどあなたがおっしゃったオンラインで誰かと知り合うということのなかには，こうした関係も入りますか？」。

このように，性の問題について当事者と直接的に話をすることは，ケースの概念化を適切に進めていくにあたって非常に重要である。このように尋ねることはまた，当事者の生活において大きな問題になりかねない数々の「タブー」について，話をするためのモデルを提示することにもなる。また，性的な問題行動は，当事者自身にとっても危険を伴う。それは，インターネット上での関係にとどまらず，性感染症や売買春の問題，性暴力といった現実世界での危険性をはらんでいる。これらのことから，セラピストは，当事者の性にまつわる問題について，少なくともつねに気に留めておく必要がある。

2.4　よくある質問

(1) モードモデルの完成は，どのようにして判断すればよいのか？
　スキーマモードは通常，その人のなかに「染み込んで」いるため，それを100％正確に理解することは難しい。概念化において最も重要なのは，当事者の抱える主な問題，症状，対人関係における特徴的な行動や問題のある行動が含まれていることである。治療を受けることをその人に決意させた，当事者の抱える問題が含まれていることが不可欠であることは言うまでもない。もしある当事者が，あまりにも多くの問題を挙げたり（例：実際には機能できている面もあるのに，生活上の全領域で重大な問題を抱えている，と訴える場合），あらゆる事柄についてとめどなく訴えつづけたりする場合，このような現象自体をモードモデルに組み込む必要がある（たとえば「注目希求モード」をもつ人は，そうなりやすい）。セッションにおいて，当事者が何らかの対人関係上の問題行動を取り，それにセラピストが気づいた場合，たとえ当事者はそのような行動に気づいていなかっ

たり，それらの行動を問題があるものとして言及しなかったりしたとしても，それらの行動をモデルに含める必要がある。しかしながら，すべての問題をモードモデルに含めなければならないわけではない。その問題の非機能的な特徴が明確になっていない場合，わざわざモデルに含める必要はないだろう。通常，最初のモードモデルは，1回から5回程度のセッションをかけて作成される。その後の治療経過を通じて新たに得た情報を，最初に作成されたモデルに組み込んでいくことになるだろう。

(2) 治療の開始時点で見逃しやすい問題には，どのようなものがあるか？

　当事者がタブーとされる何らかの問題を抱えている場合，セラピストが当事者のことを理解したりモードモデルを作成したりするにあたって，その問題について話すことが重要だとわかっていてもできない場合がある。したがってそれらの問題については，セラピストのほうから，率直かつ共感的に尋ねることが極めて重要である（2.3.10項参照）。我々の経験上，以下の話題については，当事者から自発的に報告されることが少ないので，取りこぼしが生じやすい——耐え難い怒り，恥，性的なこと，ドラッグや処方薬の乱用，摂食にまつわる問題，（インターネットの）ポルノの乱用，誇大な空想。もちろんポルノビデオを観ることを機械的に問題視するということではない。そのような行為が何からの問題を形成している場合，すなわちその人の機能を低下させたり対人関係を阻害したりする場合に限って，それをモードモデルに組み込むのである。

　何らかの「過剰補償コーピングモード」を強力にもつ人は，「脆弱なチャイルドモード」を体験したり，それに気づいたりすることが難しい。というのも，「脆弱なチャイルドモード」を意識の外に追いやることが「過剰補償コーピングモード」の中心的な機能だからである。したがってこのモードが強ければ強いほど，当事者は「脆弱なチャイルドモード」をモードモデルに組み込むことを嫌がるかもしれない。

(3) どのようにして問題や症状をモードに関連づけるか？

　基本的に，当事者の抱える症状や問題，対人関係のパターンが，どのモードに関連しているかということは，その時々の当事者とセラピストの感情に基づいて判断することができる。その際に中心となる問いはつねに，「当事者はどのように感じているか？」と「セラピストはどのように感じているか？」という2つである。強烈でネガティヴな感情はチャイルドモードと関連している。プレッシャーや自己嫌悪に関連する感情はペアレントモードに関連している。感情が欠落していたり，その場にそぐわない妙にポジティヴな感情が生じていたりする場合は，何らかのコーピングモードが生じているだろう。セラピスト自身の感情に焦点を当てることは，特に「過剰補償のコーピングモード」を明らかにする際に非常に役に立つ。それはたとえば，セラピストが当事者から「脅かされている」「支配されている」「コントロールされている」と感じる場合である。セラピスト自身の感情を問うことは，当事者自身がまだ気がついていないモードを推測するうえでも有用だろう。

(4) モードモデルの概念化はいつから始めるのが適当か？　概念化が完成するためにはどのぐらいの期間が必要か？

　スキーマ療法では，セラピストは，治療のごく初期段階から当事者のモードに注意を払う。初回セッションで得られた情報をもとに，セラピストは予備的なモデルをつくりはじめる。大体において第5セッションが終わる頃には，必要な情報がある程度集まって組み合わさり，ほどほどのモデルが出来上がり，それについてセラピストと当事者が話し合うことができるようになる。ただし，モードモデルは，治療全体を通じてつねに「変化し，発展しつづけるもの」であることに注意する必要がある。必要であればいつでも新たな情報をモデルに書き足すことができる。たとえば，症状の推移や変化は，同じモードの異なる様態として理解できる場合がある。一例を挙げる。ジェーン（2.1.3項参照）は，治療がある程度進んだ時点で，処方薬の用量と解離の体験の両方をどうにか軽減できるようになった。し

かしながら，同時に彼女は極端なダイエットを始め，拒食症の診断基準を満たすようになってしまった。ジェーンは拒食することによって，感情体験を減らしたり遮断したりするようになってしまった。つまり，これまでの解離や処方薬の使用も，新たに生じた拒食症も，同じ「遮断・防衛モード」の表れであるとみなすことができる。

(5) モードの概念について，どれぐらい詳細に当事者と話し合うのがよいか？

これについては，第3章で詳述する。

(6) モードについて，そしてそれに関連する問題や症状について，どの程度直接的に尋ねたらよいか？ 特に，恥の感情に関連する話題について，当事者自身がセッションで安心してそれについて話せるようになるまで，セラピストは待ったほうがよいのではないか？

この種の情報については，セラピストから単刀直入に尋ねるべきである。物質使用や性的逸脱など恥の感情に関連する話題については，直接それらについて尋ね，積極的に話し合うことが，当事者が自身のモードについて理解するために非常に重要である。というのも，当事者が恥の感情を強く抱いていても，本人から自発的にそれらについて報告することはほとんどないからである。セラピストは，治療の初期段階で基本的なモードの概念について当事者に説明する必要があるが（第3章参照），その際に，タブーとされている話題についても話し合うことの重要性を強調するとよい。そうすることによって，セラピストが立ち入った質問をすることの意味を，当事者が理解できるようになる。我々の経験によれば，当事者は，恥の感情を引き起こす話題について，時間が経てば報告するようになるわけではない。むしろ長期にわたってそのような話題を口にしなかったことについて，より強く恥を感じるようになるようである。

(7) 当事者がネガティヴな感情を全く報告しない場合，どう対応したらよいか？

人が治療を求めるのは，その人が何らかの問題を感じているためである。

治療の初期段階において，当事者が「脆弱なチャイルドモード」にまつわるネガティヴな感情について話そうとしない場合でも，その人がうつや不安といった主訴を携えて治療に訪れていることを我々は知っている。したがって我々は，さまざまな感情を伴うモードについて概念化するために，少なくとも以下のような情報を当事者に提供し，直接的に話し合うことにしている。「先ほど『脆弱なチャイルドモード』という概念について説明をしたとき，あなたは，そうした弱々しい感情はあまり経験したことがないとおっしゃいました。しかし，あなたは，ご自身の抱える社会不安に対して何らかの助けが必要だったから，治療の予約をされたのですよね。その不安について，もう少し教えていただけませんか？ そうすれば私たちはおそらく，その不安が『脆弱なチャイルドモード』と関連したものであることを理解することができるでしょう」。

しかしながら，当事者がネガティヴな感情について全く報告できない場合もある。それはたとえば，自己愛的な傾向をもつ当事者が，周囲の第三者（多くは配偶者）に言われて治療を受けに来る場合である。こうしたケースでは，我々セラピストは，「自己愛的なコーピングの背後にある」ネガティヴな感情の重要性を想定しながら，当事者の感情の層を探究していく。このような当事者はおそらく，配偶者に治療を促されるきっかけになってしまった何らかのトラブルにまつわる感情以外は，ネガティヴな感情について報告しようとしないかもしれない。このようなケースでは，当事者が自らのネガティヴな感情について語ることができるようになる前に（それには相当の時間がかかるだろう），まずは当事者のコーピングモードについて徹底的に扱う必要があるだろう（第5章参照）。

事例 治療の初期段階ではネガティヴな感情を一切報告しなかった当事者

マークは48歳の男性で，中学校の副校長をしており，彼の勤める学校の校長から退職勧告をされ，それを理由に治療に訪れた。マーク自身は退職する気はさらさらないという。彼によれば，校長による「突拍子もない退職勧告」以外に，彼には「何の問題もない」のだという。

治療が始まってほどなくして，セラピストは，マークの攻撃的で要求の多い対人関係のあり方に悩まされるようになった。彼は知的能力に優れており，同僚や校長について話す際の口調は，ことごとく相手を見下すようなものであった。彼は，同僚の「愚かさ」に比べ，自分の仕事ぶりがいかに素晴らしいかということについて，自信たっぷりに断言した。言うまでもなく，マークは職場で孤立していたが，彼自身からそのことに対する訴えはなかった（「あいつらのような愚か者と親しくなりたいなどと，この私が考えると思いますか？」）。

　セラピストは，マークのこのような対人関係のパターンを，強烈な「自己愛的自己誇大化モード」として概念化した。そしてこのモードが，彼の生活や人生におけるさまざまな領域に対してどのような悪影響を及ぼしているのかを理解するために，彼をめぐるさまざまな対人関係についての探究を進めていった。その結果判明したのは，マークの対人関係はことごとくこのモードの被害に遭っている，ということであった。たとえば，2年前には妻が「意味不明な非難」を彼に浴びせて家を出て行ったということである。また，さまざまな友人との関係もことごとく，マークから，あるいは相手のほうから，「縁を切る」という形で終わっていた。マークは，かつての友人たちについて，彼／彼女たちのことを極端に価値下げして語るのであった。

　治療の初期段階から，セラピストはマークの過剰補償モードについてはっきりと彼に伝え，話し合うようにした。そのモードは2人の間で「スーパーマン」と呼ばれるようになった。治療開始当初，マークは，感情に関連するあらゆるワークを行うことに抵抗を示していたが，そのうちに，彼の「スーパーマン」モードとその他のモードとの間で，「椅子による対話のワーク」を行えるようになった。椅子のワークを行ううちに，少しずつではあるが，孤独な社会的状況に置かれていることに対する彼自身のさみしさや無力感が明らかになっていった。彼は自分の感情について少しずつ語れるようになっていった。

(8) ポジティヴなモードも存在するのか?

　スキーマモードモデルは,「ヘルシーアダルトモード」と「幸せなチャイルドモード」という2つのモードを,ポジティヴなモードとして提示している。これらのモードは,機能的な,あるいは楽しさを含む行動や体験と結びついている。しかしポジティヴなモードをこの2つに限定する必要はない。モードモデルは非常に開かれたモデルであり,当事者のもつ他のポジティヴなモードやさまざまな強みも,モードモデルに組み込んでいくことができる。

(9) コーピングモードそれ自体も,当事者の「強み」として捉えることができるのではないだろうか?

　たしかに,コーピングモードは,当事者にとって,ある時期においては極めて機能的であったと考えられる。過去に,典型的には幼少期に,コーピングはしばしば文字通り「生き残る」ための戦略だったものが多い。ある程度のコーピング機能は,すべての健康な人間にとって重要なものである。この点に関しては,第5章のコーピングモードに対するワークの部分で詳細に検討する。

(10) 怒りにつながるさまざまなモードを,どのように区別するのか?

　怒りの表出には,複数のモードが関連している可能性がある。それはたとえば「怒れるチャイルドモード」「激怒するチャイルドモード」「いじめ・攻撃モード」,そして「怒り・防衛モード」といったものである。当事者の怒りが複雑すぎて,これらのモードを明確に区別するのが難しい場合もある。たとえば,「怒れるチャイルドモード」が引き金となって「いじめ・攻撃モード」が生じている場合などである。しかしながら,怒りの「質」であれば,区別することが可能かもしれない。たとえば,「怒れるチャイルドモード」「激怒するチャイルドモード」の場合,当事者の怒りが強烈で,彼/彼女たちは,まるで小さな子どものように怒っていることが多い。この場合,当事者は自らの怒りをコントロールできず,衝動的に怒りを爆発させている。一方,当事者が「いじめ・攻撃モード」にある場合,彼/彼

女たちは，他者を怖がらせ，おびえさせるために，コントロールしながら怒りを用いている。実際に，怒りのモードを区別するにあたっては，当事者と直接話し合っていく必要があるだろう。

　さらに，当事者が「怒り・防衛モード」にある場合，セラピストは，彼／彼女たちの怒りによって，自分が当事者から遠ざけられてしまったように感じることが多い。セラピストの受けるこのような印象は，当事者の示す怒りが，何か別の感情を避けるためであったり，セラピストと親密な関係を築くのを避けるためであったりすることによるものと思われる。セラピストは逆転移の体験を通じて，当事者とセラピストの間に，怒りの感情が，まるで分厚い壁のように立ちはだかっていると感じるかもしれない。この種の怒りは，あまり強烈なものではないものの，継続的に表出されつづけることが多い。

(11)「遮断・防衛モード」と「ヘルシーアダルトモード」はどのように区別できるのか?

　この2つのモードの区別が実に難しい場合がある。それは，どちらのモードにあっても，極めて「分別のある」ように当事者がふるまっているように見えるからである。この場合，感情や欲求に焦点を当てることが役に立つ。当事者が「ヘルシーアダルトモード」にある場合，彼／彼女たちは自らの感情や欲求を感じ，表現することができるし，感情や欲求に基づいた行動を適応的に行うこともできる。一方，「遮断・防衛モード」にある当事者は，表面的には「ヘルシーアダルトモード」のように見えたとしても，実際には現在の自分の感情や欲求を明確に感じることもできないし，表現することもできない。

(12) 完璧主義の当事者の場合,「要求的ペアレントモード」と「完璧主義的過剰コントロールモード」をどのように区別できるのか?

　この区別は簡単ではないことも多い。それは，どちらのモードでも高い要求というものが重要な位置を占めるからである。両者の区別に役立つ主な要因としては，それぞれのモードに関連する感情の違いが挙げられる。

その人が，強いプレッシャーや要求を感じて，つねに「心配」しつづけているとき，それはほとんどの場合「要求的ペアレントモード」と関連している。一方，完璧主義に突き動かされて何かを続けることによって，当事者がネガティヴな感情から距離を取ろうとしている場合，あるいは，その人が完璧主義を追求することによって，「要求的ペアレントモード」や「懲罰的ペアレントモード」から逃れようとしている場合（それらのモードが活性化すると「脆弱なチャイルドモード」が活性化して，不快な気分や失敗した感覚が生じるため，それを防ぐために），その人は「完璧主義的過剰コントロールモード」にあるとみなすことができる。つまり，「完璧主義的過剰コントロールモード」は，「脆弱なチャイルドモード」と正反対の状態を示すことによって，その活性化を防いでいると言える。「完璧主義的過剰コントロールモード」にある当事者は，まるで「ネズミの競走」のように走りつづけているという印象をセラピストに与えるかもしれない。走ることをやめてしまうと過剰補償できなくなってしまうので，彼／彼女たちは走りつづけるしかないのである。

(13) スキーマおよびスキーマモードという2つの概念はどのように適合させられるのか？ スキーマとスキーマモードの区別は可能か？

　多くの場合，スキーマとスキーマモードの関連性は強い。たとえば，第一の領域（すなわち「断絶と拒絶」領域）のスキーマによって生じる感情は，ほぼつねに「脆弱なチャイルドモード」と「非機能的ペアレントモード」（この2つのモードはコインの裏表のように生じる）が関連している。コーピングモードのなかでも，たとえば「従順・服従モード」は「服従スキーマ」に，「自己誇大化モード」は「尊大スキーマ」に，それぞれ関連しているだろう。このように特定のモードに関連する特定のスキーマがあり，それについて話し合うことが治療に役立つと判断された場合，セラピストはスキーマについての説明も行う。しかし，治療をスムースに進めるためにそのほうがよいとセラピストが判断した場合は，スキーマモードの概念のみを当事者に提示する場合もある。

(14) スキーマモードという概念を手に入れた今,スキーマという概念はそもそも必要なのだろうか?

　たいていの場合,スキーマモードの概念は,オリジナルなスキーマの概念よりもシンプルである。当事者の状態や問題は,そのときに生じている主たる感情に基づき,1つのモードに明確に関連づけられるからである。一方,オリジナルなスキーマの概念を用いると,1つの行動が複数のスキーマに関連づけられてしまったり,ある行動パターンがスキーマそれ自体によるものなのか,別のスキーマに対するコーピングなのか,判断に迷う場合が出てきたりするので(たとえば,その行動が,「服従スキーマ」によるものなのか,「見捨てられスキーマ」に対する「スキーマへの服従」というコーピングモードによるものなのか),話が複雑になることが多い。

　しかしながら一方で,スキーマの概念を用いるほうが,当事者の状態をよりシンプルに理解できる場合もある。たとえば,当事者がたった1つか2つぐらいしか早期不適応的スキーマを有しておらず,それが「損害や疾病に対する脆弱性スキーマ」や「巻き込まれスキーマ」だったりする場合,モードではなくスキーマの概念で捉えたほうが理解は早いだろう。そのような当事者は,両親について「過剰に慎重だった」「過保護だった」「自分を巻き込んできた」と語る場合が多いが,そのような両親像は「懲罰的ペアレントモード」「要求的ペアレントモード」にあまり当てはまらない。このような当事者で,他の情緒的な問題が特に見られない場合,オリジナルなスキーマの概念のほうが,モードの概念よりも,当事者のありようをシンプルに理解することができる。

第**3**章

モードの概念について当事者と話し合う

　モードアプローチでは，治療の第一段階において，その当事者に特有のモードモデルを詳細に同定し，セラピストと当事者とで入念に検討していく。この手続きはCBTと類似している。スキーマ療法においても，CBTと同様に，個々の行動や問題をアセスメントし，当事者と話し合いながらアセスメントされたものを精緻化していく。

> 事例　モードの概念についてフィリップと話し合う
>
> 　「フィリップ，最初に行った２回のセッションを踏まえて，あなた自身とあなたが抱えている問題について，現時点で私がどう考えているのかをお伝えし，それについてあなたと話し合いたいと思います。スキーマ療法では，すべての人の心のなかにはさまざまな部分や階層があると想定しています。そして心理的な問題は，それらの部分や階層が葛藤することによって生じるのではないかと考えます。これはとても重要なことです。あなた自身の問題を適切に理解していくためにも，このことをよく覚えておいてください。私は今『さまざまな部分』と言いましたが，これは何もあなたが統合失調症にかかっているとか多重人格に陥っているとか，そういうことではありません。そうではなく，一人の人のなかに"さまざまな部分"があると想定することによって，誰もが状況によって全く異なる感じ方やふるまい方をするという事実をうまく説明できるのです」。
>
> 　「多くの心理的な問題において，その問題を抱える人の心のなかの"ある部分"は，傷つきやすく，自分を弱く感じがちです。そのような状態

のとき,『まるで自分のなかに小さな子どもがいるようだ』と報告する方が大勢いらっしゃいます。私たちは,このような現象を,その人の"インナーチャイルド""小さな自分(little self)"と呼ぶことがあります。フィリップ,あなたにもそのような部分があるのではないでしょうか。これは,あなたが不安を感じているときに特にはっきりと現れるようです。あなたは幼少期や思春期に同級生によるいじめに苦しんだとおっしゃっていました。あなたの不安は,そのときの不安と深く結びついているのではないかと思われますが,あなた自身はどう思いますか？」[セラピストはフィリップの反応を待つ]。「この部分を私たちは何と呼べばよいでしょうか？　たとえば"恥ずかしがりやの小さなフィリップ"などでしょうか？」[セラピストはフィリップの反応を待つ]。

　「あなたの心のなかの"別の部分"は,自分が不公平に扱われたと感じるとひどく腹を立てるようですね。この部分は,はたから見ると客観的にはさほどひどいことが起きていないようなときにも,簡単に活性化され,あなたは強い怒りを感じてしまうようです」[セラピストはフィリップの反応を待つ]。「この部分は何と呼びましょうか？"激怒するフィリップ"でしょうか？」[セラピストはフィリップの反応を待つ]。

　「あなたのさらに別の部分は,同級生からのいじめが直接影響を与えたものかもしれません。虐待やいじめの被害に遭ったことのある人は,一般に,自分の価値を低く見積もったり,自分は存在価値のないだめな人間だと感じたりするようになりがちです。あなたは,『頭ではそうではないとわかっているのに,どうしても自分を醜く感じてしまう』とおっしゃっていましたね。これについてはどう思われますか？"自分に罰を与える懲罰的な自分"？」[セラピストはフィリップの反応を待つ]。

　セラピストは,フィリップの「脆弱なチャイルドモード」とフィリップをいじめた同級生に象徴される「懲罰的モード」を,モードモデルを外在化するためのツール（紙でもフリップでもよい）の左側に書き入れる（図 2.1 参照）。セラピストはさらに続ける。

「このような"チャイルドモード"や"懲罰的モード"が生じるような，深刻な感情的ストレスを抱えて生きていくのは，あなたにとって大変なことです。だからあなたはそれらに対する対処行動を見つける必要がありました。つらい感情に対処する方法のひとつとして，感情を抑圧するというものがあります。これは私の印象なのですが，私が初回セッションで"過剰補償"と呼んだあなたの行動パターンが，それに該当するのではないでしょうか。どう思われますか？」[セラピストはフィリップの反応を待つ]。「"脆弱なチャイルドモード"や"懲罰的ペアレントモード"によって引き起こされる苦痛に対処するために，あなたは"過剰補償モード"に入ってしまうのではないでしょうか？　私の言っていることが理解できますか？」[セラピストは反応を待つ]。「あなたのなかの，この対処の部分を，私たちは何と呼ぶことにしましょうか？　たとえば，"ビッグなボス（Big Boss）"？　それともシンプルに"過剰補償する人（Overcompensator）"と呼びますか？」[セラピストは反応を待つ]。

「ところであなたは，ストレスを過度に感じると，その引き金となる対人関係や状況から撤退し，引きこもってしまう，ともおっしゃっていましたね。これは"回避行動"と呼ばれるものです。そしてこれを"遮断・防衛コーピングモード"として，モードモデルに含めておきたいと思いますが，いかがでしょうか？」[セラピストは反応を待つ]。「とはいえ，あなたのもつモードすべてに問題があるというわけではありません。もちろんあなたのなかにはヘルシーな部分も存在し，それはあなたがヘルシーに生活したり生きていったりするのを助けてくれています。これをあなたの"ヘルシーアダルトモード"と呼ぶことにしましょう」。

モードモデルについて当事者と話し合う際，まずは「脆弱なチャイルドモード」から始め，続いて「懲罰的ペアレントモード」「要求的ペアレントモード」についての話し合いに進むことが有用である。この順番で話し合うことによって，当事者のネガティヴな感情を受け入れることができるからである。たとえ当事者が治療においてネガティヴな感情をまだ十分に

表現できていない場合でも，やはりこの順番が妥当である。このように「脆弱なチャイルドモード」「懲罰的・要求的ペアレントモード」に基づく感情を受容することは，次の段階，すなわちコーピングモードへの直面化に対する良い基盤となる。この直面化は，当事者とセラピスト双方にとって，あまり心地の良いものではない。というのも，コーピングモードについての話し合いは，当事者のポジティヴでもなく機能的でもない側面について，かなり率直に検討する必要があるためである。モードモデルについて話し合う前に，当事者の心理的な困難が治療のなかでしっかりと認められ，受け入れられていれば，当事者は自らのモードモデルも受け入れやすくなるだろう。最後に，「ヘルシーアダルトモード」について話し合う。これは，自分にも機能的な部分があることを当事者に確認してもらう，という点で有効である。

> スキーマ療法の開始時に，モードモデルについて当事者と詳細に話し合う。まずは「脆弱なチャイルドモード」について，次に「非機能的ペアレントモード」について話し合う。続いて種々の「コーピングモード」について，最後に「ヘルシーアダルトモード」について話し合う。もし当事者のもつ種々のモードについての理解がセラピストと当事者の間で異なっていたら，それについてさらに話し合い，両者の理解を擦り合わせていく必要がある。

モードモデルについて当事者と話し合うにあたって，セラピストは，当事者における重要なモードのすべてを把握し，経過を追っていくことが重要である。しかし当事者にモードモデルに関するセラピストの見解を押しつけるべきではない。セラピストは，モードモデルのあらゆる側面について，当事者から率直なフィードバックを得ようと努めなければならない。モードに関する見解が，セラピストと当事者との間で異なる場合，双方が納得できる理解に到達できるよう，さらなる話し合いが必要である。我々の経験によれば，「脆弱なチャイルドモード」と「非機能的ペアレントモー

ド」については，当事者は速やかに受け入れることができるが，種々のコーピングモードについてはそうでないことが多い。これに対する解決策は，セラピストと当事者の間で見解の異なるモードが存在することを確認し，後の治療であらためてそのことについて話し合うことにしておく，ということである。

　ペアレントモードに関してセラピストが念頭に置くべきことは，当事者が，治療の開始時には自分自身のペアレントモードの成育歴的な背景を同定できないかもしれないということである。これは，幼少期において，両親が極めて複雑な事情を抱えていた当事者に，特にあてはまることである。これは，しばしば当事者の「忠誠心」と関連する。当事者は，自らの心理的な問題の原因が自分の親にあると考えることに罪悪感を抱くかもしれない。このことが特に生じやすいのは，幼少期において，当事者の親の片方，あるいは両方が抑うつで苦しんでいたか，あるいは何らかの形で「被害者」としての役割を取っていた場合である。このような場合，当事者はひそかに罪悪感を抱くようになってしまう。このような当事者の場合，自分の抱える問題の責任は両親ではなく自分自身にあると，固く信じてしまっているかもしれない。両親の抱える問題に対してさえ，自分の責任を感じている場合もある。このようなケースでは，モードモデルにおける「非機能的ペアレントモード」は，当事者の「本物」の両親を完全に反映させたものではないことを，当事者に対して強調してみせるとよいだろう。その代わりに，両親との関わりのなかで当事者の内面に形成された「取り入れ（introjects）」や「刻印（stamps）」のメカニズムについて，一緒に整理することができる。当事者のなかには，このような「取り入れ」や「刻印」のメカニズムについて理解せずに，自分自身に過度のプレッシャーをかけたり，自分の価値をあまりにも低く見積もってしまったりする場合がある。このような現象があるということ自体を，治療の初期段階にセラピストが当事者に伝えておくことも，役に立つかもしれない。当事者の抱える問題に対する「本物」の両親の責任については，治療が先に進んだもっと後の段階で話し合うこともある。さらに，「非機能的ペアレントモード」につ

いては，同級生や非機能的な権威者など，「本物」の両親ではない他のさまざまな人たちによって形成されうることも，セラピストは知っておく必要がある。

　コーピングモードについては，特に治療の開始当初は，当事者とセラピストの間でかなり見解が異なる場合がある。これは，過剰補償のコーピングモードについて特に言えることである。当事者が，自分のある行動パターンを特定のコーピングモードとして解釈することに同意しない場合，セラピストは，自分自身の解釈について強い確信があったとしても，つねにその話し合いに対して開かれた態度で臨むべきであり，話し合いでは互いの見解をはっきりと伝え合う必要がある。もちろん，この話し合いにはあらかじめ用意された結論があるわけではない。当事者の特定の行動パターンが，治療の場面では極めて非機能的な印象を与えるものであっても，ほかの生活場面（たとえば仕事など）においては，それがはるかに機能的である場合もある。これは，会社経営者や医師といった，ハイレベルな過剰補償に特徴づけられる職業に就いている当事者には，特にあてはまるかもしれない。治療場面や他の状況では極めて不適切に見える支配的あるいは攻撃的な行動パターンが，当事者の職場においては機能しているかもしれない。しかしながら，こうしたモードは，それが不適切な状況で用いられる場合は非機能的であると言える。

> **事例**　コーピングモードについてフィリップと話し合う
>
> 　「あなたは，チャイルドモードとペアレントモードについての私の説明は理解できると言いました。しかし，自己愛的あるいは過剰補償的な面については同意できないようですね。人を支配しようとする対人関係のパターンをあなたがもっていることは，私から見ると明白だと思われるのですが，これについてあなた自身はどう思いますか？」［フィリップは，自分の支配的な対人関係パターンは全く正常であるということを主張しつづける。彼が支配的にふるまわなければ，誰も彼に注目しないだろう，というのが彼の言い分である］。

「フィリップ，それは大変興味深い意見です。実は，それは私自身の見解と矛盾するものではありません。なぜなら，私も過剰補償は注目を得る非常に効果的な方法だと考えているからです。また私は，あなたが過去に，まさに『人から注目を得る』ために，こうした対人関係のパターンを形成する必要があった，とも考えています。しかしながら，このパターンに機能的な面があるにもかかわらず，なぜそれでもなお私がそれを過剰補償とみなすのかということについて，もう少し詳しく説明させてください」。

「第一に，あなたがこのような（支配的な）話し方をするとき，私はあなたの話をさえぎることが全くできなくなってしまいます。私はあなたにコントロールされているように感じます。私にだってあなたと同じように自分の意見を言う権利があるのに，あなたがそのことを受け入れてくれていないように感じてしまいます。私の言っていることが理解できますか？ あなたが人を支配したりコントロールしたりしようとしすぎるということを，ほかの人からも指摘されたことはありませんか？」[フィリップはこれを認める。彼の前妻は，彼が傲慢で支配的だとしばしば彼を非難していた。しかしながら彼は，彼女にもいくつもの非があったと主張することを忘れなかった]。

「フィリップ，私は，あなたの結婚生活が非常に込み入ったものであったことを理解しています。また，その責任は，どちらか一方ではなくあなたと彼女の両方にあったのでしょう。私は，これまであなたの対人関係において生じたすべての問題の責任が，あなたの過剰補償モードにあると言いたいのではありません。それでもなお，あなたの支配的な行動パターンについて，私と同じような感想をもつ人がほかにいることが気にかかるのです。このことについて，あなた自身はどう考えますか？」[フィリップは，セラピストの発言が理解できないので，それについては何も考えられないと答える]。

「フィリップ，おそらくあなたは，ほかの人があなたについて『人を支配しようとしすぎる』と言うことの意味を，十分に理解できていない

のではないかと思います。私たちは，今日のセッションで，この件についてさらに話し合うことができます。あるいは私たちのセッションを録画して，後でそれを一緒に観ることもできます。そうすれば，あなたの対人関係のパターンについての私の見解を，もう少しはっきりとあなたに示すことができるでしょう。自分のふるまいを別の視点から捉えることは，誰にとっても難しいことです。録画を観ることは，他の人があなたのふるまいについて言っていることを理解する助けになるかもしれません。これについて，あなたはどう考えますか？」。

　当事者にとって，最初に作成したモードモデルの一部を受け入れることが難しい場合，これは必ずしも単に「防衛」によるものとは限らない。最初にモードモデルを作成する際，セラピストは，当事者の現在の問題や症状と，当事者の成育歴との間の関連性について，さまざまな仮説を立てていく。これは重要なことであり，セラピストは，こうした仮説について当事者と積極的に共有していくべきである。しかし，仮説が間違う場合もある。ゆえに，適切なモデルを完成するために，セラピストは当事者と共にモデルを詳細に検討していく必要がある。我々の経験によると，セラピストは，親密な相手と当事者の関係などについて，しばしば間違った結論に至ることがある。たとえば，年齢差の大きい（年上または年下）パートナーとの交際経験が複数あると聞くと，セラピストは当事者のその点に過度に注目してしまいやすい。しかしながら，もしそのような関係がうまく機能し，当事者がその関係に満足していたのであれば，モードモデルに関連づける必要はないかもしれない。したがってモードモデルを作成する際，セラピストは，誤解を避けるためにも，当事者自身のフィードバックを繰り返し問うことが不可欠である。

　モードモデルの作成にあたって最も重要なのは，当事者の意見やフィードバックである。当事者には自らのモードモデルの作成に積極的に関与してもらう必要がある。そのような関与を通じて，当事者は，自分自身のなかのさまざまなモードの個人的な意味を明確に感じ取れるようになる。治

療におけるあらゆる説明モデルがそうであるように，モードモデルについても，当事者がそのモデルを感情や実感を伴って理解できればできるほど，それは有用なモデルであるということになる。それゆえ，我々セラピストは当事者に対し，自分自身で各モードに名前をつけて説明すること，そしてそれらのモードが形成された背景について語ることを求める。たとえば，セラピストが「懲罰的ペアレントモード」について紹介したときに，当事者自身が，幼少期に誰かから懲罰的あるいは要求的に接せられた体験を語りはじめるのは，大いに歓迎されるべきことである。当事者からのこうした情報を，セラピストは大切に扱わなければならない。またそれらの情報は，覚書のような形でモデルに加えていくとよいだろう。さまざまなモードと，それらの成育歴的な背景についての一連の話し合いは，後のさまざまな介入（たとえば「椅子による対話のワーク」「イメージエクササイズ」）に向けた情報収集としても役に立つ。

3.1 モードモデルに基づく治療計画

モードモデルについての話し合いが一段落し，セラピストと当事者の見解がある程度一致したら，このモデルに基づいて今後どのように治療を進めていくのか，ということについて話し合うことになる。この話し合いのなかには，以下のようなことについての情報提供も含まれる。すなわち，「脆弱なチャイルドモード」を癒し，強めていくことが治療の重要な目標であること，「怒れるチャイルドモード」によって怒りを不適切な形で表出してしまうのを制御できるようになることが重要であること，治療を通じて「懲罰的ペアレントモード」を弱め，当事者の人生に対するこのモードの影響力を減ずる必要があることについての情報提供である。さらに，治療を進めるなかで，「非機能的コーピングモード」は，より柔軟なコーピングに置き換えられ，当事者は対人関係や他のあらゆることに対し，より柔軟に反応できるようになり，健全な選択ができるようになる。これはすな

わち「ヘルシーアダルトモード」が強化されるということでもある。ここでは、こうしたさまざまな目標に対する介入について、簡潔に説明することが必要である。

　モードモデルとそれに基づく治療方針について話し合うことは、モードのもつ機能性や、モード間のバランスを保つことについて検討する良い機会でもある。たとえば「甘やかされたチャイルドモード」や「非自律的チャイルドモード」を強力にもつ当事者の場合、その自制の欠如は両親やパートナーによって補われていることが多い。このような当事者は、これらのモードに取り組むことを通じて、自分の人生にもっと責任をもてるようになったり、欲求充足を先延ばしにする力をつけたりすることに対し、最初はあまり積極的になれないかもしれない。そうすることによって、今よりも高いレベルのストレスを感じることになるため、当事者はなかなか自らのモードを手放そうとは思えないかもしれない。このような点については、治療のできるだけ早い段階から、当事者と率直に話し合っていく必要がある。とはいえ、当事者の治療に対するこのような思いは、治療の初期段階ではあまり明確でない場合があることを、セラピストは知っておくべきである。非機能的なモードによる正の強化を失うのを怖れて、当事者は自身の非機能的モードを積極的に変えていこうとする動機づけに乏しいという事実は、治療が進むなかで徐々に明らかになってくることが多い。しかし治療のどの時点であっても、こうしたことがいったん明確になったら、セラピストはためらわず当事者と率直に話し合う必要がある。

3.2　よくある質問

(1) たった数回のセッションで、当事者の機能に関する完全なモードモデルを提示することは、果たして可能なのだろうか？

　我々の経験では、たとえば3～5回ぐらいの非常に限られたセッション数であっても、そのなかで最初のモードモデルを作成することは可能であ

る。もちろんこの最初のモデルは，すべての関連情報が完全に組み入れられるわけではない。しかしながら，セラピストがモードの探究と解釈に集中的に取り組めば，当事者の中心的な特徴や，当事者の成育歴的な背景の最も重要な部分について，かなりの理解が進むであろう。

(2) モードモデルはかなり誘導的ではないのか？　当事者とは無関係な見立てを，本人に押し付ける危険性はないのだろうか？

　モードの概念について心理教育を行い，それについて話し合っていく過程は，実際には非常に構造化されている。セラピストは，当事者の抱える問題と種々のモードとの関連性について，当事者に対して積極的に提示していく。重要なのは，その一つひとつについて，セラピストと当事者が丁寧に検討すること，そして当事者からのフィードバックを得ることである。徹底的に話し合わず，セラピストが当事者に対してモードモデルを一方的に提示するだけでは，何の意味もないだろう。

(3) 治療の初期段階において，コーピングモードがあまりにも強い当事者が（たとえば支配的なコーピングモードや自己愛的なコーピングモード），それらのモードをモデルに組み込むことを多かれ少なかれ拒否する場合，どのように対応すればよいだろうか？

　この問題が生じるのは，非常に激しい不満を抱いている当事者（「怒り・防衛モード」「注目希求モード」と関連），非常に自己愛的で，モードモデルを作成するにあたってセラピストを価値下げしようとする当事者，強力な「注目希求モード」を有し，過度に演技的にふるまう当事者においてである。このような場合，本書でこれまでに紹介した事例で示したように，モードモデルについてセラピストと当事者との間で話し合うことの重要性について強調することが役に立つかもしれない。自分のふるまいについて，セラピスト以外の誰かから同じようなフィードバックを受けたことがあるか（例：文句が多い，自分のことばかり大事にする，大げさにふるまう）という問いかけは，モードモデルに対する当事者の関心を高めるのに役立つ場合がある。というのも，極端な過剰補償モードや「怒り・防衛モード」

で文句ばかり言うような当事者の場合，治療を開始する前から，そのようなモードに駆られた行動を，他の誰かに批判された経験のある人が多いからである。そのような人は，セラピストからの指摘をこれらの経験に結びつけて考えることができるかもしれない。また，当事者のコーピングモードを，たとえば短いロールプレイなどを通じて，セラピストが演じてみせることも役に立つだろう。これは特に，怒りや攻撃性に関わるコーピングモードを有する当事者にあてはまる。しかしながら，当事者が自身のコーピングモードにあまりにも「はまって」しまっており，他のモードを総動員してもそのようなコーピングモードを客観的に認識できない場合もある。この場合，そのようなコーピングモードに取り組んでいくこと自体が，治療の最初の重要なステップとなる。そのことをセラピストがしっかりと自覚する必要がある。このようなケースでは，当事者が自身のコーピングモードについてじっくりと検討できるようになり，より客観的な視点から自らの反応パターンを理解できるようになるまでには，ある程度時間がかかるかもしれない。それができてはじめて，より完成されたモードモデルを作成することが可能になる。コーピングモードに対するアプローチについては，第5章でさらに詳しく紹介する。

第2部 治療
II : TREATMENT

第4章
治療の全体像

　モードモデルが作成されると，次は治療（treatment）の段階に入るが，セラピストと当事者は，ここであらためてモードについて話し合う。概念化の段階で作成されたモードモデルは，当事者の抱える主な問題や症状，対人関係のパターンなどが含まれており，当事者とセラピストの双方にとって，合理的かつ妥当である必要がある。治療の段階に入るにあたって，それぞれのモードは，それぞれ特定の治療目標が設定される（図4.1参照）。治療において，治療の各要素と種々の技法をバランスよく組み合わせる必要がある。また，各症状に対する介入とパーソナリティ特性に対する介入のバランスを図ることも重要である。これらの技法や介入は，個別のケースや当事者に合わせて調整しなければならない。

4.1　それぞれのモードに対する治療目標

4.1.1　脆弱なチャイルドモード

　「脆弱なチャイルドモード」に関わるスキーマ療法の目標は，当事者が自らの欲求に対し，よりよい形でケアできるように手助けすることである。当事者はまず，自分自身の欲求に，しっかりと焦点を当てられるようになる必要がある。また，自分自身にとって重要な感情的欲求や社会的欲求を満たすことのできる活動を見出し，強化していく必要がある。セラピスト

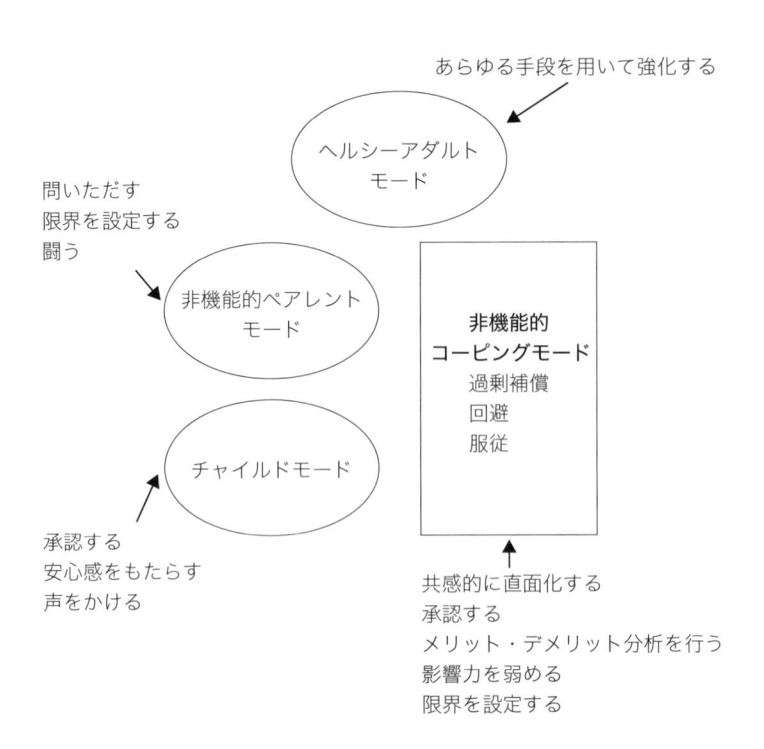

```
                              あらゆる手段を用いて強化する
                    ヘルシーアダルト
                        モード
  問いただす
  限界を設定する
  闘う
              非機能的ペアレント           非機能的
                  モード              コーピングモード
                                     過剰補償
                                     回避
              チャイルドモード              服従

  承認する
  安心感をもたらす
  声をかける              共感的に直面化する
                      承認する
                      メリット・デメリット分析を行う
                      影響力を弱める
                      限界を設定する
```

図 4.1　治療の全体像

が「脆弱なチャイルドモード」を治療するにあたって目標とするのは，このモードを承認し，安心感をもたらし，虐待やその他のネガティヴな体験の処理を促進することである。このような関わり方を通じて，「脆弱なチャイルドモード」をどのようにケアしたらよいか，というモデルを当事者に示すことにもなる（セルフケアそのもののモデルを示すと言ってもよいかもしれない）。

4.1.2　「怒れるチャイルドモード」「激怒するチャイルドモード」

　これらは，治療のなかで「発散」させるべきモードである。当事者に求められるのは，怒りを感じ，怒りについて話をすることである。怒りは，

欲求が満たされず，心が傷ついたときに生じる感情である。ゆえに，怒りは重要な感情として大切に扱われる必要がある。そして，その背後にある欲求も同時に受容され，承認される必要がある。しかしながら，それらの欲求を，怒りではなくより適切な形で表出できる方法を，当事者は学んでいかなくてはならない。

4.1.3 「衝動的チャイルドモード」「非自律的チャイルドモード」

「衝動的チャイルドモード」と「非自律的チャイルドモード」については，「怒れるチャイルドモード」と同様，その背後にある欲求自体が受容され，承認される必要がある。しかしながら，これらのモードを通じて，当事者の欲求は過度に誇張されてしまう。したがって，これらのモードに関しては限界設定を行い，当事者の期待はより現実的な方向に修正される必要がある。これらのモードをもつ当事者は，治療を通じて，自律性や欲求不満耐性を身につけることになる。

4.1.4 「非機能的ペアレントモード」

「非機能的ペアレントモード」に対する治療目標は，このモードをひたすら弱めることである。このモードに対しては，その主張を問いただし，限界設定を行い，時には闘わなければならないこともある。当事者は「非機能的ペアレントモード」によって，自分自身に対して極端に高い要求水準を示したり，自らの価値を極端におとしめたりすることが多い。そのような極端な傾向を自分自身で弱めることができるよう，セラピストは当事者を手助けする。

4.1.5 「非機能的コーピングモード」

「非機能的コーピングモード」について，当事者にとって最初に必要な

のは，セラピストによる「共感的直面化（empathetic confrontation）」である。幼少期においてこれらのモードが形成されたのには正当な理由があったこと，当時はこれらのモードが当事者を守ってくれていたことが，まず話し合われる。しかし，これらのコーピングモードのもたらすネガティヴな結果についても同時に話し合う必要がある。当事者にとって必要なのは，これらのモードの活性化を減じ，ストレス場面に対して，より柔軟に，そしてより適応的に対処できるようになることである。「非機能的コーピングモード」が治療の進行を妨げる場合，明確な限界設定が必要となる。

4.1.6 「幸せなチャイルドモード」および「ヘルシーアダルトモード」

「幸せなチャイルドモード」と「ヘルシーアダルトモード」は，治療を通じて形成，強化される。治療によって，これらのモードは，その強度と活性化の頻度が増していく。

4.2　治療のための諸技法

スキーマ療法では，認知的技法，感情焦点化技法，および行動的技法を統合的に行っていく。

4.2.1　認知的技法

認知的技法では，スキーマやモードの妥当性や真実性に関して，その根拠と反証を挙げ，検討する（図4.2参照）。認知的リフレーミングの技法を通じて，これまでとは異なる「スキーマやスキーマモードの根拠」が説明されていく。ここでは，ありとあらゆる認知的介入を用いることができる。たとえば，ある日，あるスーパーマーケットのレジ係の女性が，なぜ「こんにちは」と挨拶をしなかったのかということについて，セラピストと当

```
                              適切な認知を形成する
            ヘルシーアダルト
              モード

子どもの対する不適切な
養育の責任は誰にあるのか,
ということについて話し合う
                                  非機能的
          非機能的ペアレント            コーピングモード
              モード                  過剰補償
                                     回避
                                     服従

          チャイルドモード

子どもの自然な欲求や,          成育歴的背景を確認する
通常の発達過程について          モードのもつ機能の
心理教育を行う                  メリットとデメリットを検討する
                              (現在と過去の双方にわたって)
```

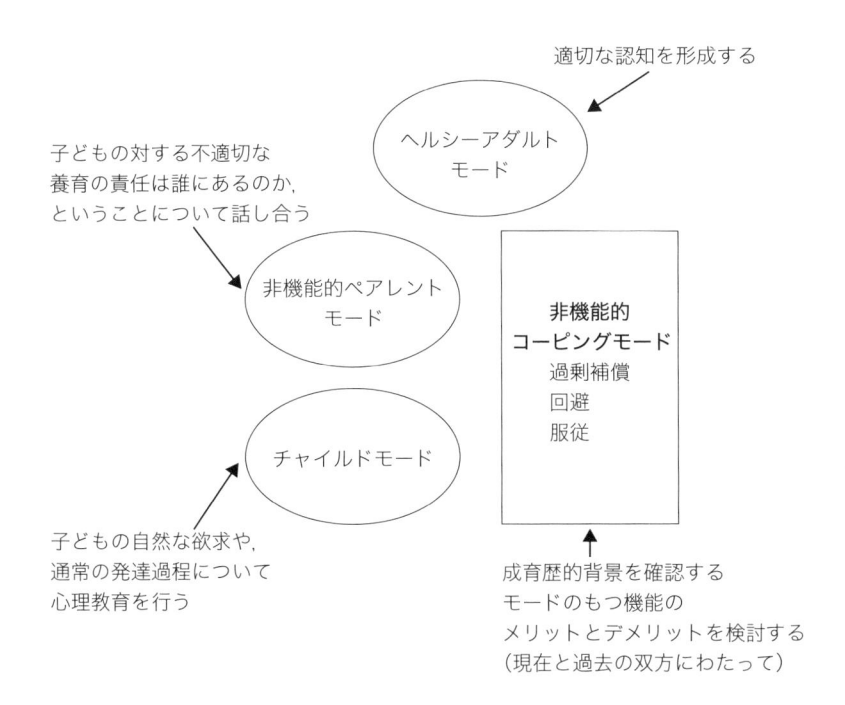

図 4.2　認知的技法

事者が話し合う場面を例に考えてみよう。当事者はこの件に対して，ある特定のスキーマと関連する解釈を自動的に行い，この反応を拒絶のサインとして受け取るだろう。種々の認知的技法は，この当事者に対し，別の見方をしたり，より機能的に解釈したりできるようにする。同時に，スキーマに基づく推論の誤りについて，そして当事者のコーピングのメリットとデメリットについて検討することもできる。心理教育も重要な役割を果たす。セラピストは，子どもにおける正常な欲求，正常な情動，正常な行動パターンについて説明し，子どもの健全な発達過程について解説する。そして当事者自身の発達過程がいかにそれと異なっていたか，ということを当事者に示す。

> スキーマ療法の認知的技法には，CBT のすべての技法が含まれる。それはたとえば，リフレーミング，推論の誤りについての検討，メリットとデメリットの分析などである。

● チャイルドモード

　チャイルドモードに対する認知的技法において特に重要なのは，人間の正常な欲求についての心理教育である。重度のパーソナリティ障害を抱える当事者は，幼少期に自分がどのように扱われるべきであったか，ということについて，明確で現実的な考えをもつことができないでいる（興味深いことに，これらの当事者は，ほかの人や自分自身の子どもについてであれば，彼／彼女たちが幼少期にどのように扱われるべきであるかをよく知っている）。

● 非機能的ペアレントモード

　非機能的ペアレントモードに対する認知的技法において主に焦点を当てるのは，当事者の罪の意識についてと，当事者の幼少期における親の言動の適切性についてである。当事者の多くは，子どもの頃に親からひどい扱いを受けたのは，自分自身のせいだと感じている。こうした誤った解釈は，認知的技法を通じて再帰属する必要がある。重要な方法のひとつは，当事者が客観的で広い視野をもてるよう手助けすることである。「あなたは，もしそれがあなた以外の誰かであった場合，あるいはお子さんがあなたと同じ立場に置かれたとしても，親からひどい扱いを受けるのは子どもが悪いのであって，その子どもに責任があるのだと考えますか？」。当事者のなかには，自分が育てにくい複雑な気質の持ち主であったとか，やたらと扱いにくい子どもだったと言う人もいる。たとえそれが事実だったとしても，親が気質を理由に子どもを非難することは間違っていること（子どもは自らの気質を選べない），親は気質に応じて子どもの世話をする責任があることを，セラピストは当事者に説明する。非機能的ペアレントモー

ドに対する認知的介入においては，次の点についても触れる必要がある。(1)「自分に責任がある」ということと「単に不運であった」ということは，明確に異なるものであるということ(非機能的ペアレントモードにとって「不運」とは受け入れ難い概念である)，(2)「間違いを犯す」というのは基本的な権利であり，「間違いを犯す」ことによって人は新たに学ぶことができるのだということ，(3) 当事者は子どもの欲求，および子どもの人権について知る必要があるということ（「国際連合の子どもの権利宣言」を参照——www.un.org/cyberschoolbus/humanrights/resources/child.asp）。

● コーピングモード

　コーピングモードに対する認知的介入として必要なのは，これらのモードが幼い当事者を守るために重要な役割を担っていたことを，まずはっきりと認めることである。そのうえで，各コーピングモードのメリットとデメリットについて話し合う。この話し合いは，幼少期におけるメリット・デメリットと，現在の当事者の生活におけるメリット・デメリットの両方について行われるべきである。そして，最初は治療場面において，そして次に治療外の当事者の生活場面において，コーピングモードを少しずつ減らすよう試みる。

　認知的なワークは，感情焦点化技法と組み合わせて行うのがよい。たとえば，当事者の罪悪感が妥当かどうかを検討するために，「非機能的ペアレントモード」と「ヘルシーアダルトモード」が「椅子による対話のワーク」を行うことができる。スキーマ療法におけるより認知的な介入としては，「スキーマ日記（schema diary）」や「スキーマ・フラッシュカード」（第6章参照），そしてスキーマやコーピングについての「メリット・デメリット分析」などが挙げられる。

4.2.2　感情焦点化技法

　感情焦点化技法（emotion-focused interventions）は，当事者が自らの感情（悲

しみや怒り）を表出することを手助けする。感情を体験し処理することで、当事者は自らの欲求や目的をより明確に理解し、自分を大切にできるようになる。最終的には、自分の存在を価値あるものとして肯定できるようになる。問題を引き起こす感情は、感情焦点化技法を通じて、積極的に変容を促していく。

　スキーマ療法における主な感情焦点化技法には、「イメージエクササイズ」と「椅子による対話のワーク」がある。

● イメージエクササイズ

　イメージエクササイズでは、「今・ここ」での感情を深め、それを幼少期の記憶と結びつけることによってスキーマやスキーマモードを活性化する。（トラウマティックな）幼少期の記憶に対する主な治療技法は「イメージの書き換え（imagery rescripting）」である。「イメージの書き換え」では、イメージのなかで、幼少期のトラウマや傷ついた体験における当事者の欲求を満たしていくことで、記憶の変容を図る。

　これはたとえて言うなら、子どもに対して暴力をふるったりひどい扱いをしたりする「加害者」を阻止し、子どもをそのようなひどい状況から救い出し、ケアするようなことであるかもしれない。なお、このエクササイズは、幼少期の記憶に限らず幅広く用いることができる。たとえば大人になってから体験したトラウマを書き換えたり、未来の出来事を想定してエクササイズを行ったりすることもできる（詳しくはHackmann et al.（2011）を参照）。イメージエクササイズについては、第6章で詳述する。

> 　「イメージの書き換え」をはじめとする感情焦点化技法は、「欲求が満たされる」という当事者の体験を促進する。それはたとえば、「懲罰的ペアレントモード」に対する怒りや、「脆弱なチャイルドモード」に対する共感である。

● 椅子による対話のワーク

「椅子による対話のワーク（chair-work exercises）」（Kellogg（2004）のレビューを参照）では，異なるモードとモードの間で，あるいはスキーマサイドとヘルシーサイドの間で，対話が行われる。各モードは，それぞれが1つの椅子によって表される。この椅子のワークは，当事者が自らの種々のモードにまつわる感情を表現するのに役に立つ。たとえば，「激怒するチャイルドモード」の椅子に座ることで，当事者は，怒りや激怒の感情にアクセスし，表現することができる。あるいは「ヘルシーアダルトモード」の椅子に座ることで，「懲罰的ペアレントモード」「要求的ペアレントモード」の理不尽な言動に対し，適切な認知，感情，行動で応答し，自分を助けていくためのスキルを身に着けることができる。「椅子による対話のワーク」は，当事者がアンビヴァレントな感情を抱いていたり，内的な葛藤を抱えていたりする場合に，特に有用である。このワークについては，第8章でさらに解説する。

モードモデルにおいて（図4.3参照），「イメージの書き換え」のエクササイズは，特に「脆弱なチャイルドモード」の治療にとって最も重要となる。「非機能的ペアレントモード」もイメージエクササイズの対象となりうる。この場合，エクササイズのなかで，「非機能的ペアレントモード」のイメージ（すなわち当事者に害を与える人のイメージ）が喚起され，その人の言動を阻止したり，イメージそのものを取り壊したりする。なかでも「懲罰的ペアレントモード」は，「椅子による対話のワーク」を通じて，その影響力を減じたり，闘ったりすることができる。さらにこの椅子のワークは，「非機能的コーピングモード」（特に「過剰補償」）に支配されてしまっている当事者にも役に立つ。椅子のワークを通じて，そのようなコーピングモードに限界を設定することもできるし，その妥当性を認めたり理解したりしつつも，当事者がその非機能性に直面化するのにも役立つ。

```
                        感情焦点化技法における
                        セラピストの言動をモデルとする
                              ↓
                    ┌─────────────┐
                    │ ヘルシーアダルト │
                    │    モード      │
                    └─────────────┘

「椅子による対話のワーク」や
「イメージの書き換え」を
通じて闘いを挑む
        ↓
    ┌─────────────┐         ┌─────────────┐
    │ 非機能的ペアレント │         │   非機能的    │
    │    モード     │         │ コーピングモード │
    └─────────────┘         │   過剰補償    │
                            │    回避      │
                            │    服従      │
    ┌─────────────┐         └─────────────┘
    │ チャイルドモード │               ↑
    └─────────────┘
        ↑
「イメージの書き換え」を         「椅子による対話のワーク」を通じて,
通じて癒していく              直面化し,探求され,限界を設定する
```

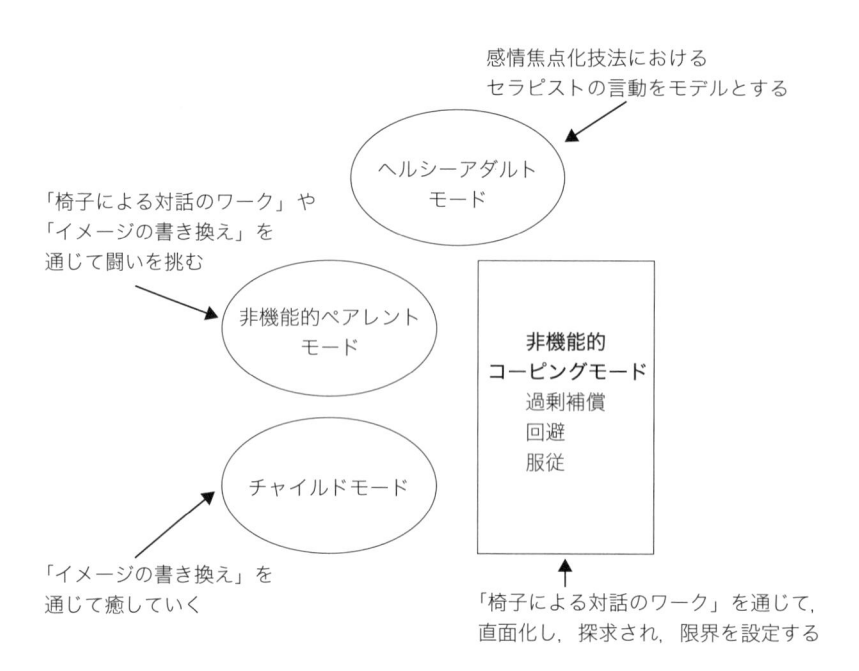

図4.3　感情焦点化技法

4.2.3　行動的技法

　行動パターンの変容や，種々の症状の治療については，すべての行動療法の技法を用いることができる。これにはたとえば，ロールプレイ，ホームワークへの取り組み，曝露療法（エクスポージャー），スキルトレーニング，リラクセーションなどが含まれる。

　行動的技法は，スキーマ療法の技法，たとえばスキーマ・フラッシュカードや，他の補助ツール（memory aids）と組み合わせて行うことができる。これらは主に，症状や行動上の問題と，それらに関連するスキーマモードとを関連づける役割を果たす。ソーシャルスキルズトレーニング（SST），完璧主義の軽減，ポジティヴな活動の増加，運動の習慣化，自らの欲求の言語化，といったCBTの技法が頻繁に活用される。

```
                                    非機能的なコーピングモード以外の
                                    モードに費やす時間を増やす
                                    スキルトレーニングを通じて，
                                    より健康的な相互作用のパターンを構築する

                          ヘルシーアダルト
                             モード

ポジティブな活動を増やす
過度に厳密な基準を緩める
                                                    非機能的
                      非機能的ペアレント                 コーピングモード
                           モード                       過剰補償
                                                       回避
                                                       服従

                         チャイルドモード

健康的な対人関係を構築する
```

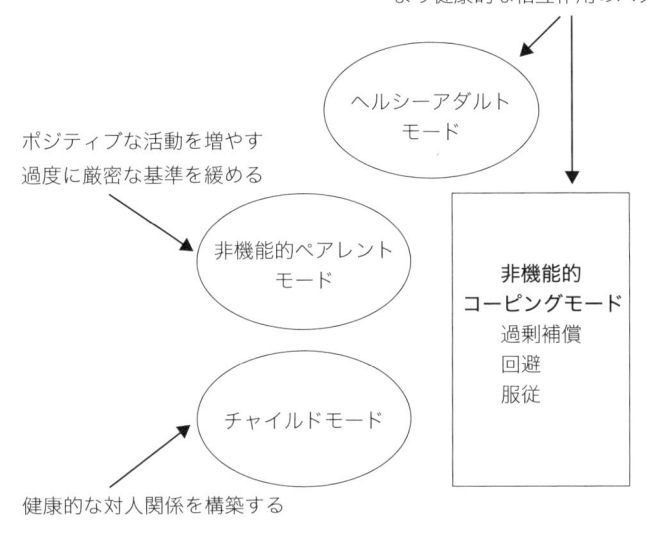

図 4.4　行動的技法

　モードモデルにおいて（図 4.4），チャイルドモードに対する重要な行動的技法としては，SST が挙げられる。SST では，当事者が，親切で協力的な人々との関わりにおいて，健全で親密な対人関係や，その関係性の深まりを経験することを手助けする。当事者は，非機能的なペアレントモードと行動レベルで闘うことを学ぶ必要がある。それはたとえば，完璧主義を軽減したり，自分の間違いやミスを受け入れたり，（つねに過剰な基準を満たそうとして失敗しつづけるのではなく）主体的な成功体験を得られるような活動に従事する，などといったことである。行動的技法の主な目的は，当事者が「コーピングモードとは異なるモード（non-coping modes）」に基づく行動のパターンを形成することである。それはつまり，当事者が「非機能的コーピングモード」に費やす時間を減らしていく，ということである。このことと，「ヘルシーアダルトモード」に基づいた行動（健全

```
                                    セラピストはこのモードのモデルとなり，
                                    当事者への内在化を図る

                              ヘルシーアダルト
                                 モード

当事者をこのモードから守る
必要であればこのモードに反撃する
                                              非機能的
                        非機能的ペアレント          コーピングモード
                            モード                過剰補償
                                                  回避
                                                  服従
                         チャイルドモード

承認する
親密性と安心感を与える
                                              共感的に直面化する
                                              承認することで不安を軽減する
                                              必要であれば限界設定を行う
```

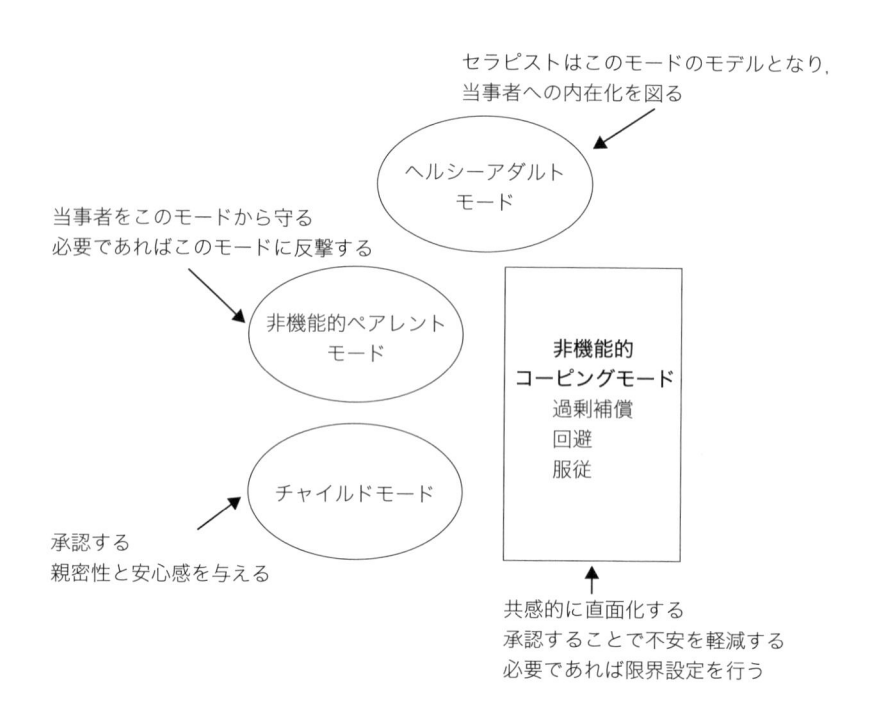

図 4.5 治療関係

な対人関係，社会的活動の増加，余暇やスポーツを楽しめるようになること）を取れるようになることは深く関連している。

4.3 治療関係

セラピストは，当事者のスキーマとモードに合わせて，治療関係のあり方の調整を図る（図 4.5）。たとえば，抑うつ的な感情に苦しんでいる当事者には，心のぬくもりや情緒的なケアを意図した対応をする。一方，依存性の強い当事者に対しては，より自律的になることを促していく。セラピストは，自律的な行動パターンを獲得することのメリット・デメリットに

ついて当事者と話し合う。このような対応は，当事者にイライラや不満を感じさせることが目的ではなく，当事者が自律性を獲得するのを手助けするものである。そのこともセラピストは当事者に伝えていく。

4.3.1 共感的直面化

治療関係に関わる技法として重要なのが「共感的直面化」である。当事者は治療関係のなかで自らの対人関係のパターンに直面化していく。この直面化は共感的に行われる必要がある。セラピストは当事者の対人関係パターンの成育歴的な背景を理解し，受容している。だからこそ彼／彼女たちの対人関係のパターンは，それがたとえ非機能的であっても，自らの欲求を満たそうとするものであることをセラピストは知っている。そのうえで当事者は，自らの欲求をより健全に表現することを学んでいく。

> **事例** 治療セッションにおけるコーピングモードへの共感的直面化
>
> フィリップ（1.4項参照）はセッション中，「過剰補償モード」が活性化することが多かった。彼はこのモードにあるとき，やたらと雄弁になり，自らの能力と経験について自慢げに語る。セッション中にこのモードが活性化すると，彼の抱える不安の問題について，建設的に扱うことが難しくなってしまう。そこでセラピストは，2回目のセッションについて，彼のこのような相互作用のパターンについて話し合うことにした。
>
> 「フィリップ，私はセッションであなたと話をするなかで，いくつか感じたことがあります。それをこれからお伝えしたいと思います。あなたは不安の問題を訴えていますが，私はあなたの不安を感じ取ることができません。なぜならあなたはセッションにおいて，ご自身にまつわるさまざまな事柄について，雄弁に話しつづけているだけだからです。あなたが雄弁に語りはじめると，私はそれを止めることができません。あなたはこの部屋のボスになることに重きを置いているように私には見えます。それは『過剰補償』と呼ばれるふるまいです。あなたは幼い頃，

いじめられて苦しんだ体験をしています。きっとこのような過剰補償は，幼い頃の無力感や見捨てられ感からあなたを守ってくれるのでしょう。このことについて，フィリップ，あなたはどう思いますか？」。

　この説明を聞いたフィリップは，自らの言動を過剰補償とみなすことに同意し，それが昔からある「性格のパターン」であることを認めた。セラピストは，過剰補償の成育歴的な背景について丁寧に説明し，それがフィリップにどのように当てはまるか，ということを彼と話し合った。話し合いの間，セラピストはフィリップと親密な関わりをもてるよう心がけた。フィリップが過剰補償モードに逆戻りしそうになると，セラピストはすぐに制止し，今まさにモードが切り替わりそうになったことについて彼と話し合い，さらにこのような過剰補償のパターンの非機能的な側面について焦点を当てた。

　「このモードはある意味では逆説的なものです。あなたの過剰補償のパターンは，幼いあなたにとって大切なもので，あなたを守ってくれたのでしょう。このパターンのおかげで，あなたは自分が状況をコントロールできると感じることができたのでしょう。しかしながら時間が経つにつれて，これはあなたにとって重要な"問題"の一部になってしまいました。というのも，あなたがつねにこのモードにあると，あなたは誰かとリアルで肯定的な対人関係をもつことができません。私との間でもそうです。ほかの人との間でもそうです。違いますか？　そしてそのことによって，かえってあなたのなかの"見捨てられ感"が強められてしまうのです。いかがでしょうか？」。

4.3.2　治療的再養育法

　スキーマ療法における治療関係は，「治療的再養育法」として概念化されている。当事者は幼少期や思春期において，親や重要他者によって自らの欲求が満たされるという体験をしていない。そこでセラピストが，限定された形ではあるが，当事者の欲求を治療のなかで満たしていく。これは

特にBPDの当事者にとって重要である。たとえば，治療の初期段階において，トラウマティックな体験に対する「イメージの書き換え」のエクササイズを行う際，セラピストは「ヘルシーアダルトモード」のお手本として，当事者のイメージに入り込む。少なくとも治療の初期段階では，BPDのような深刻な情緒障害を抱える当事者にとって，セラピストは個人的な愛着対象として必要な存在になることを，セラピスト自身が認識しておく必要がある。セラピストは当事者をケアする親のような存在として，当事者の目の前に「リアルに存在する」必要がある。これは，精神分析的な設定における中立的な治療関係とは大きく異なる。これはまた，ソクラテス的役割を果たす認知療法の治療モデルとも異なる。スキーマ療法のセラピストは，擁護的で温かみのある存在として機能する。治療的再養育法は主に，当事者の「脆弱なチャイルドモード」に対応していく。当事者に対しても，治療的再養育法について明確に説明する必要がある。また，この再養育はあくまでも治療的な設定のなかで行われる限定的なものである。セラピストはそのことを肝に銘じておかなければならない。

4.3.3　限界設定

セラピストによる治療的再養育法には限界設定（limit-setting）が含まれる。実際，スキーマ療法においては，限界設定は頻繁に行われる。たとえば，甘やかされていたり，自律的にふるまえなかったり，ほかにも不適切な行動パターンを示す当事者には，限界設定が必要である。他のすべての技法と同様に，セラピストは限界設定についても当事者にきちんと説明しなければならない。セラピストがなぜ限界設定を行うのか，その理由を当事者が理解することは重要である。

> 治療関係における「治療的再養育法」は，セラピストが当事者に対して温かなケアを提供することを意味する。一方，健康的な親であれば自分の子どもに対してそうするように，セラピストは当事者の非機

能的な行動に対しては限界設定をしっかりと行う。

セラピストは治療関係のなかで，当事者の示す各モードに対して，次のように配慮する必要がある。

4.3.4 チャイルドモード

当事者が「脆弱なチャイルドモード」にあるとき，彼／彼女たちは承認され，安心し，癒されることを必要としている。セラピストはこのモードに対し，温かく，保護的に応答する必要がある。この原則は，当事者がセッションのなかで自発的に「脆弱なチャイルドモード」に切り替わった場合も，感情焦点化技法を行うなかでのチャイルドモードに対しても，同じように適用される。「イメージの書き換え」のエクササイズのなかでは，セラピストは当事者の内なるインナーチャイルドを癒し，ケアをしていく。「椅子による対話のワーク」のなかでは，「脆弱なチャイルドモード」側の椅子に対して，温かく，保護的に語りかけていく。

4.3.5 非機能的ペアレントモード

当事者は，治療関係のなかで「非機能的なペアレントモード」から守られる必要がある。このことは，先ほどの「チャイルドモード」のときと同様に，技法を実施する際とモードが自然に活性化された場合の双方に適用される。すなわち，セラピストは，イメージエクササイズや「椅子による対話のワーク」においても，このモードが当事者のなかで自然に活性化された場合にも，当事者がこのモードと闘うのを積極的にサポートする必要がある。

> **事例** セッション中に「懲罰的ペアレントモード」に立ち向かう
> ニコル（1.1.3項参照）は，就職のための面接に行く予定だったが，

直前になってそれを回避した。彼女は，そのことで自分を価値下げし，自分自身を「どうしようもない落伍者」と呼んだ。セラピストはこう言った。「ニコル，あなたが就職の面接に行かなかったことは残念なことです。でも，このように自分を価値下げしたり，自己を嫌悪したりするのは，『懲罰的ペアレントモード』によるものです。あなたはこの『懲罰的ペアレントモード』の声を聞く必要がありません。なぜなら，それはあなたの気分をさらに悪くさせるからです。そしてこのモードの声の言いなりになってしまうことで，今後，似たような状況に対処するためのよりよい方法を見つけられなくなってしまうからです」。

4.3.6　コーピングモード

「非機能的コーピングモード」に対してセラピストが果たす重要な役割は「共感的直面化」である。当事者を承認し，ケアしていくというのがセラピストの基本的態度であるが，そのような態度と「直面化」のバランスを取る必要がある。当事者がセラピストとの関係を安全で温かみのあるものとして体験している場合，強力なコーピングモードはもはや必要でなくなり，当事者は自らのコーピングモードから抜け出しやすくなる。しかしながら，「過剰補償モード」が極めて強力な当事者の場合，セラピストは限界設定をしっかり行う必要があるかもしれない。ただしそのような場合でも，できるだけ遊び心のあるやりとりのなかで限界設定できるとよいだろう。もしセラピストが，あまりにも厳しく堅苦しい形で限界設定を行うと，当事者は，セラピストがコントロールを失うことを恐れていると感じたり，セラピストが自分と権力争いを始めたのではないかと受け止めてしまうかもしれない。

事例　「過剰補償モード」に対する限界設定をしっかり行う
　　ニコルは，治療の初期段階において，つねに「いじめ・攻撃モード」にあった。セラピストは，ニコルと真に触れ合うことはほとんど不可能

だと感じていた。そこでセラピストは限界設定を行うことにした。「ニコル、どうか少しだけ、話しつづけるのをやめていただけませんか？ あなたとのコミュニケーションに、私自身も参加させてもらいたいのです。この治療は、あなたを助けるためのものでしたよね。だからこそ私は、あなたが話しつづけるのを遮り、あなたのモードをストップさせる必要があるのです。私は、あなたが一人で話しつづけるのではなく、私たち二人の間で話し合いをしたいと思っています。おわかりいただけますか？」。

4.4 よくある質問

(1) セラピストはどの程度まで、治療計画について当事者と話し合うのがよいのか？ 特に感情焦点化技法や治療関係についてはどうか？

基本的にスキーマ療法のセラピストは非常に率直に当事者に相対する。つまり治療関係や感情焦点化技法についても、当事者に明確に伝え、話し合うことになる。

(2) 本格的なスキーマ療法（感情焦点化技法や治療的再養育法を含む）は、いつの時点から始めるべきか？

多くの場合、心理療法の開始時点からスキーマ療法を適用することができる。その場合、治療開始当初から、当事者の抱える問題と症状は、モードモデルに基づいて概念化され、説明され、治療される必要がある。可能であれば、最初の3セッションにおいて、アセスメントのためのイメージエクササイズを1回は実施し、その当事者自身のモードモデル（あくまでも暫定版である）を作成するのがよいだろう。

心理療法の後半から、スキーマ療法に切り替えることも可能である。これは、当事者がCBTによる治療を受け、症状が落ち着いてくるに伴い、パーソナリティの問題が明らかになってきた場合に、治療戦略の変更を検討す

るというケースである。このような手順（最初に CBT を行い，次にスキーマ療法に移行する）は実に理に適っているが，いずれにせよスキーマ療法に移行することについて当事者と率直かつ十分に話し合う必要がある。

（3）臨床現場において，スキーマ療法の各治療要素はどのように実践されているのか？

　CBT と全く同様である。セラピストと当事者は協同しながらケースの概念化に取り組む。当事者が何を求め何を目指すかということと，セラピストの専門的な意見の両方に基づき，治療計画は設定され，その治療計画に沿って治療は進められる。CBT と同じく，当事者がセッションで扱いたいと望んでいるその時々の問題とバランスを取りながら，治療計画を進めていく必要がある。通常は，当事者が訴えるその時々の問題をモードモデルに関連づけるのがよいだろう。そうすることで，あらかじめ設定されたスキーマ療法の計画に沿って，その時々の問題を治療的に扱うことができるからである。

第 **5** 章
コーピングモードを克服する

　「非機能的コーピングモード」の治療目標は，当事者が自らのコーピングモードに直面し，それがコーピングモードであると同定できるようになること，当事者が自らのコーピングモードの機能を，そしてそれがどのように形成されたのかを理解できるようになること，当事者が「非機能的コーピングモード」に頼る機会を減らし，より健康的なコーピングを使えるようになることである。その際まず重要なのは，「過剰補償」や「回避」といった「非機能的コーピングモード」は，幼少期の困難な状況に対する反応として形成された，ということを当事者自身が理解することである。コーピングモードについて話し合うにあたっては，現在の生活におけるそのモードのメリットとデメリットについて検討する必要がある。コーピングモードは，幼少期や思春期においてはある程度適応的に機能していたが，大人になってからの生活では，そのモードが対人関係上の深刻な問題に発展してしまっていることが多い。当事者にとって必要なのは，こうしたコーピングモードを減らし，「ヘルシーアダルトモード」の状態で過ごす時間を増やしていくための方法を，時間をかけて学んでいくことである。

5.1　治療関係

　当事者が「非機能的コーピングモード」にあるとき，セラピストにとって重要なのは，友好的で養育的な態度を保ちつづけることである。コーピ

ングモードはいわゆる「防衛機制」であり，セラピストの友好的な態度は，当事者を落ち着かせ，最終的には防衛を緩めるための手助けとなる。セラピストと一緒にいるときの当事者には，できる限りの安心を感じてもらうようにしたい。またセラピストに対してできる限り心を開くよう，セラピストは当事者を励ましていく。以上のことは，心理療法における一般的な考え方，すなわち共感的な治療関係が防衛を緩め，真に問題となる感情にアクセスするのに役立つ，ということと全く同じである。

しかしながら，スキーマ療法においては，コーピングモードを明確に指摘し，活性化されたコーピングモードを中断させ，コーピングモードの対人関係に与える影響について当事者に直面化することも極めて重要である。スキーマ療法ではこれを「共感的直面化」と呼ぶが，治療的で受容的な態度を保ちながら直面化を行う必要がある。セラピストは当事者の幸福と健康に深い関心を抱いており，決して共感的直面化によって当事者を脅かそうとするのではない。そうではなく，当事者が日常生活においてよりよい形で自らの欲求を満たしていけるよう手助けすることを目指している。

「私はあなたと話していると時々こんなふうに感じます。あなたはとてもつらい感情的体験について話しているはずなのに，ご自分の感情や欲求を感じないようにして，冷静さを保とうとしているのではないか，と。私には，あなたが『遮断モード』という方法で，ご自分を守ろうとしているような印象を受けます。あなたが幼い頃，なぜこのような『遮断モード』という防衛が必要になったのか，私はその理由を理解したいと思います。そして，今もなお，あなたがこのモードを必要とするのはなぜか，ということについても考えてみたいと思います」。

このように慎重かつ友好的に直面化していく方法は，特に強力な「回避のコーピングモード」をもつ当事者（すなわち，ごく表面的な関わりしかもとうとしない人や，感情的に引きこもっていてほとんど口をきこうとしない人）に対してかなり有効である。

5.1.1 「スキーマへの過剰補償」に関連したコーピングモード

　当事者が強力な「過剰補償モード」を示しているときは，それに明確に名前をつけて，治療関係におけるそのモードへの限界を設定しなければならない。そのことによって当事者に対する友好的な態度やケアを一時的に中断することがあってもなお，このような限界設定は必要である。このような限界設定は，スキーマ療法における「治療的再養育法」の一部であり，それは親が子どもに制約を設けるのと全く同じことである。「過剰補償モード」が強力な場合，繰り返しの限界設定が必要となるだろう。子どもに対するのと同様に，強力な過剰補償に対しては，たった1回の限界設定では不十分である。

> **事例** ニコルの「いじめ・攻撃モード」への限界設定
>
> 　「いじめ・攻撃モード」にあるときのニコルは，周囲に対して暴言を吐き，相手の悪口（「出来損ない！」「年寄りの薬物中毒者！」など）を言い，大声でどなり散らす。セラピストは，彼女にコントロールされていると感じ，彼女と心が触れ合えているとは全く感じられない。ニコルのこの状態に対して，セラピストは彼女の言動をさえぎり，自分たちのことについて話をするのは難しいと感じていた。これは，「スキーマへの過剰補償」の強力な典型例である。セラピストはこれに介入し，限界を設定する必要がある。
>
> 　「ニコル，ほんの少し私の話を聞いてください。［セラピストはニコルが反応するのを待つ。ニコルはちょっとの間話すのをやめ，セラピストを疑わしげに見つめている］ニコル，私は，今私があなたに対してどんな思いでいるかについて話をしたいのです。あなたは今，ずっとしゃべりつづけています。そして，あなたがこの場をずっと支配しています。私が思うに，あなたはいろいろなことに怒りを感じやすく，そのために周りの人たちとの間に問題を抱えてしまうのではないでしょうか。［ニコルがセラピストの話をさえぎろうとする］ニコル，ちょっと待ってく

ださい。どうか私にも数分間，話をする時間をください！　もしここであなたの話を止めなければ，セッション全体が，あなたから他の人に向けた激怒や攻撃で埋め尽くされてしまうでしょう。そうなると，私は心からあなたを理解したいと思えなくなってしまうかもしれません。あなたは一人でいるとき，とってもネガティヴな感情に襲われ，それに悩んでいるのでしたよね。本来そのことを私とのセッションで扱うべきなのに，このままだとそれができなくなってしまいます。私はあなたとのセッションを今のような感じで続けたくはありません。というのも，私は，あなたに対して心から関心をもっており，本気であなたを手助けしたいと思っているからです。私はあなたについてもっと理解したいですし，あなたにも私のことをもっと知ってもらいたいのです。そのためにはあなたとの間で，私が話をする時間をもう少しください。私はあなたほどスピーディに自己主張することができませんが，それでも私にも時間が必要なのです」。

　限界設定を通じて，セラピストは当事者のコーピングモードをさえぎっていく。セラピストはさらに，あらゆる対人関係において人は互いの欲求に配慮するべきだ，ということについて，治療関係のなかで手本を示す。その結果，当事者は，対人関係において自らの欲求をどうやって扱い，満たしたらよいのか，ということについての健康的なモデルを見聞きすることができる。過剰補償モードが活性化していると，当事者は感情について学習しづらくなってしまう。この点からもコーピングモードは軽減される必要がある。

5.2　認知的技法

　「非機能的コーピングモード」に対する認知的な介入において重要なことは，それらのコーピングモードを特定し，名前をつけ，当事者が日々の生活のなかでそれらの活性化に気づくことができるよう支援することであ

る。その際，それらのコーピングモードが当事者の成育歴においてどのように形成されたのか，ということを確認し，幼少期と現在におけるコーピングモードの機能について，それぞれ話し合う必要がある。さらに現在の生活におけるコーピングモードのメリットとデメリットについて検討するとよいだろう。当事者は，自らのコーピングモードを同定し，それが対人関係にどのような影響を及ぼしているのか，ということについて理解しなければならない。そしてコーピングモードの代わりとなる行動パターンを身につけていくことが重要である（5.4項参照）。

5.2.1　モードを同定し，名前をつける

　通常，当事者が特定の障害に特化した（研究目的の）個人療法や集団療法に参加する場合は，各障害における主なモードにはあらかじめ名前がつけられている。たとえば，BPDのグループスキーマ療法では，そのモデルのなかで，「懲罰的ペアレントモード」「虐待された・見捨てられたチャイルドモード」「遮断・防衛モード」といったモード名が用いられる。一方，個別の心理療法では，当事者のモードには独自の名前をつけることができる。そのほうが，個々の当事者にとってよりしっくりくるモードモデルをつくることができるだろう。たとえば，「遮断・防衛モード」の場合，「壁」「閉じられたシャッター」「外壁」「仮面」「クールな自分」といった名前がつけられることがある。「自己愛的過剰補償モード」の場合，「超すごい人（stunner）」「超人」「スーパーヒーロー」などと名づけることができる。重要なのは，その名前がモードの主要な機能を反映しており，セラピストと当事者の双方がその名前を受け入れているということである。

　セッションでモードについて話し合う際は，セッション外，つまり当事者の日常生活においてモードが活性化されたときに，それにどのように気づいたらよいか，ということも検討する必要がある。他人のモードを観察することも，自らのモードについて学ぶためには有効である。セッション中に当事者のモードが活性化したら，すかさずセラピストがそのことを

指摘するのもよいだろう。「私は今，あなたのシャッターがサーッと閉じられたことに気づきましたが，あなたもそれに気がつきましたか？　なぜシャッターは閉じられたのでしょうか？」。

　加えて，当事者がモードを実際にどのように体験しているか，ということについても話し合うとよいだろう。どのような身体感覚が生じているか，感情的には何かに駆られるような感じなのか，それともイライラしているのか，あるいはうんざりしているのか，それとも何も感じていないのか，といったことである。これらの認知的なワークは，当事者が自らの（コーピング）モードに気づくための一助となるだろう。

5.2.2　コーピングモードの成育歴的な背景

　セラピストは，コーピングモードについて，それがこれまでの人生や生活のなかでどのように形成されてきたのか，ということについて，当事者と詳細に検討する必要がある。ほかのあらゆるモードと同様に，コーピングモードに関しても確認する必要があるのは，成育歴におけるモードの機能，および当事者の幼少期にコーピングモードのモデルとなった家族や他の人々の存在が含まれる（これを検討するのに役立つ質問がある。ボックス 5.1 を参照）。

　両親のどちらか一方が，今，自分がもっているコーピングモードと同じようなモードを，幼少期の自分に対して示していた（あるいは今も示している）と報告する当事者は少なくない。これは社会的学習によってモードが形成された例である。コーピングモードを獲得するにあたって，このようなモデル学習は非常に強力な影響力をもつ。たとえば父親が短気かつ攻撃的で，それに対応する母親が極めて回避的で従順だった場合を考えてみよう。その娘が母親をモデルとした場合，「自分は父親の攻撃を止められず，父親に対してなす術がない」ということを学ぶかもしれない。一方，当事者が父親をモデル学習した場合は，スキーマに対する「自己愛的過剰補償モード」が形成され，対人関係において「勝つか負けるか」といった白黒

> 「あなたは、いつごろからこのモードを使っていますか？」
> 「幼い頃、このモードはあなたにとってどうして重要だったのでしょうか？」
> 「幼い頃、このモードにはどのようなメリットがありましたか？」
> 「あなたがこのモードにいると、ほかの人はあなたに対してどのように反応しましたか？　あなたが別の行動をしたときには、どうだったでしょうか？」
> 「あなたの周囲に、同じようなコーピングモードをもっている人がいませんか？」
> 「あなたは、母親が今のあなたと非常に似たようなふるまいをしていたと話していました。もしかしたらあなたはお母さんから、このような行動パターンを学習したのではないでしょうか？」

ボックス 5.1　コーピングモードを検討するのに役立つ質問

思考の持ち主になるかもしれない。そのような人にとっては、人との関わりにおいて「つねに勝つ」ことが重要となる。一方で、同様に「勝つか負けるか」の対人関係を学習したとしても、「敗者」側に自らを位置づけ、「犠牲者モード」が形成される場合もある。それは自己愛的な世界観をもち、つねに「勝者」の立場に自らを位置づける当事者とは正反対である。

　一般的にコーピングモードは、幼少期や思春期の当事者にとっては重要な機能を果たしていたことが多い。コーピングモードは、当事者の幼少期や思春期において適応的な役割を果たしていた、というのが我々の仮説である。たとえば、強力な「遮断・防衛モード」をもつ当事者を想定してみよう。そのような当事者はかなり幼い頃から、自らを遮断することを学習していることが多く、「母にののしられると、私はきまって固まっていました。そうすることによってその場をしのぐことができたのです」と述べたりする。

　コーピングモードの成育歴的な起源を見ていく際は、そのモードの適応的な価値を重視する必要がある。幼い当事者にとって、そのコーピング戦略を利用することがいかに重要であったか、セラピストは当事者と話し合う。そのモードの形成に社会的学習（モデル学習）が大きな役割を担っている場合、セラピストはそのことを心理教育する必要がある。子どもは通常、良くも悪くも、手本となる相手から対人行動のあり方を学ぶものである。

5.2.3　コーピングモードのメリットとデメリットについて話し合う

　認知的介入では，コーピングモードのメリットとデメリットを検討し，それらについての詳細なリストを作成するとよいだろう。

> **事例**　スージーの「遮断・防衛モード」のメリットとデメリットの検討
>
> 　スージーはパニック障害と解離症状に苦しんでいる。しかし，彼女の外見と社会的な行動は，訴える症状とは全く一致していなかった。彼女は一見非常に落ち着いていて，自信に満ちあふれ，饒舌に人と雑談を交わし，不安そうな様子は微塵も見られない。しかし，スージーとセラピストはともに，彼女のこの行動を表面的なものと捉えていた。スージーは，自分が本当はどう感じているのか，一度も誰かに表現したことがないという。このモードは「遮断・防衛モード」として概念化されており，スージーはこれを自分の「仮面（facade）」と呼んでいた。「仮面」は彼女の生活におけるさまざまな状況で役に立っている。「仮面」が前面に出ると，彼女はあらゆる社会的な場面に対して完璧に備えられるように感じる。しかしまた，「外面」はスージーが彼女自身に触れることを阻害してもいる。彼女は，自分が本当は何を欲しているかわからず，自分自身をどう扱ってよいのかもわからず，楽しみや余暇のための活動を思いつくことができない。また，「仮面」によって，他者との接触も少なくなってしまっている。彼女は，他者に自分自身の感情を表現したり，個人的な話をしたりすることが全くできない。このような「遮断・防衛モード」のメリットとデメリットは，次のようにリスト化された（表5.1）。

> **事例**　ニコルの「いじめ・攻撃モード」のメリットとデメリットの検討
>
> 　ニコルは「いじめ・攻撃モード」にあると，自分自身や親しい友人の関心事だけをもっぱら優先し，それ以外の他者を威嚇する。そしてあらゆる状況で主導権を握ろうとする。誰かが「いじめ・攻撃モード」の彼女と友好的な関係を結ぶことはほぼ不可能である。彼女は，警察官や店

表5.1 スージーの「遮断・防衛モード」のメリット・デメリット分析

「仮面」のメリット	「仮面」のデメリット
有能で自信に満ちた印象を与えられる	自分自身の感情を感じられない
他の人は自分が問題を抱えていることに気づかない	他の人に対して自分の気持ちを表現できない
仕事でおおむね機能できる	自分がその人を好きであったり，その人が自分を好きであったりするときでさえ，つねに距離を感じてしまう
「アブない人（psycho）」と思われずにすむ	いつも寂しさや孤独を感じてしまう
安全に感じられる	安心できる親密な対人関係を体験できないために，自分の社交不安や不安定さを減らすことができない
葛藤を避けられる／ほかの人から攻撃されない	
学業や仕事で体裁を整えるのに役立つ	

員，その他の人々に対して攻撃的にふるまい，結局は対立してしまうのだった。セッションのなかで，このモードのメリットとデメリットがリスト化された（表5.2）。

このような場合の介入においては，セラピストによる治療構造と，当事者の体験の意味に注意を払うこととの間に，バランスを取る必要がある。構造という面では，「コーピングのメリットとデメリットを検討する」というアジェンダを，セラピストは遵守しなければならない。当事者がこの話し合いを回避しようとしても，その回避を許してはならない（「コーピングモード」が強力であり，しかも注意が頻繁に切り替わる当事者の場合，このような回避が頻繁に起こりうることには注意を要する）。しかしながら，それと同時に，その当事者個人の体験，意見，感情，発言などに対しても注意を十分に払うことが必要である。「コーピングモード」のメリットとデメリットのリストは，当事者が「これはまさに自分のことである」と感じられるものであることが不可欠である。

セラピストはこんなふうに言うことができる。「私は，あなたがご自身の『いじめ・攻撃モード』についての話し合いに積極的に加わってくださるこ

表 5.2 ニコル の「いじめ・攻撃モード」のメリット・デメリット分析

「いじめ・攻撃モード」のメリット	「いじめ・攻撃モード」のデメリット
ほかの人は私を恐れ，私に敬意を払う	誰かと良い関係を築くことがほぼ不可能になる
自分の要求を押し通すことができる	ほかの人はこのモードにある私を恐れ，ゆえに私は嫌われてしまう
その場を支配するのは最高の気分だ	法に触れる問題や警察沙汰などを繰り返し起こす
自分が強いと感じる／誰も私を傷つけられない	平穏で安心できる親密な関係を体験できない
虐待や苦痛が二度と自分に起きないと確信することができる	このモードのときに知り合いになった人は，私に取り合ってくれない
自分より弱い他者を守ることができる	私は，本当はこのモードが嫌いだ。母が同じモードをもっていて，私はいつもそれを嫌っていた

とを，とてもうれしく思います。私たちはこれから，あなたの生活において，このモードにどのようなメリットとデメリットがあるか，ということを検討していきます。まずはあなた自身のご意見をおうかがいしましょう」。

このような場合，当事者は，当該のモードのメリットや機能を最初に報告することが多い。これは望ましいことであり，セラピストは当事者の発言を支持的に受け止めなければならない。セラピストの支持によって，当事者は「そのモードがまず承認された」という体験をすることができる。

「あなたは今，とても重要なことを話してくれました。あなたはこのモードによって，その場を支配し，自分の要求を押し通すことができるのですね。ほかには何がこのモードのメリットとして挙げられるでしょうか？」。

「コーピングモード」については，そのメリットを十分に検討してから，デメリットについて慎重に焦点を当てていくのがよいだろう。当事者が，モードのデメリットに言及しはじめたら，セラピストはその発言の記録は取るが，デメリットについての話し合い自体は，メリットについての話し合いが十分に行われるまで保留にしておく必要がある。当事者は多くの場合，「コーピングモード」の肯定的な面をしっかりと理解した後で，今度は否定的な面を見つけていくことができるようになる。精神力動的な観点

から言えば，承認は防衛を弱める。当事者は，承認というベースがあってはじめて，情緒的な問題や対人的な問題について自ら率直に語れるようになる。承認は，たとえば次のように伝えることができる。

「私たちはこれまで，このモードのメリットについて話し合い，多くのメリットをこのようにリスト化しました。一方であなたは，この話し合いの最初の頃に，お母さんも似たようなモードをもっていたことを思い出し，『だからこのモードはあまり好きじゃない』とおっしゃっていました。ほかにも何かこの『いじめ・攻撃モード』のデメリットがあるでしょうか？」。

これらのコーピングモードは，当事者の人生の早い段階に形成された，極めて持続的なパターンである。当事者は長年にわたってそのモードに慣れ親しんでいる。したがって，コーピングモードについては，セッションで一度検討するぐらいでは全く不十分であることをセラピストは認識しておく必要がある。大人になった今，そのモードがすでに非機能的なものになっているということを当事者がしっかりと認識できるようになるまでには，それ相応の時間が必要である。重要なのは，治療のあらゆる時点で折にふれて，コーピングモードのメリットとデメリットの検討に立ち返ることである。

> コーピングモードに対する認知的介入としては，モードのメリットとデメリットの検討が重要である。とはいえモードはできる限り承認される必要がある。したがってまずはモードのメリットから検討していくことが望ましい。

5.3 感情的技法

通常，コーピングモードの治療においては，認知的および行動的技法が中心的に用いられる。しかし，感情に焦点を当てた技法が重要な役割を果たす場合もある。

5.3.1 「椅子による対話のワーク」

　コーピングモードのメリットとデメリットの検討と同じ目的のために「椅子による対話のワーク」を用いることができるが，より感情面に働きかけるのは椅子のワークのほうである。「椅子による対話のワーク」が推奨されるのは，当事者がメリットとデメリットの認知的検討を極端に恐れている場合である。スキーマ療法においてモードについて話し合う際，それに対する当事者の不安はさまざまな形を取るが，その表現形が各モードと関連していることに注意したい。当事者は，時には率直に不安を表現することがある。この場合の不安は，シンプルに「脆弱なチャイルドモード」の感じている不安と考えてよいであろう。

　2つの椅子はそれぞれ，「コーピングモード」と「客観的な視点」を表す。対話は，「客観的な視点」が，「コーピングモード」に対して，そのモードが当事者の人生においてどのようにして形成されてきたのか，そしてそのモードがどのような機能を有しているのか，ということをインタビューしながら進められる。

　時に，セラピストが「椅子による対話のワーク」を提案すると，それだけで「コーピングモード」がかえって強まってしまう当事者がいる。たとえば自己愛的な当事者がそうである。自己愛的な当事者においては，椅子のワークの提案に対して，自己愛的なパターンが増すだろう。「ああ，そのワークについては聞いたことがありますよ。そしてセラピストはみんな同じことを言うんですよね。『君はひどいナルシシストだ』って。おめでとう！ あなたはたった1回のセッションでそれが発見できたのです。でも，だから？ それで？ 私が超自我を克服するために，専門家としてあなたは何を勧めようというのですか？」。

　一方，セッション中に解離や対人的回避を示す強力な「遮断・防衛モード」をもつ当事者に対して，セラピストが「椅子による対話のワーク」を導入するにはかなりの努力を要するが，それでもなおこのような当事者には椅子のワークを用いることが強く推奨される。なぜなら，「椅子による

対話のワーク」による介入は,「コーピングモード」を中断させるために,そして当事者が自らのモードにしっかりと向き合うために,非常に効果的だからである。

> 当事者の主要なコーピングモードについて,セッションのなかで話し合うことが非常に難しい場合は,「椅子による対話のワーク」を活用することができる。

「椅子による対話のワーク」では,当事者は「コーピングモード」の視点に完全に入り込み,その視点に基づいてセラピストと話をするように求められる。セラピストも,当事者の「コーピングモード」そのものと会話をしているかのようにふるまい,「コーピングモード」の名前で当事者を呼ぶ。このような手法により,まずはモードの重要性を強調し,モードを十分に承認することができる。それができてはじめて,当事者はモードを異なる視点から客観的に眺められるようになる。コーピングモードの機能を十分に認めた後に,モードの介入のための対話に,当事者自身が加わることが重要である。

事例 「椅子による対話のワーク」──サビーヌのコーピングモードを理解する

セラピスト(以下,Th) サビーヌ,これから少し変わったエクササイズをしてみようと思います。一緒にやっていただけると,とてもうれしいのですが。

サビーヌ(以下,S) はい,でもどんな?

Th あなたは誰かと一緒にいるとき,いつも「壁」の後ろに隠れてしまう,と先ほどお話ししてくれました。その壁はあなたにとってとても重要なもののようですね。だから私はあなたの壁についてもっとよく知りたいのです。

S ちょっとよくわからないのですが……。

Th (2つの椅子を互いに向い合わせる)あなたにはこちらの椅子に座っ

てもらい，あなたの内なる「壁」に同化してもらいます。私はこれから，「壁になったあなた」とお話をしたいと思います。言い換えれば，私は「壁」そのものと話がしたいのです。私の言っていることがおわかりになりますか？

S　ええ，大丈夫だと思います。

Th　それはよかったです。（サビーヌは「壁の椅子」に座り，セラピストはもう1つの椅子に座る）さて，これから私はあなたに話しかけるとき，「サビーヌ」ではなく「壁さん」とお呼びしてもいいでしょうか？そのことをお許しいただけますか？

S　（うなずく）

Th　ありがとう。それではこれから，私は「壁さん」と，あなたについて話したいと思います。つまり，私は「壁さん」と一緒に，「サビーヌ」について語り合うのです。なぜ彼女（サビーヌ）が「壁さん」を必要としているのか，そんなことについて話し合いたいと思っています。よろしいでしょうか？

S　（再びうなずく）

Th　よかったです。それでは始めましょう。（一呼吸置いて，「壁さん」に語りかける）こんにちは，「壁さん」。あなたはサビーヌにとって，とても重要な存在のようですね。なぜサビーヌがあなたをそれほど必要としているのか，私に説明していただけますか？

S　ええと，サビーヌが私をもつようになってから，彼女はいくらかの平和と静けさを得ることができました。

Th　それは，正確にはどのような意味でしょうか？　壁さん，あなたは誰から，あるいは何からサビーヌを守っているのでしょうか？　なぜサビーヌは，平和と静けさを得るために，あなたを必要とするのでしょうか？

S　私がいると，ほかの人は彼女のことが気にならなくなります。彼女は誰かに脅されたり攻撃されたくないのです。そしてそうされなければ，彼女はそんなにひどい気分にならずにすむのです。

第5章　コーピングモードを克服する　｜　177

Th それはこういうことですか？　つまり，あなたは他の第三者の脅威や攻撃からサビーヌを守っていると。そして，対人場面において彼女が嫌な気持ちにならないよう彼女を守っていると。

S （うなずく）ええ，その通りです。

Th 壁さん，あなたはサビーヌにとって，本当にとても重要な存在なのですね。ところであなたはいつから，彼女の人生においてこのような役割を担うようになったのでしょうか？

S ああ，それはずっと昔からです。サビーヌが私と離れて生活していたことがあったのか，私には思い出せません。

Th ということは，サビーヌがずっと幼い頃から，あなたは否定的な感情や攻撃から彼女を守ってきたのですね？

S ええ，その通りです，それが本当に重要だったのです！

Th そうでしょうね。私にはそれがよくわかります！　サビーヌが幼少期について話してくれたとき，彼女の父親がどんなに恐ろしく攻撃的な人だったかについて聞きました。彼女が父親といるときも，あなたは重要な存在だったのでしょうね？

S そうです。私がいなければ，彼女は父親と一緒にいることはできなかったでしょう。

Th 本当にそうだと思います。父親と一緒にいるサビーヌを助けるために，あなたはどんなことをしたのでしょうか？

S 父親が彼女に怒鳴りはじめるとすぐに，私が表に出ていきました。そうなるとサビーヌは私に守られていると感じ，父親が怒鳴るのに飽きてそれを止めるまで，ひたすらじっと待つことができたのです。

Th 幼いサビーヌにとって，あなたがどんなに重要な存在であったのかがよくわかりました。ところで，その後，あなたと彼女はどのように付き合ってきたのですか？

S そうですね，サビーヌが大きくなっても状況はあまり良くなりませんでした。彼女はいつも同級生にいじめられていました。だから彼女にとって壁である私がいつも必要だったのです。

Th　ええ，よくわかります。ちなみに今現在はどうですか？

S　今も私はサビーヌの面倒を見ています。ああいうことが彼女に二度と起きないように。彼女がそんなふうに傷つけられていいはずがありません。

Th　ええ。それもよくわかります。ところで今現在，あなたは誰から，または何からサビーヌを守っているのですか？

S　ええと，現在，私がサビーヌを本当に守っているのか，実はよくわかりません。私はただ彼女と一緒にいて，彼女に何事も起きないよう見守っているだけです。

Th　それであなたと一緒にいるとき，サビーヌはどのように感じているでしょうか？

S　そうですね，私と一緒にいるとき，彼女は安心しているようですが，少し孤独でもあるようです。

Th　彼女はほかの人とほんのわずかしか接触がもてないから孤独を感じているのでしょうか？　ひょっとしたら，あなたは少しだけ彼女を守りすぎているのかもしれませんね。

S　そうですね，そういうこともあるかもしれません。

　このエクササイズでは，コーピングモードは強く承認される形で直面化される。こうすることによって，当事者はそのコーピングモードのネガティヴな側面についても，考えたり話したりすることができるようになる。サビーヌの対話例のバリエーションとして，コーピングモードの肯定的側面について十分に評価した後に，当事者の席の近くにもう1つ椅子を置くことができる。そしてその椅子は「小さなサビーヌ」の席であることを伝え，「壁さん」すなわち「コーピングモード」に対して，「小さなサビーヌ」が今現在何をどのように感じていると思うかを尋ねる。このような流れであれば，コーピングモードが親密な対人関係を阻害しているために，「脆弱なチャイルドモード」が孤独を感じていることを，サビーヌ自身が理解できるようになるだろう。

セラピストはこのエクササイズを終えるにあたって，サビーヌに対し，治療場面で行動実験を行って「遮断・防衛モード」を軽減したいかどうかを尋ねる。この質問は，当事者とセラピストが共に熟考できるのであれば，「椅子による対話」の最中にしてもよいし，エクササイズ後の話し合いの際にしてもよい。その際セラピストは，「脆弱なチャイルドモード」を助けるために当事者とセラピストが全力を尽くし，「脆弱なチャイルドモード」が傷つかないようにする必要があることについて，あらためて当事者に説明する。その後のセッションにおいても，「壁さん」が出てこないかどうか，当事者とセラピストは注意深く観察する必要がある。もし「壁さん」が表に出てきたら，どうしてそれがそのとき出てくる必要があったのか，セラピストは当事者に尋ねていく。

　「椅子による対話のワーク」は，「いじめ・攻撃モード」「自己愛的自己誇大化モード」といった「スキーマへの過剰補償モード」に対しても用いることができる。この場合，「脆弱なチャイルドモード」の椅子を追加することが奏功することが多い。ほとんどの場合この椅子は空席のままであるが，「脆弱なチャイルドモード」が「過剰補償モード」に対してどのように感じているかを当事者に尋ねることで，エクササイズのなかに「脆弱なチャイルドモード」を組み入れることができる。なかには，エクササイズの最中に「脆弱なチャイルドモード」の席に実際に腰かけ，チャイルドモードの感情について語りはじめる当事者もいるかもしれない。ここでのこのワークの主たる目的は，対人関係に与える「過剰補償モード」の悪影響について当事者に直面化することである。そのような目的に対し，「脆弱なチャイルドモード」の孤独感に焦点を当てることは，大いに役立つであろう。以下に示すフィリップの事例は，このことを如実に表わしている。強力な「過剰補償モード」をもつ当事者は，自らの「脆弱なチャイルドモード」について話せるようになるまでに，ある程度の時間を必要とすることが多い。そのことに留意したい。

事例　「椅子による対話のワーク」——フィリップの「自己愛的自己誇大化モード」を理解する

セラピスト（以下，Th）　今から，「椅子による対話のワーク」を行って，私たちが「スーパーフィリップ」と呼んでいるあなたのなかの「過剰補償モード」とお話ししたいのですが，よろしいでしょうか？

フィリップ（以下，Ph）　（うなずく）

Th　これから私はあなたの「過剰補償モード」に話しかけます。あなたは完全にこのモードになりきってください。私がこれから対話するのは，フィリップではなく「スーパーフィリップ」です。そしてここには……（セラピストはフィリップの席のそばに空の椅子を置く）……「小さなフィリップ」がいます。よろしいですか？

Ph　（うなずく）

Th　「スーパーフィリップ」，あなたの役目は何ですか？　何があなたにとって重要な役目ですか？

Ph　それはもう明らかですよ。「優れていること」「支配すること」，そして「決して傷つかないこと」です。

Th　そうあることによって，あなたは「小さなフィリップ」のために何をしているのですか？

Ph　彼を守っているのだと思います。

Th　もしそういうふうにしてあなたが彼を守らなかったら，どんなことが起こるのでしょうか？

Ph　もし彼が弱みを見せたら，他の人がそれにつけこむでしょう。私は彼が誰からも傷つけられないように守っているのです！

Th　なるほど，わかりました。ところで，「小さいフィリップ」は，あなたについてどう思っていると思われますか？

Ph　そうですね，私がいて喜んでいると思います！

Th　（「小さなフィリップ」の椅子を指し示す）その椅子に座って，「小さなフィリップ」の思いを感じ取ろうとしてみてください。

Ph　（「小さなフィリップ」の椅子に座る）

Th 「小さなフィリップ」，あなたはフィリップの「過剰補償モード」がみんなを完全に支配しているとき，どんなふうに感じているの？

Ph ええと，僕はとても寂しいです。

Th そうでしょうね。（セラピストは，フィリップを「小さなフィリップ」の椅子に座らせたまま「スーパーフィリップ」に語りかける）「スーパーフィリップ」，私は，あなたが表に出てきて周囲を支配しようとしているとき，「小さなフィリップ」は実はそれほど心地よくないのだということを理解することが重要です。周囲の人々は，あなたに支配されたくないばかりにあなたを拒絶することがよくありますよね。そんなとき，「小さなフィリップ」は孤独感や拒絶された感じを強く抱いてしまうのです。「小さなフィリップ」には，周りの人たちとの間に，親密で温かなつながりを感じてもらうことが必要なのではないでしょうか？（「小さなフィリップ」に声をかける）このことについて君はどう思う？

Ph すごくいいと思います！

● 「椅子による対話のワーク」のバリエーション──玩具や人形の活用

　なかには，自らのコーピングモードに完全に「取り込まれてしまっている」当事者もいる。そのような人のコーピングモードは，「椅子による対話のワーク」で打破することが大変に難しい。なぜなら彼／彼女たちは，そもそもワークに参加するのに気乗りがしなかったり，完全に解離してしまっていたりするからである。重症のBPDのように，極めて強力な「遮断・防衛モード」をもつ当事者には，特に解離が生じやすい。その場合，椅子よりも小さな物体を使って，段階的に対話のワークを導入するのがよいかもしれない。使える物としては，プレイモービル〔訳注：おもちゃの人形シリーズの商標〕やフィギュア，おもちゃのブロックなどが挙げられる。

　「椅子による対話のワーク」の際，当事者が明らかに強力な「遮断・防衛モード」に入っており，椅子に座ったまま沈黙しつづける場合，セラピストは，当事者の中に活性化しているスキーマモードを反映するようなプレイモービルの人形をいくつかテーブルの上に置いて，その状況における

当事者の感情を明らかにしていく。たとえば，子どもの人形（これは「脆弱なチャイルドモード」を表す）を，一番奥に座らせるか，横たわらせるかする。その前に，もっと大きな人形（これは，この状況において当事者に活性化している「解離モード」「遮断・防衛モード」を表す）を立たせる。その人形と対峙するようにして，第3の人形を置く。これはセラピストを表す人形で，この人形は，「遮断・防衛モード」を表す人形に阻まれて，小さな子どもの人形と接触できなくなってしまっている。これらの配置についてセラピストは当事者に説明する。

「今ここで，私とあなたの間に何が起きているか，ここであなたと分かち合いましょう。あなたのなかのある部分は，ひどく苦しみ，助けを必要としており，絶望的になっているのではないかと思われます（小さな子どもの人形を指す）。しかし，この弱った部分の前には，あなたのなかのまた別の部分が立ちはだかっていて（立っている大きな人形を指す），そのせいで私はその子に近づくことができません。この立っている人形は，私とあなたが関わるとき，あたかも壁かシャッターのように機能しています。私の話が理解できますか？（当事者からのフィードバックを待つ）なぜこの状況で，この大きな人形は小さなあなたを守らなければならないのでしょうか？　私はそれを理解したいと思います」。

　このようにして，立ち姿の人形によって象徴される「遮断・防衛モード」の機能や特徴，このモードの成育歴的な背景について検討することが可能になる。当事者のなかには，椅子による対話の代わりに，このような，ある程度距離を置きながら自らの感情体験について話し合うほうが，脅威を感じずにすむのでやりやすい，という人がいる。しかしこのようなやり方は，スキーマモードの感情焦点化技法の初期段階に限ったほうがよいだろう。長期的には，人形ではなく椅子を用いた対話のワークができるよう，セラピストは当事者に働きかけていく必要がある。当事者の感情は，人形よりも椅子を用いたほうが，より強烈に活性化される。当事者の感情が真に変化するためには，より強烈な感情がセッション中に喚起される必要がある。

- 「ペアレントモード」や「チャイルドモード」が登場する「椅子による対話のワーク」に，「コーピングモード」を加える

　別のバリエーションの「椅子による対話のワーク」にも，コーピングモードを加えることができる。たとえば，一方の椅子が「ヘルシーアダルトモード」で，もう一方の椅子が「懲罰的ペアレントモード」の場合（この場合「ヘルシーアダルトモード」が「懲罰的ペアレントモード」と闘う），あるいはもう一方の椅子が「脆弱なチャイルドモード」の場合（この場合「ヘルシーアダルトモード」が「脆弱なチャイルドモード」を慰めようとする）である。このようなワークによって強い感情が喚起されると，当事者のモードが即座に切り替わり，「遮断・防衛モード」が活性化されることがある。その場合当事者は，「このワークは私には厳しすぎます。なぜこんなワークをしなければならないのか，私にはわかりません」「今すぐこの部屋から出て行きたい」といった回避的な発言をするだろう。たとえそうした訴えがあっても，当事者の感情がひどくかき乱されていない限り，セラピストは当事者のそのような発言を端的に承認するにとどめる。「たしかにこれは痛みを伴うワークです。そのことは私も十分わかっています。あなたはよくやっていますよ！」。

　「遮断・防衛コーピングモード」があまりにも強くなり，当事者の感情の動きを完全に妨げてしまう場合がある。一般的に，コーピングモードはそれがどのようなものであっても，一度はセラピストによって承認され，受け入れられる必要がある。「椅子による対話のワーク」においては，活性化されたコーピングモードのための椅子をさらに追加することで，そうした承認や受容が容易になる。追加された椅子はコーピングモードを象徴しており，当事者はその椅子に座り，「遮断・防衛モード」の視点で質問に答えたり，意見を述べたりするよう求められる。通常，「回避のコーピングモード」は，扱いにくい否定的な感情を避けようとする。ペアレントモードやチャイルドモードを対象とした「椅子による対話のワーク」においても，セラピストは新たに活性化されたコーピングモードを承認し，発言権を与える必要があるが，いつまでもコーピングモードに付き合いつづ

けるべきではない。いったん承認した後は，ペアレントモードやチャイルドモードとの対話に戻り，それらのモードの感情に焦点を当てるべきである。しかしながら，コーピングモードを端的に承認した後に，ペアレントモードやチャイルドモードとの対話に戻ろうとしても，それが全くできない場合もあるだろう。その場合は，コーピングモードに焦点を当て直す必要がある。それはすなわち，コーピングモードのメリットとデメリットについてもう一度話し合う，「コーピングモード」と「ヘルシーアダルトモード」との「椅子による対話のワーク」を再び行う，といったことである。

事例 コーピングモードを飛び越えて他のモードに直接アクセスする

　数回のセッションのあと，フィリップとセラピストの関係性は深まりを見せた。またスキーマモードモデルに関しても，彼はそのモデルに自分のことがよく整理されていると思っていた。すなわちモードアプローチによって自らの抱える問題が極めて適切に概念化されているとフィリップは感じていた。しかし，その後のあるセッションで，フィリップは再び非常に強固な「過剰補償モード」を示した。彼はセッションが始まるとすぐに，クリニックの運営について文句を言いはじめ，自分だったらどういうふうに運営するかということを延々と説明するのだった。セラピストは，「過剰補償モード」というコーピングモードを飛び越えてしまうことにした。

　「フィリップ，今日はあなたのなかの『過剰補償モード』が非常に強いようですね。前回のセッションでも話し合ったように，あなたは今『自己愛状態』にいるようです。あなたにもそれがわかりますか？」。それに対してフィリップは小さくうなずいたが，それでもなお話を続けようとした。セラピストはその話をさえぎった。

　「フィリップ，今日になってなぜこのモードが登場してきたのでしょうか？　何かストレスとなるようなことがあったのでしょうか？　このモードの活性化の背後には，何らかの感情的な動きがあるはずだと思うのですが」。こうした介入は，当事者が当該のコーピングモードから抜

け出すのに役に立つ。フィリップは，作業療法のセッションで，ほかの当事者に彼の過剰に支配的な行動について批判されたことを説明した。彼は，自分がのけ者にされたかのように感じて傷ついたのであった。

　これは明らかに彼の「脆弱なチャイルドモード」が活性化されたエピソードである。セラピストは「脆弱なチャイルドモード」を直接扱うことをフィリップに提案した。「これは『小さなフィリップ』にはとってもつらい出来事でしたね。小さかったときと同じように，『いじめられた』『恥をかかされた』と感じたのではないですか？」。フィリップは同意した。「これらの傷ついた感情に対して，イメージエクササイズをしてみましょう。よろしいでしょうか」。フィリップが同意したので，2人は次章で述べる「イメージの書き換え」のエクササイズ（6.3項参照）を実施した。エクササイズを通じて孤立感や恥ずかしさは解消され，彼は再び自分がグループの一員であると感じられるようになった。

● コーピングモードへの直面化 vs コーピングモードを飛び越えること

　セッション中に当事者のコーピングモードが出現したとき，セラピストは2つのやり方のどちらかで対応することができる。1つは，そのコーピングモードを当事者に直面化し，本章で述べた手法を用いてそのモードを探索するという方法である。コーピングモードの機能を一緒に検討することを通じて，当事者はそのモードを徐々に減らしていくよう動機づけられる。治療の初期段階で治療関係が十分に深まっていない場合，このようにしてコーピングモードを扱うほうが得策である。精神力動的な観点からいえば，コーピングモードはいわゆる防衛機制に該当し，最初に扱うことが必要不可欠である。

　しかしながら，良好な治療関係が形成され，当事者が治療の場で「脆弱なチャイルドモード」の感情にアクセスできるようになっている場合は，「コーピングモードを飛び越える（direct bypassing）」というもう1つの方法を取ることができる。「コーピングモードを飛び越える」方法によって，セラピストは，前面に出ているコーピングモードの背後にある「脆弱なチャ

イルドモード」や「懲罰的ペアレントモード」を直接扱う。精神力動的な観点から言えば，すでに当事者の内的感情体験を理解している場合，セラピストは防衛機制を突破できる。「コーピングモードを飛び越える」において，セラピストは，コーピングモードには簡潔に言及するにとどめ，当事者の感情的な側面に直接的に焦点を当てていく。

「昨日のことを話しはじめた途端，あなたは『遮断・防衛モード』に切り替わってしまいました。なぜでしょうか？　昨日何が起きたのでしょうか？　昨日の何が，あなたの『遮断・防衛モード』のきっかけとなったのでしょうか？」。

感情的なストレスがコーピングモードの活性化の引き金となる，というのが我々の仮説である。したがって長い目で見れば，コーピングモードに対しても，「イメージの書き換え」といった感情焦点化技法を通じて感情的ストレスを軽減することが，当事者にとって最も重要で効果的なはずである。我々は，当事者がコーピングモードの活性化のきっかけを理解しており，コーピングモードを飛び越えることが可能な場合は，非機能的なペアレントモードやチャイルドモードにおけるネガティヴな感情について，できるだけ直接的に焦点を当てるようにしている（第6章, 第7章を参照）。

5.4　行動的技法

行動的技法の主な目標は，当事者が自らの非機能的なモードを弱め，より健康的なモードを強め，活性化できるよう手助けすることである。これには，中核的欲求をしっかりと感じ，それを適切な形で表出することが含まれる。当事者が実際に抱えている症状によっては，その症状に特化した介入技法が重要な役割を果たす。たとえば，当事者がOCDや自傷行為といった問題を抱えており，それらが否定的な感情を遮断する機能を有する場合（「遮断・防衛モード」），セラピストは当事者がこれらの症状や問題に対処できるようになるために，行動的技法を提案する。それはたとえば，

OCDの儀式行為を減らすための実生活における曝露反応妨害法や，自傷行為の代わりとなるスキルトレーニングといったものである。行動的技法は，非機能的な対処行動が，自動的（あるいは半自動的）に生じる場合や，当事者がそのような対処行動に対してコントロールできない感覚をもっている場合は特に有効である。そのような当事者は，非機能的な対処行動が自動的に起きてしまうとか，それらの行動に依存してしまっているとか，強迫的にそのような行動を取ってしまうといった報告をすることが多い。しかしながら，否定的な感情を扱うための健康的な方法を全く習得していない当事者の場合，行動的技法を単独で用いるのは得策ではない。つまりコーピングモードに対する行動的技法は，そのようなモードを引き起こした否定的な感情を扱うための健全な対処法を当事者が学ぶなかで，一緒に実施されるべきである。

5.4.1 ヘルシーモードを増やし，非機能的モードを減らす

強力な「遮断・防衛モード」をもち，いわゆる「社会的引きこもり」の状態にある当事者は，向社会的な行動をより増やしていく必要がある。そのような当事者は，他者とのつながりや親密さを感じられるような活動を増やし，自らの感情をはっきりと表現する術を身につける必要がある。とはいえもちろん我々は，「つねに社会的接触を保ち，強い感情を表出する」ことを当事者に求めているわけではない。なかには，「自らの感情を表出する」ことが，「自らの脆弱な感情を表出する」ことと同等であると考える当事者もいる。そうした人には，他者と共に行う活動は，人との交流や親密さを体験することにつながり，それらは否定的な感情よりもむしろ肯定的な感情を呼び起こすことを説明するとよいだろう。それはたとえば，スポーツやエクササイズをすること，料理やパンを焼くこと，誰かと一緒に働くこと，誰かの手助けをすること，といった日常的な活動である。うつ病のCBTにおける行動活性化において提案されている活動はいずれも有効である。「ポジティヴな活動リスト」といった行動活性化のための当

事者用の資料なども参考にできる。

　当事者が強力な「回避・防衛モード」をもっている場合は，回避を減らすことが最優先になる。典型的な行動的技法は，ホームワークによる課題や曝露療法のような CBT の技法である。セラピストは，回避を何とか克服しようと努力する当事者に対し，その努力を承認し，言語的に強化する。注意すべきなのは，非常に回避的な人は，向社会的活動のみならず，スパイシーな食べ物や，情に訴える本や映画など，あらゆる刺激を回避するということである（Taylor et al., 2004）。行動課題をホームワークとして出す場合は，この点についても考慮する必要がある。

5.4.2　自らの欲求を適切に表現できるよう当事者を手助けする

　コーピングモードにいる当事者が，自らの欲求を適切に表現することは極めて難しい。特に当事者が「遮断・防衛モード」や「回避のコーピングモード」にいる場合，欲求を表現するどころか，自らの欲求に気づくこと自体が困難である。したがってこれらの当事者は，自らの欲求に気づき，表現するための方法を学習する必要がある。そのためのホームワークの課題としては，自分の趣味や好きな活動に家族や友人を誘ってみる，職場や家庭で誰かに手助けを求める，といったことが挙げられる。

　一方，強力な「過剰補償のモード」をもつ人は，自らの欲求を表現する際，誇張したり，歪めたり，攻撃的であったり，支配的であったりすることが多い。そしてこのような表現の仕方を他者は不快に感じ，当事者を世話したり支えたりしようとは思えなくなるため，結局のところ当事者の欲求は満たされない，という逆説的な結果に終わってしまう。この問題に対しては，メリット・デメリット分析のような認知的技法が有用だが，同時に，ソーシャルスキルズトレーニング（SST）を用いて，自らの欲求をより友好的かつ適切に表現する方法を学ぶことが必要である。その際にビデオフィードバックを用いると，なお効果的である。

5.4.3　セッション中に欲求を表現するエクササイズを行う

　当事者が自らの欲求を適切に表現するための練習をするには，治療関係を活用するとよい。セラピストは，欲求を表現する練習をするために治療の場を活用できることを，当事者にはっきり伝えるべきである。

　「もしあなたが，ほかの人に求めていることを，相手にわかってもらえるように表現することができるようになったら，どんなに素晴らしいことでしょう。その際もう1つ重要なのは，できるだけ友好的に相手に接する，ということです。それができれば，周りの人も，あなたをもっと助けたりサポートしたりしたい，と思うようになるでしょう。この2つの課題は，これまでのあなたにとってはかなり複雑で難しいものだっただろうと思います。あなたは，自分の欲求を表現しようとすることがあまりありませんね。そしてたまに表現しようとすると，『過剰補償モード』に入ってしまうようです。残念ながらこの『過剰補償モード』は，他者を遠ざけ，他者との関わりをかえって減らしてしまいます。その結果，あなたはさみしさを感じ，自分の殻に閉じこもり，自分自身の欲求をさらに表現しないようになってしまうのです。ここまでいかがでしょうか？　私は，この治療の場を，あなたがご自身の欲求を適切に表現する方法を学ぶために活用していただきたいと考えています。もちろん私はセラピストとして，あなたの欲求をつねに気にかけていたいと思いますが，あなた自身も私に対して，ご自分の欲求を率直に伝えようとしていただきたいと思います。そのような機会を一緒に見つけていきましょう」。

　実際に治療関係のなかで，当事者が自らの欲求を伝えようとする努力を示したら，セラピストはすかさずその努力を言語的に強化しなければならない。「あなたは今，あなた自身の欲求をとても適切に私に伝えてくれました。なんて素晴らしいことでしょう！」。

　当事者が，治療関係において自らの欲求を表現しようとしたら，それは主観的な体験として受け止められる必要がある。その際に留意したいのは，治療関係内の欲求の表出は満足感を伴う体験となることが多いが，一方で，

欲求が全て完璧に満たされるということはほとんどなく，それには若干の欲求不満が伴うということである。治療においてセラピストが当事者のすべての欲求を満たすことは不可能である（それは当事者の実生活においても同じことかもしれない）。治療の場においてセラピストが当事者の欲求を満たそうとするにあたり，現実的な限界があることを当事者と話し合っておくことが重要である。そもそもすべての欲求が満たされることなど不可能であり，また心理的な健康のために，必ずしもすべての欲求が満たされる必要はない。欲求はある程度満たされればよいのであり，それと同時にある程度の欲求不満耐性を身につけることも必要なのである。

5.4.4　特定の症状に対する行動的技法

　コーピングモードに関連する行動的な症状に対しては，症状に焦点を当てた従来のCBTの技法を適用することができる。たとえば発作的なむちゃ食いの多くは，「遮断・防衛モード」あるいは「遮断・自己鎮静化モード」によるものである。その場合，「脆弱なチャイルドモード」に対する感情焦点化技法が奏功する部分もあるが，一般的には行動的な介入が必要である。感情焦点化技法や認知的技法と同様に，症状に対する行動的技法もモードモデルに関連づけられることに注意したい。

> **事例**　OCDにおける「遮断・防衛モード」を軽減するための行動的介入
>
> 　ルーシーは29歳でOCDに罹っており，感染の不安による強迫行為に苦しんでいる。OCDの症状は，ルーシーが13歳のとき，母親を亡くしたときから始まった。母親のイメージや記憶が生じると，ルーシーは自分を落ち着かせるために儀式行為をする（「遮断・防衛モード」としてのOCD症状）。曝露反応妨害法を実践するなかで，ルーシーのなかに悲哀感情が強く生じるようになった。そこでセラピストは，曝露反応妨害法に組み合わせて，「イメージの書き換え」エクササイズを行うことを提案した。ここでの「イメージの書き換え」とは，曝露の最中に強

迫行為が妨害されると生じる悲哀感情について，それに関連する幼少期の記憶に働きかけるものである。

OCD の症状は，「完璧主義的過剰コントロールモード」や「遮断・防衛モード」のようなコーピングモードの一部である可能性がある。その場合，OCD の症状は，強烈な感情に対する過剰補償や回避の機能をもっているということになる。OCD の場合も，「脆弱なチャイルドモード」に対する「イメージの書き換え」エクササイズによって，症状が軽減することもある。しかしながら，多くの場合，「脆弱なチャイルドモード」にアクセスする前に，まずは曝露反応妨害法のような行動的技法を導入することが必要である。先に行動的技法を導入し，その後，必要に応じて「脆弱なチャイルドモード」に対する技法を追加していく。

同様に，特定の行動的技法を用いる必要があるのが，コーピングモードとしての物質乱用である。これは特に，物質乱用に対して共感的直面化を繰り返し行ってもそれが奏功せず，むしろ乱用が自動化してしまっているような場合は特に必要である。また，当事者が「遮断・防衛モード」によって自傷行為や解離症状を呈している場合，弁証法的行動療法（dialectical behavior therapy：DBT）を用いて，それらの行動を別のものに置き換えることができる。しかし，高度に構造化されマニュアル化された DBT のスキルトレーニング（Linehan, 1993）とは対照的に，スキーマ療法でこれらのスキルを用いるのはあくまで一時的である。スキーマ療法では自傷行為や解離に対し，個々の当事者に合ったスキルを見つけ，身につけてもらうが，その後，「ヘルシーアダルトモード」が形成され，当事者はより健全に感情やストレスに十分に対応できるようになっていく。スキーマ療法の観点からは，DBT で用いられる置換スキルのいくつかは，自傷行為ほど非機能的ではないものの，依然として「遮断・防衛モード」に属するものとみなすことに留意したい。たしかに「遮断・防衛モード」も場面によっては有用な場合もあるが，それでもなおスキーマ療法では，当事者がそれとは別の仕方で感情やストレスに対応できるようになることを目指していく。

> **事例** OCDに対する主要技法としての「イメージの書き換え」

マリアは35歳で，整理整頓に関する強迫観念がある。この強迫観念は，彼女が何らかの社会的状況において心細さを感じると強まる傾向が見られた。感情的には，孤独感や疎外感，どこにも所属できない感覚がマリアに生じることが多かった。これらの感情は，彼女が学校でいじめられたり，のけ者にされたりしたときの体験から来ている。治療のなかで，これらの体験に対して，「イメージの書き換え」エクササイズが行われた。それによって彼女の強迫観念そのものが弱まっていった。結局マリアの場合，強迫症状に直接的に焦点を当てた行動的技法を行うことなく，症状は寛解に至った。

5.5 よくある質問

(1) スキーマ療法の「直面化」はかなり直接的な介入のように思われる。このアプローチはいささか乱暴すぎるのではないか？

スキーマ療法において，特に「過剰補償モード」に直面化する状況では，明確で直接的であることがかなり重要となる。このことは，「善良で，親しみやすく，優しくケアをするセラピスト」という自己イメージをもつセラピストには，奇妙に感じられるかもしれない。しかし，問題のあるコーピングモードは，当事者に対して重大な影響を及ぼすものであることを，セラピストは覚えておくべきである。そのようなコーピングモードによって，当事者の対人関係は損なわれ，時には破壊されてしまう。セラピストの行うべき仕事は，対人関係におけるうまくいかない相互作用パターンを当事者自身が理解できるよう手助けすることである。特に，その「うまくいかない相互作用パターン」が「過剰補償モード」に基づいているのであれば，セラピストはそれを当事者に対して直面化することを避けてはならない。

直面化の技法を用いる際，セラピスト自身がそれをネガティヴに感じる

こともあるだろう。特にセラピストが「懲罰的ペアレントモード」をもっている場合，それによって罪悪感が生じ，そのことが当事者への直面化の妨げとなる可能性がある。セラピストの「懲罰的ペアレントモード」は，セラピストに対し，「あなたはいつも，ほかの人が気分よくいられるよう，他の人の世話をしなければならない」「セッションの間はつねに，クライアントに良い気分でいてもらわなければならない」といったメッセージを投げかけてくる。セラピストがそうしたモードをもつことになった成育歴的な背景としては，幼少期において母親が抑うつ的でその世話をさせられたといったような，心理的に問題を抱えた親の存在がある。この場合，セラピストは自分自身のこのようなパターンをよく理解する必要がある。そうすればもっとリラックスして，当事者に直面化することができるだろう。スキーマ療法における直面化は，決して当事者をけなしたり，攻撃したり，過剰に批判したりするものではない。それはむしろ遊び心に満ちていたり（自己愛的な当事者に対しては特にそうである必要がある），共感的であったりするべきものなのである。

(2) コーピングモードがあまりにも強固に強化されている場合，どうすればよいか？

　当事者にとってコーピングモードは，特にそれが過剰補償系，刺激系，注目希求系のものである場合，そこから得るものは非常に多い。この種のコーピングモードによって，当事者は，何らかの刺激を得られたり，他者から注目されたり，自分に力があるように感じられたりするからである。これらのモードが，「自制と自律の欠如スキーマ」や「衝動的チャイルドモード」と組み合わさることによって，当事者は規律を守らなかったり，嫌な仕事を先延ばししたりもする。「遮断・防衛モード」や「回避のコーピングモード」も，それによって不安が急速に軽減するため，当事者にとっては極めて報酬的であり，当事者はこれらのモードに依存することが多い。当事者が自らのコーピングモードについて，たとえそのデメリットについて十分に理解していたとしても，あるいはそれが倫理的によくないということを知っていたとしても，それでもなおそれらのコーピングモードは当

事者に報酬をもたらす。

　古典的な CBT では，症状やコーピングのメリット・デメリットを共に分析し，話し合うことを重視している。これは本章第 2 項で示した認知的な技法に該当する。この介入が目指すのは，コーピングモードを減らそうという当事者の動機づけを高めることだが，もしモードが強力に強化されており，モードのメリットが強固な場合は，当事者がモードを減らそうと考えない場合もあるだろう。こうした場合，セラピストは当事者と，動機づけを高めるような状況について再度話し合うことが不可欠である。しかし，それでもなお当事者の決心が固ければ，セラピストはそれを受け入れることも必要である。時に，当事者のコーピングモードを変えないと決めることが，そのまま治療の終結につながることもある。この場合，セラピストは当事者に考えが変わったらいつでも再開できる旨を伝えるが，治療にとどまることを強制してはならない。

　セラピストは，限界設定についても考慮する必要がある。当事者が，不法な，あるいは自分をひどく傷つける行動をしていると報告し，さらにその行動を変える気がないという場合，いかなる治療も提供しないという決断をしなければならない場合もある。

　「あなたは今，売春や薬物の使用を止める理由はないとおっしゃいました。私には，あなたの生活においてこの 2 つのことについて改善が見られないなかで，あなたの感情的な問題を解決する方法を見出すことができません。このような状況のまま，あなたに対して治療を行う意義を見出すこともできません。あなたが将来，これらを止めることを決心して，再びここに戻って来ていただけるならうれしく思います」。

　しかし当事者がいつかはそのコーピングモードを何とかしたいと考えており，かつ根底にある「脆弱なチャイルドモード」に取り組むことができるのであれば，セラピストは一時的にそのコーピングモードに耐えることができる（これは「受け入れる」ことと同義ではない）。チャイルドモードへの取り組みのなかで，コーピングモードを使いたいという当事者の欲求は減少し，モードを改善するための動機づけが強まるであろう。

(3) 当事者が治療に積極的に関与せずただ黙っている場合，何ができるだろうか?

　スキーマ療法において，治療過程に生じる問題は，できる限りモードモデルを用いて概念化する。当事者がセッションの間中，黙ったままであるという状態は，「回避のコーピングモード」や「遮断・防衛モード」として概念化できる。それらのモードの悪影響を減らすには，限界設定が必要である。そのひとつとして，頻繁に感想を尋ねることによって，当事者に積極的にセッションに関与してもらう，という方法がある。あるいは，そのモードをいったん承認し，それからその背景を探っていくこともできる。「最近あなたはセッションで黙っていることが多いようです。それはどうしてでしょうか？　何かに対してご自分を守ろうとしているのでしょうか？」。これらの方法が当事者の沈黙を減らすことに効果がなければ，セラピストはより積極的に働きかける必要がある。「私たちはどうやって治療を続ければよいのでしょうか？　あなたが治療に関わろうとしてくれないと，私はあなたを手助けすることができません」。

第**6**章
脆弱なチャイルドモードに対応する

　強烈でネガティヴな感情は、スキーマモードモデルのなかの「脆弱なチャイルドモード」もしくは「見捨てられた・虐待されたチャイルドモード」に関連している。たいていの場合、当事者は、コーピングモードを用いてこれらの感情を「回避」するか、「過剰補償」するかしている。「脆弱なチャイルドモード」に対応する際の主な目標は、当事者がこうした感情に向き合い、それらを処理することができるようになることである。感情焦点化技法(「イメージの書き換え」エクササイズや「椅子による対話のワーク」)を通じて、当事者は自らの感情に向き合い、処理できるようになり、その結果、当事者の感情はよりポジティヴな方向に変化していく。これらの過程を通じて、当事者の心理学的な問題は、その根本から回復することが可能となる。

　端的に言えば、「脆弱なチャイルドモード」に属する各モードに対する主な治療目標は、それらのモードを承認し、モードにまつわる(トラウマティックな)記憶、感情、認知を処理することである。当事者は、保護的で安定した治療関係のもとで、こうした処理のプロセスを体験していく。セラピストは、当事者が自らの「脆弱なチャイルドモード」を、自分自身でよりよくケアできるように手助けする。そのためには、日常生活において自らの欲求をより大切にするよう当事者を励ましていく必要があるが、その際、当事者を取り巻く対人関係が不健全なものである場合、彼／彼女たちの欲求は十分に満たされることがない。したがって、「脆弱なチャイルドモード」をケアするためには、より健全な対人関係を当事者の周囲に確立することが求められる。治療の内外の対人関係において当事者の欲

求を満たすことによって，彼／彼女たちの「服従」「回避」「遮断」「自己鎮静」「他者攻撃」といった非機能的なコーピングを減らすことができる。

6.1 治療関係における「治療的再養育法」とその特別なバージョン

　治療場面で当事者において「脆弱なチャイルドモード」による感情が喚起された場合，セラピストは，それらを承認し，温かく受け入れることが大切である。「治療的再養育法」には，当事者を褒めたり，情緒的にサポートしたりすることが含まれる。時にはその特別バージョン（extra reparenting）を提供する必要が生じる場合もある。それはたとえば，当事者を落ち着かせるために，治療の場面で何らかの移行対象を差し出したり，テディベアを抱かせたり，といったことである。Young et al.（2003）による従来のスキーマ療法では，治療的再養育法の特別バージョンとして，当事者が時間外にセラピストに連絡できるよう，セラピストの電話番号を伝えることが含まれていた。しかしながら，この方式をよしとしないセラピストが多かった。というのも，時間外の連絡先を当事者に伝えることによって，セラピスト自身の仕事とプライベートの時間の境目がなくなってしまうからである。Nadort et al.（2009）は，この時間外の危機介入的対応が特に重要と考えられていたBPDの当事者に関して，その効果について調査したところ，この対応の治療効果を見出すことができなかった。そこで時間外の電話対応は，BPDに対するスキーマ療法のプロトコルから取り除かれることとなった。しかしながら，当事者が「脆弱なチャイルドモード」にあるとき，自分の気持ちをメールでセラピストに送ることができることは，面接の良い代替手段になりうる。メールは，セラピストが仕事の時間外の対応に悩まされることが少なく，当事者にとってはセラピストにつながりやすいツールであるためである。傷つき体験について直接セッションで共有する前に，まずはメールで訴えてくる当事者が少なくないことを報告するセラピストも多い。

　しかしなかには，セラピストの声を留守番電話のメッセージで聞くこと

ができるため，電話番号を伝えるほうが適している当事者もいる。セラピストの声を利用するほかの方法が役立つ場合がある。たとえば，チャイルドモードに向けたセラピストのメッセージを，当事者の携帯電話に録音しておけば，彼／彼女たちは必要に応じていつでもそのメッセージを聴くことができる。「イメージの書き換え」エクササイズそのものを録音することもできる。いずれにせよ，BPD 当事者を対象としたスキーマ療法においては，すべてのセッションを録音し，それを聴いてくることがホームワークの一部になっている（Arntz & van Genderen, 2009）。

6.1.1 認知的技法

　認知的なレベルにおいては，当事者の多くは，子どもの正常な欲求と権利について学び，これらを自分自身の幼少期と関連付けて理解しなければならない。トラウマを受けた当事者は，自分が受けた虐待に関して，自らに非があると思っていたり（無意識的に，あるいは意識的に），複雑な家庭内の葛藤が解決されなかったことに対して，自分自身の責任を感じていたりする。このような非現実的な認知は，認知的技法を用いて弱めることができる。また，認知的な治療技法は，「脆弱なチャイルドモード」と関連する絶望感や無力感を減じるためにも活用することができる。

6.1.2 感情的技法

　感情焦点化技法のひとつである「イメージの書き換え」は，「脆弱なチャイルドモード」の治療において中心となる技法である。「イメージの書き換え」のエクササイズでは，当事者は，今感じているネガティヴな感情に関連したトラウマティックな記憶のイメージのなかに入っていく。その後，このイメージは，幼い頃（あるいはその他の年代）の当事者の欲求を満たすような形に変容される。恐怖，不安，恥，罪悪感，嫌悪などのネガティヴな感情は軽減し，安心感や安定したアタッチメントが強化される。

6.1.3　行動的技法

　行動レベルにおいては，当事者が現在何らかの虐待的な対人関係を抱えている場合は，そのあらゆる関係に終止符を打つことが重要である。なぜなら，こうした関係は，当事者に対し幼少期の虐待的な関係と同様のダメージを与えるからである。これらのパターンは，当事者の生活の中から取り除かれなければならない。虐待的な関係ではなくても，当事者の欲求がほぼ満たされないのであれば，当事者は自分自身の欲求をもっと大切にし，他者に対してそれらを伝えられるようにならければならない。我々は，治療関係こそが，当事者が自らの欲求を適切に表現することを練習し，その経験を積むために最も良い場であると考えている。時に治療関係は，当事者にとって，自分自身の欲求を理解したり伝えたりすることを試みるはじめての関係になる場合もある。当事者が治療場面で自分の欲求を適切に表現する経験を積んだ後は，治療外の対人関係でも同じように自らの欲求を明確に表現することに挑戦しなければならない。そのためにはグループ療法に参加するのもよいだろう。当事者はグループ療法において，あくまでも治療の枠組みのなかで，さまざまな対人関係を体験できる。そのなかで，安全であるという感覚を身につけたり，自分の欲求を表現したりできるようになる。グループ療法では，セラピストは当事者を再養育する親のような存在となり，当事者であるメンバー同士は互いに兄弟姉妹のような役割を果たす。

6.1.4　治療関係

　当事者が「脆弱なチャイルドモード」にあるとき，治療関係におけるセラピストの主な役割は，当事者の感情や欲求を承認し，ケアすることである。このことは，あらゆる治療設定や治療技法と共通するものである。セラピストは，当事者が「脆弱なチャイルドモード」に入ったときはいつでも，最高に温かく思いやりのある態度で応対する必要がある。「脆弱なチャ

イルドモード」に関連するネガティヴな感情は，明確に言語化することが役に立つことが多い。それらの感情は，承認され，しっかりと受け止められ，処理される必要があるのである（次の事例を参照）。セラピストは，当事者の「脆弱なチャイルドモード」におけるあらゆる感情に対して，この姿勢をもって対応していくべきである。それは，セラピストと当事者が話し合いをしている場合でも，あるいは感情焦点化技法（「イメージエクササイズ」や「椅子による対話のワーク」）を行っている場合でも，「脆弱なチャイルドモード」が出現したら「いつでも」である。

事例 治療場面で「脆弱なチャイルドモード」を承認する

　大学生のルーシーは BPD であり，回避的な行動パターンを有している。ルーシーは，オフィスの営業時間中にセラピストに電話をかけた。ルーシーが名乗るとすぐ，彼女が深刻な状態にあることにセラピストは気づいた。セラピストは直ちに彼女の感情を承認した。「こんにちは，ルーシー。今，とてもつらいのね。電話をかけてくれて本当によかった。いったいどうしたの？」。ルーシーは，大学からメールが来て，予定していた試験を彼女が受けられないかもしれないということが書かれてあったと述べた。今日はもう大学の事務室が閉まっているので，実際にどうなるかは明日にならないとわからないのだという。ルーシーは続けた。「この件について先生がどうにもできないのはわかっているんです。今，先生がとても忙しいことも。でもどうしていいか，わからなくて」。

　セラピストは，治療的再養育法を意識しながら，ルーシーの感情を承認し，彼女を落ち着かせようとしたが，一方で会話が端的なものに終わるよう努めた。というのも，これはあくまでも治療的な制約のなかで行われる再養育だからである。当事者は，自分の感情がしっかりと承認されたと感じられていれば，このような制約を持ちこたえることができる。治療関係にある種の制約があることは，当事者に痛みを与えるかもしれないが，たいていの当事者はその制約を受け入れられるものである。

セラピスト（以下，Th） ルーシー，ごめんなさい。少しの間あなたと話をする以外には，今すぐ私があなたにしてあげられて，あなたの助けになる方法が見当たりません。この後すぐにほかのクライアントと会わなくてはならないし，その後保育園に子どもたちを迎えに行かなくてはならないから。でも明後日の次のセッションなら，もっと時間を取って話すことができます。今日のこの電話では足りなければ，明日，私から電話をかけることもできます。いずれにしても，今日，あなたがこうして電話をくれたことはとてもうれしく思っています。あなたが落ち着くために少しは何か手伝えることがあるかもしれません。この状況のなかで，あなたが一人ぼっちではないと感じられることはとても大切なことだと思うのです。

ルーシー（以下，L） そう思います。だから私，先生に電話をかけたのです。

Th そうですね。こうして電話をかけてくれて本当によかった。ところで私が理解したのは，試験を受けられないという知らせを聞いて，あなたがものすごく動揺しているということですが，このような理解で合っていますか？

L ええ。本当にどうしたらいいかわからないんです。私は今，いったい何をしたらいいのでしょうか？

Th それについて，今すぐに動く必要があるようには思えません。それよりも，その知らせを聞いたときのあなたの感情を共有するほうが役に立つのではないでしょうか。そのときの感情を話すことはできますか？

L とってもストレスを感じて，気が動転してしまって……この状況をコントロールできないように感じています。大学は私を追い出そうとしていて，私がそれに対してできることは何もない……。

Th そうだったのですね。どうして大学からの連絡でそんなに不安になったのか，さらによくわかってきました。私がさっき理解したように，大学からのメールはあなたが確実に試験を受けられるか保証できない，という内容だったのですよね。そしてまだそれは決定されたことではな

いけれど，そのことがあなたに，圧倒されるような感覚や恐怖感を与え，どうしようもないような無力感をもたらしたのでしょう。ルーシー，あなたには今「脆弱なチャイルドモード」が活性化されていて，幼い頃にそうだったように，ネガティヴな出来事に対する無力感に襲われているのではないでしょうか。こうしたことが起こっている可能性はないでしょうか？

L　うーん，（しばらく考えて）そうですね，そう思います。

Th　わかりました。今回のことは，動揺すると，どのような感情があなた自身に生じるのか，ということについて，私たちが理解するために役立つでしょう。それから，あなたが何を必要としているのかを理解することにも。この件について，あなたは何を必要としているのでしょうか？

L　私ははっきりとした答えが欲しいのだと思います。試験を受けられないかもしれない，というのはとても曖昧だし，恐ろしいメッセージです。この連絡をもらって，「私の運命は他人次第だ」と感じてしまったんです。私にも何かできることがあったらいいのに，と思います。そして，誰かに助けてほしいとも。

Th　「何かできることがあったらいい」「誰かに助けてほしい」という，その2つの欲求はとても健康的ですね。それらを私に教えてくれて，うれしいです。私にも何か手伝えることがあると思えるから。ところで今，何時でしょうか？……ああ，ごめんなさい。今はもうこれ以上は時間が取れません。でも，「小さなルーシー」がひどく混乱していて，「助けてほしい！」と思っていることがよくわかりました。いくつか提案してもいいでしょうか？　その1，私にメールを送ってください。そうしたら明日の朝一番にお返事ができます。その2，明日のお昼頃，15分ぐらいであれば時間を取れるので電話をください。そうすればこの件についてもう少し話し合えますから。この2つを両方行うこともできます。どうでしょう？　あなたの役に立ちそうですか？

L　メールを送ることにします。私の気持ちをもう少し先生と共有でき

れば助けになると思うから。電話が必要かどうかは，メールで伝えてもいいでしょうか？
Th　もちろん。
L　じゃあ，そうします。
Th　今の気持ちはどうですか？
L　混乱は少しおさまりました。でも，この後にまたぶり返すのではないかと思うと心配です。
Th　大丈夫。まずはメールをくださいね。そして明日の電話が必要かどうかも教えてくださいね。電話してくれてどうもありがとう。メールを待っています。またね，ルーシー。

　セラピストは，治療の内外の状況についての話し合いや感情焦点化技法を行う際，当事者の「脆弱なチャイルドモード」に関連する感情を温かく受け止め，承認する。特に感情焦点化技法による介入（「椅子による対話のワーク」や「イメージエクササイズ」）においては，セラピストは当事者の「チャイルドモード」をやさしくケアし，「懲罰的ペアレントモード」と闘う。「イメージの書き換え」における「治療的再養育法」については，次の事例で紹介する。また，「イメージエクササイズ」に関しては，6.3項で詳述する。「椅子による対話」では，セラピストはつねに温かい態度で当事者に接し，当事者の内なる「脆弱なチャイルドモード」を気遣い，関連する感情や欲求を承認することが重要である（この点については「椅子による対話のワーク」における「治療的再養育法」の事例を参照のこと）。
　治療関係における治療的再養育法は，スキーマ療法の中心となる要素である。安全で支持的な治療関係の経験は，パーソナリティ障害の基盤となるさまざまな不適応的スキーマを癒すのに極めて重要である。セラピストから提供される安全なアタッチメントは，当事者が幼少期に経験したあらゆる不安定な愛着関係に対して抗うための支えとなる。治療的再養育法について，セラピストと当事者は，その副作用を含めてよく話し合っておく必要がある。当事者は，治療関係に過度に依存し，セラピストからの再養

育を際限なく求めるようになるときもある。しかしながら，治療的再養育法には，当事者が自らの欲求を感じ，さまざまな体験をするなかで，成長し，自立していくことを手助けすることが含まれている。あまりにも強い依存は，こうした自立の過程の妨げになるため，それについてしっかりと話し合う必要がある。治療関係における限界設定は，治療において極めて重要であり，率直に話し合われるべきことである。

事例 イメージエクササイズを通じて「脆弱なチャイルドモード」をケアする

　ルーシーはイメージエクササイズにおいて，7歳の自分をイメージしている。それは彼女が宿題で「馬鹿な間違い」をしたときに，母親が彼女を笑いものにしたという場面である。母親はルーシーの宿題を手伝うどころか，彼女を嘲笑いながらどこかに行ってしまった。イメージのなかの「小さなルーシー」は，寂しさや悲しみを感じ，自分は愛されない存在だと感じながら，机の前でじっと座っている。「小さなルーシー」はまた，母親から理解されたい，愛されたい，助けてもらいたいと強く願ってもいる。セラピストはルーシーのイメージに入り込み，このように言う。「今，私はあなたのいる部屋に入ろうとしています。私の姿が見えますか？」。ルーシーはうなずく。「まず私は，あなた，すなわち"小さなルーシー"に近づいて，あなたの隣に座ります。私に何をしてほしいですか？　私がそこにいても大丈夫でしょうか？　イメージのなかで，私はあなたをハグすることもできます。そうしたければ私の膝の上に座ることもできますよ」。「小さなルーシー」は，膝の上に座りたいと言う。「いいですよ，私の膝に座りなさい。ハグしてあげましょう」「こんにちは，"小さなルーシー"。かわいそうに，悲しい気持ちでいっぱいなのね。こんなに可愛い女の子なのに。学校でわからないことがあったり，宿題で間違えちゃったりするのは，ごく普通のことなのよ。そうやって新しいことを学んでいくのだから。そのことをあなたに伝えてくれる人が必要ね。こういうことは誰にでも起こる，ごく普通のことだって」。

事例 「椅子による対話のワーク」による治療的再養育法

　アランは，妻の要求に対して服従しがちである。たとえ自分自身が望んでいないことであったり，妻にひどい扱いを受けていると感じるようなことであったりしても。セラピストは，アランが自分自身の欲求にもっと耳を傾けられるようになるために，「椅子による対話のワーク」を勧めた。アランの「従順・服従モード」の成育歴的な背景には母親の関係があり，それは妻との関係性に非常によく似ていた。アランの母親は，夫を早くに亡くし，幼いアランは母親をサポートしなければならないと感じるようになった。そのため，彼は自分自身の欲求に気づいたり，誰かにサポートを頼んだりする方法を学ぶことができなかった。このような傾向が，現在の彼の結婚生活において繰り返されているのである。

　「椅子による対話のワーク」では，まずはアランの「要求的母親モード」を扱った。これは，つねに妻の欲求と要望に従うよう彼に強いるモードである。このモードが強く活性化すると，アランは深い悲しみを感じる。この悲しみは，彼の「脆弱なチャイルドモード」を表わすものであろう。セラピストの目標は，「椅子による対話のワーク」を行うことによって，「要求的ペアレントモード」を弱め，「脆弱なチャイルドモード」の悲しみを和らげることである。この2つは，アランが自分の欲求を一番に大切にし，よりはっきりとそれを周囲に伝え，他者からの要求を制限することに役立つ。この目標を達成するために，セラピストは，すべての人が自分自身の欲求を大切にする権利があり，他者の欲求ばかりに注意を払うことは健康的ではないことを「ヘルシーアダルトモード」の椅子の側から説明する。セラピストは最初に「要求的母親モード」の椅子に向かって強い口調でこの点について伝え，次に温かく思いやりのこもった声で，"小さなアラン"，あなたはかわいい男の子よ。私はあなたがここにいてくれて幸せです。よく聞いて。あなたの権利も欲求も全く問題のないものなのよ。あなたが何を望んでいるかを表現することは大切なことなのです。私たちは，"ヘルシーアダルトモード"のアランに，もっとあなたのことを思いやってもらうために，ここであらゆる手を尽くし

ましょう。あなたがもうこれ以上悲しむことがないように」。

　アランは泣きはじめ，そのことを聞いてどれだけ安心したかについて述べた。セラピストはこれらの感情を承認し，"小さなアランへのメッセージ"を繰り返す。その後，セラピストとアランは，アランが「怒れるチャイルドモード」の椅子に座っているときに（少なくとも少しは）怒りを感じることができるかどうかを試す。「脆弱なチャイルドモード」に関心が払われ，それが受容されたと感じられると，たやすく怒りを感じられるようになる。怒りを感じることは，アランの現状において極めて助けになるであろう。

6.1.5　治療的再養育法における限界設定──有効な再養育として機能するのか，非機能的な依存パターンの維持となってしまうのか

　治療的再養育法（当事者を承認し，落ち着かせ，支える）は，スキーマ療法において，当事者の変化に対する中心的な役割を担っている。治療的再養育法を通じて，当事者はセラピストを信頼できるようになり，そのような治療的関係性のなかで安心感を抱けるようになる。しかしこれは第一段階に過ぎない。この後，当事者は，セラピスト以外の他者との関係のなかでも，同様の健康的な対人関係を築いていこうとする必要がある。当事者が，治療外で健康的な対人関係を営めるようになればなるほど，治療におけるセラピストの重要性は軽減されていく。

　セラピストは，当事者が自分自身の欲求を表現し，満たすための「モデル」と考えられる。当事者は，この「ヘルシーアダルトのモデル」を内在化していく。モデルの内在化は，当事者が自分自身をよりよくケアし，明確な制約を設けて日常生活を送れるようにサポートする。繰り返しになるが，当事者がこのような健康的なパターンを身につけることによって，治療関係の重要性は軽減されていく。

　「椅子による対話のワーク」や「イメージの書き換え」といったエクササイズにおいて，セラピストは当事者の欲求や権利を強力に支持するが，

そのことに対して当事者が驚いてしまうことが時々ある。この点において，スキーマ療法のセラピストと認知療法家とでは立場が大きく異なる。スキーマ療法のセラピストは，最初から治療関係について率直に説明し，セラピストがなぜそこまで当事者に対して支持的かつ養育的であるか，ということを理解してもらうとよいだろう。セラピストは治療関係について話し合うなかで，自らの対人関係のあり様を当事者自身が熟考したり，自分と相手との権利と要求のバランスの現状を理解したりできるよう手助けする。このような話し合いを通じて，より健康的な対人関係のパターンをつくりだすことの責任を当事者自身が担えるようにしていく。

事例 治療的再養育法について心理教育を行う

アランは，「椅子による対話のワーク」によって自らの「脆弱なチャイルドモード」を扱ったセッション（6.1.4項参照）を思い出して，次のように言った。「僕は，先生に慰められたことで，気分がとても良くなりました。前回のセッションでも，先生は僕のイメージに入ってきて，"小さなアラン"に対し，とてもよくしてくれました。これらのワークはすごく似ているように感じます。これらのワークでは，僕が幼い頃に一度も感じることができなかった，安全や安心を感じることができるのです。けれども，それって少し怖いことのようにも感じました。こんなことを続けると，僕は先生に完全に依存するようになってしまうのではないでしょうか？」。

セラピストは次のように答えた。「あなたのご指摘は，スキーマ療法の非常に重要なポイントに関連しています。あなたが今おっしゃった通り，あなたは幼少期に安心感を全く抱けなかったために，どうやって自分を安心させればよいか，ということを学ぶことができませんでした。それが私たちの仮説です。あなたはまた，自分の欲求について語ったり，誰かに助けを求めたりすることについても，学ぶことができませんでした。その代わりにあなたが身につけたのは，他人に服従するという方法です。現在の結婚生活がまさにそうですね。あなたがまず学ぶべきこと

は，安心感やサポートを与えてくれる人間関係がありうるということです。たとえば結婚相手など，対人関係のなかで安心感を抱けるようになってはじめて，あなたは自信をもって振る舞うことができるようになります。だからこそ私はあなたに対し，安心感やケアされる感覚が得られるような治療関係を提供し，それらの感覚があなたのなかに根づくようにしたいのです。時には依存的な感情があなたのなかに生じることもあるでしょう。けれども，ここで私に対して安心感を抱けるようになれば，ほかの人との関係のなかでもその安心感を少しずつ感じられるようになるでしょう。この感覚は，あなたが自覚しないうちに，徐々に強まっていきます。そうするとあなたは，自分の欲求を大切にできるようになりますし，他者からの要求に従わなくてもすむようになります。そうなれば，あなたは今よりもっと上手に自分をケアできるようになり，もう私に頼らなくても大丈夫だと感じられるようになるでしょう」。

　BPD当事者の場合，少なくとも一定期間，かなり親密な治療関係を必要とする。そのような関係性のなかでこそ，治療的再養育法が可能となる。当事者はセラピストとの関わりにおいて，幼少期には得られなかった安心感と安定したアタッチメントを獲得する。このような理由から，スキーマ療法においては，セラピストへの依存や治療関係の過度の親密さを問題視しない。しかしながら，もちろんそれは，専門的な治療関係の制約のなかにとどまる必要があることは当然のことである。たとえば，当事者と毎晩電話で話す，追加の予約を取るのをつねに認める，必要以上に身体接触する，といったことは不適切である。

● 当事者の依存的行動のパターン
　治療関係のあり方については，治療全体を通じて十分に検討する必要がある。当事者のもつ依存的な対人パターンが，治療開始直後に顕在化することも少なくない。依存傾向をもつ当事者の場合，治療の開始時より，セラピストの情緒的サポートを喜んで受け入れようとするだろう。そのため

こうした当事者にとって，治療的再養育法は，特に治療の初期段階において大変よく機能する。しかしながら長期的に見ると，依存傾向をもつこのような当事者は，治療外の場面で自らの欲求を表現するための自律性を身につけることを躊躇する場合がある。この現象は，強力な「依存スキーマ」や依存性パーソナリティ障害をもつ当事者に典型的である。セラピストはこの現象を，逆転移によって察知することが多い。たとえば，原因不明の疲労感に襲われたり，治療を止めてしまいたくなったりする。そして治療が行き詰まってしまう。

　このようなことが起きたら，それを治療のなかでオープンに扱っていくことが極めて重要である。多くのセラピストは，依存的なパターンを当事者に直面化することに対し，居心地の悪さを強く感じる。しかし，このような直面化なしでは治療は援助的に機能しない。それどころか長期的には，当事者にとってかえって有害なものになりうる。依存的な対人関係パターンは，セラピストがそれに言及しなければ，当事者のなかに固定化されていってしまう。セラピストが当事者と依存的なパターンについて話し合う場合，まずはそれが了解可能なものとして，しっかりと承認することが重要である。このような当事者にとって，依存とは，幼少期に他者から安全なサポートを受けるための唯一の方法だったのかもしれない。承認なしに直面化された場合，当事者はそれを叱責と捉え，一瞬にして「懲罰的ペアレントモード」が活性化されてしまう。

　「前回のセッションで何が起きたか，ここで一緒に振り返ってみましょう。私たちの治療において，"イメージの書き換え"を行ったり，"椅子による対話のワーク"を通じて"懲罰的ペアレントモード"と戦ったりするといった感情的技法は，とてもうまくいっています。これは非常に素晴らしいことです。これらのエクササイズは，あなたが自分の本当の感情に気づくことを助けてくれます。感情に気づくことで，あなたは日々の生活のなかで，自分を上手にケアしたり，欲求を満たしたりできるようになっていきます。今はまだ，あなたにとってそれが難しいのでしたよね。(当事者の反応が出てくるのを待つ) ところで私は治療者として，自分をケアす

る方法を学ぶことのできなかった人たちと出会うことがよくあります。その人たちは，幼少期に自分自身の欲求を表現することを許してもらえなかったのです。その人たちのなかには，対処方略として，非常に依存的な対人関係のパターンをもつようになる人がいます。そのような人は自分で自分の面倒をみることができないと強く感じています。だからこそ，つねに自分の面倒をみてくれる人を必要とし，自分の欲求をその人に満たしてもらおうとするのです。それが"依存"です。どうでしょうか？ 私たちの関わりのなかにも，多かれ少なかれこのパターンがあるように感じるのですが，あなたはどう思いますか？」。

> 重要なのは，治療的再養育法が，当事者のセルフケアと「ヘルシーアダルトモード」を強めるように機能しているかを，治療のなかで検討しつづけることである。そのような機能が見られない場合，当事者の依存的な対人パターンが作用しているかもしれない。その場合，セラピストは当事者に対し，この問題について共感的に直面化することが必要である。

● 境界性パーソナリティ障害と依存性パーソナリティ特性が併存する場合

　BPD 当事者に，依存性パーソナリティ特性が併存することは一般的によくあることである。これがセラピストに特別な葛藤をもたらすことになる。セラピストはこのような場合，当事者の内なる「脆弱なチャイルドモード」に対し治療的再養育法を行うが，同時に，当事者の依存性に対して限界設定を行わなければならない。そこに葛藤が生じるのである。BPD に対する長期にわたる治療過程において，「脆弱なチャイルドモード」に対する治療的再養育法は，間違いなく大変重要な役割を果たす（Arntz & van Genderen, 2009）。一方，治療の初期段階において，当事者のもつ依存的な特性はなかなか顕在化しにくい。このような当事者は，治療的な助言に対するコンプライアンスが高く（もちろんそのコンプライアンスの高さが，

実は依存性の一部なのだが），それは表向きには「複雑な様態」に見えない（過去にすでに多くの治療を受けており，それらの治療が明確な効果をもたらしていない場合，そのこと自体が当事者の依存性の指標になるかもしれない）。この種の当事者に対し，セラピストは濃厚な治療的再養育法を提供しがちである。セラピストはそれゆえ，治療を進めるなかで当事者の依存的なパターンが顕在化したときに，それを当事者に直面化することに多大な困難を感じることになる。というのも，それは，ケアとサポートを主体とする治療スタイルから，自律性を育て限界設定を行う治療スタイルへの変更を意味するからである。

治療のごく初期段階から，依存的なパターンを制限することを目指すのは，あまり有効ではないことが明らかになっている。依存的なパターンをもつBPD当事者に対しては，彼／彼女たちの依存的な部分が実際の治療の進行を妨げている場合に，こうした側面への直面化を行うことが重要である。セラピストが当事者にその依存性を直面化することにした場合，当事者の依存的な部分に制限をかけることになるが，同時に，当事者の内なる「脆弱なチャイルドモード」に対して極めて温かくケアする態度を保ちつづける必要がある。

これを最も適切に行う方法としては，感情的な依存と機能的な依存を区別することである。我々は，治療中にセラピストに対して感情的に依存することは構わないと当事者に説明する。感情的な依存とは，その瞬間，セラピストのサポートがないと生きていくのが難しいと感じることを意味している。とはいえ，当事者がより自立的・自律的に機能できるようになっていくことも重要である。機能的な依存とは，当事者が日常生活を営むにあたって，セラピストの実際的な助けを必要とすることを意味する。当事者は機能的には自立していく必要がある。機能的な自立を達成し，自律性を獲得するということは，治療関係以外の人間関係を手に入れたり，社会活動を増やしたり，日常生活で助けてくれる人を見つけたりするといったことである。

「椅子による対話のワーク」は，当事者が自らの依存傾向を理解するこ

とを促す重要な技法である。ワークでは，当事者の依存的な側面（「依存的チャイルドモード」もしくは「従順・服従モード」の主な作用による）に対し，そのための椅子を用意する。そうすることでその側面が表現され，理解され，承認される。当事者は自分自身の依存的なパターンに気づき，理解していく。「椅子による対話のワーク」を通じて，当事者は批判されたと感じることなく，依存的なパターンを「自分の一部」として体験できるようになる。それは新たな気づきである。

　このような介入において，セラピストは特に，当事者を承認し，気づかうことが必要である。介入は，じっくりと時間をかけて行うとよいだろう。なぜなら自らの依存的な側面を理解するのは当事者にとって難しいことであるし，最初のうちは多かれ少なかれ「批判された」と感じる当事者がいてもおかしくないからである。これは，「批判された」とか「罰せられた」と感じやすいBPD当事者にとって特に重要である。セラピストは，当事者を罰する意図がないことを明確に伝えるとよいだろう。「あなたは私にとって大切な人です。とりわけ"小さな○○ちゃん"は，とても大切な存在です」。しかし，同時に直面化も行わなければならない。「私は，この依存的なパターンがあなたの生活に大きな影響を与えるものであるため，これについてあなたと話し合うことがとても重要だと考えています。この依存的なパターンに，おそらくあなたは混乱していることでしょう。なぜなら，このパターンは短期的に見るとポジティヴな効果があるのですが，長期的に見るとむしろあなたに悪影響を与えるものだからです」。依存的なパターンを抱えるBPD当事者との治療にあたっては，感情的な依存と機能的な依存をつねに区別していくことが重要である。

6.1.6　治療関係における限界設定

　「治療的再養育法」の概念は，極めて親密な治療関係を示唆するものである。一方，セラピストは治療関係において適切な限界設定を設けることにも責任を負う。こうした限界設定は，最終的には当事者と率直に話し合

われるべきである。限界設定の問題は——少なくとも一見したところでは——古典的な精神分析での治療関係や，認知療法におけるソクラテス的態度のように，より中立的な治療関係を形成する治療アプローチではさほど重視されていない。しかしながら，パーソナリティ障害の当事者に対する臨床経験からは，治療関係における適切な限界設定は，多くの手法に基づく治療関係においてさえ，極めて重要なものであることは明らかである。

スキーマ療法のセラピストが陥りやすい「落とし穴」は何だろうか？それを知っておくことは極めて重要である。たとえば，当事者に対して過度に保護的に対応してしまうセラピストがいる。そのようなセラピストは，当事者に対する過保護な言動を正当化するために，あるいは当事者に対して過度に責任を負うために，自分がスキーマ療法を利用しているのではないか，熟考してみるべきである。

スキーマ療法における基本的なルールは，「イメージの書き換え」といったエクササイズを通して，当事者の内なる「脆弱なチャイルドモード」に対してあらゆる感情的なサポートを行うことである。その際，「脆弱なチャイルドモード」の欲求はすべて，"イメージのなかで"満たされるべきである。イメージのなかで，セラピストは必要であれば生身の自分を使って，当事者のチャイルドモードに対して身体的に接触したり，チャイルドモードを自らの家庭に招いて面倒をみたり，チャイルドモードを虐待する加害者を殺したりするなどして，「脆弱なチャイルドモード」の欲求を満たす。このような「完璧なケア」は，あくまでもイメージのなかでのみ行われるべきである。このようなイメージエクササイズのなかで，当事者は安心感を獲得し，幼少期のトラウマが感情的に処理される。イメージではなく現実の世界でこのようなことを行うのは必要なことではないし，治療における妥当な限界を明らかに超えてしまうものである！　これには議論の余地はない。

しかしながら，もし当事者が治療関係における限界を超えて何かを要求してきた場合には，セラピストは，まずはそれらの欲求を承認すべきである。「あなたのその気持ちは十分に理解できます。現実の生活のなかで，

あなたは私と本当の友達になりたいのですね。それはあなたにとってとても素敵なことなのですね。ある意味，その通りなのかもしれません」。そして，当事者の現実の生活において，実際にそのようなことが欠けている（対人的に葛藤があったり，愛情が剥奪されていたり）という現実を共有する。「実際に，今のあなたには，ポジティヴな社会的関係が不足しています。あなたは，あなたのことを気にかけてくれるような"本当の意味での良い友人"を心から欲しているのでしょう」。同時に，治療関係における現実的な限界について明確に説明する。「しかしながら，私が提供できるのは，あくまでも治療のなかでのサポートです。私はあなたの個人的な友人にはなれません。このことを認めるのはあなたにとってはつらいことかもしれませんが，それが現実なのです」。

事例 治療関係における限界についての話し合い

当事者 私は先生のことが大好きです。先生は私のことを本当に理解してくれた最初の人です。先生は心から私のことを受け止めてくれました。

セラピスト ありがとう。あなたがそのように言えるようになったのは，とても素敵なことですね。私もあなたのことが好きですし，私たちは素晴らしく協力的に治療に取り組むことができています。

当事者 先生，私は先生と本当の友達になりたいんです。私たちはとてもうまくいっていると思います。治療のなかだけでなく，治療外でも，きっとうまくいくと思うんです。ぜひ私の家に来て，私が描いた絵を見てくれませんか？ 先生はいつも私の絵に興味を示してくれますし。

セラピスト それは本当にありがとう。あなたがそう思ってくださるのはとてもうれしいです。けれども，私はあなたと友人関係になることはできません。私はあなたのことが本当に好きです。けれども，私たちは治療のなかだけで会うことにしましょう。もし仮に，私たちが治療外で会ったとしても，友人関係にはなれないのです。家にご招待くださって，本当にありがとう。でも，私はそれに応えることができないのです……あなたはこのことに関してどう思いますか？

［セラピストは，この回答が当事者にとってどのような意味をもつのかを探索しつづけ，当事者の誤った解釈を訂正する。同時に，当事者がセラピストに対して向けてくれた感情そのものを受け入れて承認する。セラピストは，自分が満たすことのできない感情欲求を向けてきた当事者を非難するなどして，逆転移による傷つきを当事者に与えないよう注意しなければならない］

● 治療場面における身体接触

　身体接触に関しては注意を要する。文化によっては，セッションの最初と最後に握手を交わしたり時折ハグをしたりすることは，全く普通のことであったり時には望ましいことだったりするかもしれない。スキーマ療法においては，セラピストは当事者に対しよそよそしくあってはならない。しかしながら，身体接触は性的であってはならないし，スーパーヴィジョン（もしくはピアスーパーヴィジョン）においては，どのような疑わしい言動もしっかり議論されるべきである。セラピストが当事者の手を握ることで，大きな安心感をもたらすことはよくあることである。こうした介入が明らかに「脆弱なチャイルドモード」を支えることが目的であることが共有されており，当事者とセラピストの両者がそれを心地よく感じ，リラックスしていられる限りは，このような身体接触は効果的である。しかしながら，長時間ハグしつづけたり，強く抱きしめたり，あるいはイメージエクササイズの間ずっと手を握りつづけたり，などといった身体接触は不適切であろう。当事者は，イメージエクササイズのなかで安全なアタッチメントについて学ぶ。激しい身体接触は必要ではない。それは援助的に機能せず，かえって治療関係を複雑にしてしまう。

　もし当事者が，セラピストにとって心地よく感じられない身体接触を求めてきた場合，セラピストは自らの境界を大切にすべきであり，そのことを当事者に伝えるとよいだろう。「あなたがそれを必要としていることは理解できます。けれども，私にとって心地よいことではありません。あなたの欲求が間違っているからとか，そういうことではありません。私自身の

個人的な境界の問題なのです」。セラピストは次に，この事態が当事者にどのような感情やモードを引き起こしたかを探索する必要がある。このような場合に重要なのは，「それは禁止されていることです」というふうに専門的なルールに基づいて対応するのではなく，セラピストの個人的な思いに基づいて対応していることを当事者に示すことである。セラピストの行動がセラピスト個人の理由に基づくことが当事者に伝えられることは，スキーマ療法において最も重要な治療関係を強化することにつながるであろう。

6.2　認知的技法

「脆弱なチャイルドモード」に対する治療として最も重要なのは，「感情焦点化技法」と「治療関係」である。しかしながら，認知的技法も時に重要な役割を果たす。認知的技法は，当事者が自らの「脆弱なチャイルドモード」のもつ機能や欲求について知ることを助け，自分自身の人生において，「脆弱なチャイルドモード」がいかに形成されたのかを理解することを促す。さらに，当事者が日々の生活のなかで実際に変化していくためには，認知的技法に支えられる部分が大きい。

6.2.1　認知再構成法

認知再構成法は，「脆弱なチャイルドモード」に関連した絶望感を和らげるために活用することができる。「脆弱なチャイルドモード」のもつ，再構成を必要とする典型的な認知は，「私は誰にも好かれない，私は誰にも愛されない」「私は価値のない人間だ」「私はダメ人間だ」といったものである。「脆弱なチャイルドモード」に入ると，当事者の認知は偏りがちになる。それはたとえば「メアリーは挨拶するときに私のほうを見なかった。彼女は私のことが嫌いになったにちがいない」といった認知である。こうした認知は，「椅子による対話のワーク」のテーマとなりうる。同時に，「ソ

クラテス的質問法」や「偏った解釈に対する質問法」などのように，うつ病患者の治療に用いられる典型的な認知的技法も活用することができる。

6.2.2　心理教育

　「脆弱なチャイルドモード」に関する心理教育の主な目的は，自分の欲求や感情は正常で，理解可能なものであることを当事者に教えることである。人間とは，他者との関わりのなかでアタッチメントと安全を感じる必要のある生き物である。これらの欲求が適切に満たされないと「脆弱なチャイルドモード」の感覚が湧き上がる。小さい子どもは自分自身の欲求をケアする責任を負ってはいない。子どもの欲求を理解し，満たすのは親の責任である。親が子どもを虐待したり，子どもに対して過度に要求したりすることに対して，子ども自身には何ら責任がない。当事者の親がセラピストに対して「この子はとても育てづらい子どもでした」と話すことがある。たとえそうであったとしても，それは当事者の幼少期の困難についての部分的な説明に過ぎず，子どもはそのような「育てづらさ」の責任を負うことはできない。親は「育てづらい」からといって子どもを虐待するのではなく，そのような子どもを育てるにあたって誰かに手助けを求めるべきであった。表6.1に「脆弱なチャイルドモード」についての心理教育の主な内容についてまとめてみた。

　心理教育は，さまざまな介入方法と組み合わせて用いるべきである。多くの場合，モードモデルについて説明を行う際に，心理教育が組み込まれる。セラピストは，どのようにして「非機能的スキーマ」が形成されたのか，まだどのようにしてそのスキーマが維持されてしまったのか，ということについて説明する。当事者が自ら心理教育を求めてくることもある。彼／彼女たちは，なぜいつも嫌な感情ばかり湧いてくるのか，なぜいつもさみしいのか，なぜ罪悪感ばかり感じてしまうのか，といったことについて知りたいのである。

表 6.1 「脆弱なチャイルドモード」に関する心理教育

子どもは基本的に素晴らしく，価値ある存在である……たとえ彼らが緊張していたり，間違いを犯したり，完璧ではなかったとしても。
子どもは基本的に良い存在である。生まれたときから悪い人間は誰もいない。
子どもが両親や他者から虐待され，傷つけられ，無視されるとき，責められるべきは子どもではない。たとえ他の人から見て親や他者がこのようにふるまう理由が理解できたとしても（そうした人は自分自身の問題にうまく対処できないのかもしれない），子どもは決して責められるべきではない。
両親が子どもについて大きな心配を抱えている場合，それに対するサポートを求めることは親自身の仕事である。子どもは，家族の困難な状況に対する問題解決の責任を負うことはない。
すべての子どもは，感情と欲求をもっている。子どもは支援と助けと愛と保護を必要としている。子どもにはこれらの欲求を適切な程度まで満たしてもらう権利がある。これらの欲求が，少なくともある程度まで満たされない場合，子どもは健康的な大人に成長できない可能性がある。
欲求と感情は，基本的に良いものである。
なぜ両親が自分たちの子どもをうまく養育できなかったのか，（たとえ後づけでも）その理由を理解できることは少なくない……つまり彼らは過度にストレスフルだった，もしくは心理的な問題を抱えていた，もしくはあまりにも若すぎたために自分自身を大切にできなかった……など。しかしながら，不適切に扱われている子ども自身が，このような客観的な理解をすることは不可能である。子どもはそのように扱われることにひたすら苦しみ，ダメージを受ける。

6.2.3 感情焦点化技法

　感情焦点化技法を使う際にも，心理教育は重要である。「脆弱なチャイルドモード」に入った当事者（イメージのなかで子ども時代に戻った当事者）は，「イメージの書き換え」エクササイズのなかで，複雑な状況に対する罪悪感や責任感を過度に表明することがある。たとえば，「でも私が悪い子だったんです。だから大事に扱われないのは当然なんです」などというように。このような場合，セラピストはイメージのなかで心理教育を行うとよいだろう。それはイメージのなかで普通にコメントをしてもよいし，「ヘルシーアダルトモード」として当事者のイメージに登場してもよい。「小さなスージー，あなたが自分を"悪い子"だと感じてしまうのはよくわかります。なぜなら，あなたはこれまでずっと人からそのように言われてきたのだから。でも，生まれながらの"悪い子"は存在しません。ほ

かのすべての子どもと全く同じで,あなたは基本的に"良い子"なのです。あなたはあなたのままで,十分に価値があるのです」。

6.2.4　椅子による対話のワーク

　心理教育は「椅子による対話のワーク」のなかにも組み込むことができる。「ヘルシーアダルトモード」の椅子に座ったセラピストが,「脆弱なチャイルドモード」に対して気遣いと共感を示す際,そこに心理教育的な要素を含めることができる。「あなたは良い子です。生まれつき悪い子なんて誰もいません。悲しいことに,子どもたちのなかには,"悪い子"だと言われつづけて育つ人がいます。でも実際には悪い子なんていないのです。あなたはほかのすべての子どもたちと同じように,良い子で,価値があるのです。あなた自身が自分のことをそのように思えるよう,私はあなたを手助けしたいと思います」。感情焦点化技法の文脈では,セラピストはこのような言葉を,温かく,労わるような声のトーンで伝える必要がある。

6.2.5　スキーマ・フラッシュカードやその他の筆記課題

　"古典的"なCBTと同じく,種々の筆記課題は日々の生活のなかでの変化を促すために非常に役に立つ。特に,「ポジティヴな出来事の記録」のような,自尊感情（self-esteem）に焦点を当てた認知的介入が有効である。種々のワークシートは,当事者が,日々の感情やスキーマモードのあり様を理解するのに役に立つ。いわゆる「スキーマ・フラッシュカード」は,日々の体験について,スキーマモードの視点からまとめたり,認知や感情に対するスキーマの影響を整理したりするために用いられる。またフラッシュカードを通じて,スキーマの替わりとなる新たな解釈を生み出すこともできる（表6.1もワークシートの一例である）。筆記課題にあたっては,表6.2のようなワークシート（スキーマ・フラッシュカード）を用いてもよいし,メモ用紙や葉書などを活用してもよい。

表 6.2　スキーマ・フラッシュカード

スキーマ・フラッシュカード
＊今自分に生じている感情に気づく
今，私が感じているのは（感情）………………………………＿＿＿＿＿
そのきっかけは（引き金となったこと）………………………＿＿＿＿＿
＊モードに気づく
これはおそらく以下のモードによる……………………………＿＿＿＿＿
このモードは幼少期に形成された。そのもとになる体験とは（成育歴的な背景）
………………………………………………………………………＿＿＿＿＿
私の典型的なコーピング反応は（回避，過剰補償，服従）……＿＿＿＿＿
（典型的な対処行動）
＊現実を検討する
私はこのように考えたけれども（否定的な認知）………………＿＿＿＿＿
現実は以下のように捉えることもできる（健康的な認知）……＿＿＿＿＿
根拠………………………………………………………………＿＿＿＿＿
＊どのように行動すればよいか
私はこうしたい気分だけれども（モードによる非機能的な行動）
………………………………………………………………………＿＿＿＿＿
私はこのような行動を試してみることもできる（健康的な代替行動）
………………………………………………………………………＿＿＿＿＿

スキーマ・フラッシュカードには，以下のポイントを盛り込む必要がある。

- 日々の出来事や当事者のモード（脆弱なチャイルドモード）によって喚起された現在のネガティヴな思考や感情
- そのモードに関連した典型的な対処行動
- 現在の状況に対する，より現実的，健康的で適応的な解釈
- より機能的な対処行動の提案（必要があれば，"感情調整スキル"も含まれる）

事例　スキーマ・フラッシュカード

ルーシーと彼女のセラピストは，「スキーマ・フラッシュカード」に以下のような文章を書き込んだ。

「友達のマリアがもう何日も会っていないのに電話をくれない。すると，私は完全に一人ぼっちだと感じてさみしくなり，もう二度と誰も私

に関心をもってくれないのではないかと感じる。これらの感情は，私の"小さなルーシー"つまり，"脆弱なチャイルドモード"から出てきている。私は幼い頃，実際にものすごくさみしい思いをしたので，今，こんなふうに感じてしまうのはもっともだ。けれども，もはやこれは真実ではない。私には何人も友達がいる。信頼できて，私のことを本当に好きでいてくれる友達がいる。たとえば，何か問題が生じたときには，マーシャに話を聞いてもらうことができる，ジョーは，私と一緒に過ごすのが大好きだと言ってくれた。聖歌隊の女の子たちも，私のことをちょっとは好きでいてくれていると思う。だって彼女たちは誕生日パーティに私を招待してくれたのだから。このさみしさや孤独感を和らげるために今私にできることは，自分からマリアに電話をしたり，聖歌隊のコンサートのCDを聴いて友達と一緒にいる自分を感じたりすることかもしれない。あるいは気分転換のためにジョギングか散歩をすることもできるだろう」。

6.3 感情焦点化技法

「脆弱なチャイルドモード」の治療のうえで中心となる感情焦点化技法は，「イメージエクササイズ」と「椅子による対話のワーク」である。ここでは，イメージエクササイズについて詳述する。「椅子による対話のワーク」の詳細については，第8章を参照してほしい。

イメージエクササイズは，診断的にも治療的にも用いることができる。スキーマ療法の初期においては，イメージエクササイズは診断的に活用される。この場合，エクササイズのなかでは，現在感じている否定的な感情を，それに関連した成育歴的な記憶のイメージを探索するための出発点とする。当事者は，幼少期の自分にとってつらい体験となった，両親や他のあらゆる人（家族や友達など）との記憶を呼び起こすよう求められる。診断的なイメージエクササイズは，治療的な「イメージの書き換え」のエク

ササイズと最初の部分はよく似ているが（6.3.2 項参照），イメージの書き換えは行わない。

　セラピストは，当事者の抱える心理学的問題の原因が，当事者の親だけに帰せられるものではないことに留意する必要がある。当事者が自らを罰したり，価値下げしたりする場合，たとえば「いじめっ子」など親以外の他者の言動を取り入れている場合がある。幼少期のつらかった体験として，対人関係以外の要因（たとえば，重篤な身体疾患，家族の死，太りすぎやひどいニキビのような外見の問題）を報告する当事者も少なくない。

6.3.1　イメージエクササイズの目的

　イメージエクササイズの主な目的は，新たな感情のパターンを構築することである。慢性的な心理学的問題を抱える当事者は，幼少期にトラウマを受けたり，虐待的な環境に置かれていたりすることが多い。その結果，安全や安心や保護といった，安定したアタッチメントに関連する肯定的な感情を経験することが難しくなってしまう。そして，脅威的でないはずの状況に対しても，脅かされ，辱められ，誰も助けてくれず，見捨てられる，といった感情を抱いてしまう。「イメージの書き換え」エクササイズを通じて，つらい記憶が処理され，変容していく。否定的な感情は，安全，安心，喜び，楽しみといった肯定的な感情に置き換えられていく。

　さまざまな否定的な感情のなかでも，「イメージの書き換え」エクササイズが特に適しているのは，「不安」「恐怖」「嫌悪」「恥」「罪悪感」といった感情である。これらの感情は，「イメージの書き換え」エクササイズを活用することで緩和できる（そうする必要があるとも言える）。一方，「悲嘆」感情に関しては，「イメージの書き換え」によって悲しみを減じようとするよりも，"喪の作業"を通じて当事者が悲しみと上手に付き合っていけるようになるほうが重要であることが，臨床的に示されている。当事者はしばしばストレスフルでトラウマティックな幼少期の記憶を避けようとする。なぜなら，それを思い起こすと，自分自身の"失われた幼少期"に対

する悲しみを強めてしまうと信じているからである。しかしながら，むしろこれらの悲しみに直面し，悲しみを承認していくことのほうが重要だと思われる。

　悲しみは，安全，安心，アタッチメントといった肯定的な感情と同時に感じることができる感情である。ゆえに，悲しみを承認し受容することは（悲しみを減らしていくのではなく），「イメージの書き換え」エクササイズの目的に反するものではない。"悲しんでいる子ども"はイメージ（もしくは「椅子による対話」）のなかで，「温かくケアし，手助けしてくれる人物」としてのセラピストによって慰められる。一方，恥，不安，恐れといった感情は安全や安心とは両立しえない。これらの感情が中心にある場合は，「脆弱なチャイルドモード」を慰める前に，セラピストは「イメージの書き換え」エクササイズによってそれらの感情を緩和する必要がある。

> 　不安，恐れ，恥，罪悪感，嫌悪感といった感情は，「イメージの書き換え」のエクササイズを用いて，早いうちに変容する必要がある。悲嘆の感情については，喪の作業に焦点を当てるほうが望ましい。ただし「悲しんでいる脆弱なチャイルドモード」に対しても，慰めやサポートを提供していく必要がある。

6.3.2 「イメージの書き換え」エクササイズ

　「イメージの書き換え」のエクササイズでは，心的なイメージを通して，感情的にストレスフルな状況にアクセスしていく。通常は過去（幼少期）の経験に焦点を当てるが，現在，もしくは未来の状況についても適用可能である。当事者が苦痛を感じる状況に伴う否定的な感情（罪悪感，恥，恐怖など）を肯定的な感情（アタッチメント，安心感，エンパワメント，喜びなど）に置き換えていくことによって，イメージを変容させていく。「イメージの書き換え」は，極めて柔軟性に富み，創造的な技法である。イメージエクササイズの内容は，決して予測できるものではない。しかし，その

表6.3 「イメージの書き換え」の概要

(1) リラクセーションの教示──オプションとして「安全な場所」のイメージを活用することもある。
(2) 現在のストレスフルな状況と，それに関連したネガティヴな感情に，イメージのなかでアクセスする。
(3) 感情の橋渡し──その感情を保ちながら，「現在のストレスフルな状況」のイメージから抜け出し，その感情に関連した「過去のストレスフルな記憶」のイメージへアクセスする（その多くは幼少期のイメージである）。
(4) しばらくの間，その「過去のストレスフルな記憶＝幼少期の記憶」を探索する（「そこには誰かいますか？」「何が起きていますか？」）──幼少期の当事者の感情と欲求に焦点を当てる。
(5) イメージのなかで，子どもの欲求をケアする「助けてくれる人（helpful figure）」を紹介し，子どもが安心感を得たり欲求が満たされたと感じたりできるように，状況を変化させていく。
(6) その状況における脅威が緩和されたら，今度は安心感やアタッチメントといったポジティヴな感情を深めていく。
(7) オプション──子どもとして癒された感情を，現在のイメージや状況へと移行していく。

感情的なプロセスについては明確に定義されており，実際のエクササイズを導いていく基礎となる。Hackmann et al.（2011）は，「イメージの書き換え」エクササイズに関して詳細に紹介している。表6.3はそのプロセスの概要をまとめたものである。

　ここでは「イメージの書き換え」の各段階について，より詳細に説明する。よく生じる典型的な問題やイメージのパターンについても検討する。

事例 「イメージの書き換え」エクササイズ
- 現在の感情的な問題に焦点を当てる

　ジェーン（2.1.3項参照）は，作業所に来た新メンバーを恐れ，ストレスを感じていた。新メンバーは目立ちたがり屋で，作業所の雰囲気を支配していた。ジェーンは，劣等感や被害感を抱き，自分は脅かされており，孤独であると感じていた。彼女は，そのメンバーを恐れてもいたし，憎んでもいた。そこでセラピストは，「イメージの書き換え」エクササイズを提案した。ジェーンは目を閉じ，少しリラックスしてから，

新メンバーに対するストレスフルな状況をイメージした。皆が朝の時間にコーヒーを飲んでいる。そのメンバーは，最初ジェーンに近づいてくるが，彼女を無視する。ジェーンは張りつめ，恐れと怒りを感じる。セラピストは，彼女に，自分の感情とそれに関連する身体感覚に注意を集中してもらうために，それらがどのような感じか尋ねた。

● 感情の橋渡し

　セラピストは，ジェーンに現在のイメージから抜け出すように伝え，代わりに，それらのイメージによる感情に関連する幼少期の記憶を想起するよう伝えた。

● 幼少期の記憶を探索する

　ジェーンは，12歳のときの，暑い夏の日の学校からの帰り道の記憶を思い出した。彼女はカラフルなロングスカートを履いていた。それは彼女のお気に入りであった。しかしクラスメートたちが，よってたかって彼女を笑いものにした。「ジェーンにはあんな派手なスカートは似合わないわ！　見て！　あの太ったお尻！」。小さいジェーンは怖くなり，また恥ずかしさを感じた。彼女は言った。「誰か，ひどいことを言ったあの子たちを叱ってやって！」「誰にだって欠点がある。それをあからさまに他人に言われたくない！」「でも私は一人ぼっちになりたくないの！」。

● 助けてくれる人を紹介し，子どもの欲求を満たす

　セラピストは，その記憶の場面のなかに入っていき，小さなジェーンをハグした。そして，二人してクラスメートを制止した。「ジェーンをそんなふうに扱うなんてひどいわ。大勢でよってたかって，からかうなんて，なんてひどいことをするの。ジェーンはたった一人じゃないの。あなたたちは臆病な卑怯者よ！」。ジェーンはこの介入が気に入り，担任の先生にもこの場面に加わってもらい，話を聴いてもらうことを望ん

だ。子どもの頃，ジェーンは恥ずかしさのあまりこのようないじめについて担任に打ち明けることができなかった。イメージのなかでは，担任にもその場に加わってもらい，セラピストがジェーンに対する同級生たちのいじめについて説明した。担任は「これからは君を助けるよ」とジェーンに約束した。しかしジェーンは担任の約束を完全には信じることができなかった。そのためセラピストは，明日からの登下校の際に担任とセラピストがジェーンに付き添い，実際に何が起きているのかを確かめることを小さなジェーンに約束した。

● 安心感とアタッチメントの感情を深める

　セラピストは，小さなジェーンに今何をしたいかを尋ねた。すると小さなジェーンは買い物に行って，素敵な夏のスカートを探したいと言った。そのあと，公園に行って一緒にアイスクリームを食べたいとも言った。これらの活動は，イメージエクササイズのなかで，ジェーンが心地よく，安心を十分に感じられるまで行われた。エクササイズでは，感覚的な細部（アイスクリームの味，花の色，太陽の暖かさなど）に至るまで十分にイメージを深めた。

(1) リラクセーションの教示をする

　イメージエクササイズの間，可能であれば当事者は目を閉じているほうがよい。もし当事者が目を閉じることに対して過度に恐れたり，不快に感じたりする場合は，代わりに床や天井のある一点を見つめてもらってもよい。セラピストが一緒に目を閉じることを心地よく感じる当事者もいる。じっくりと取り組むなかで，ほとんどの当事者は，最終的にはイメージエクササイズの際に十分安心して目を閉じることができるようになる。

　リラクセーションの教示は，通常イメージエクササイズを始める際に行う。「楽な姿勢を取って，今から1分間，あなたの呼吸に集中してください」。また，セラピストによっては，イメージエクササイズの最初に（場合によっては最後にも）「安全な場所（safe-place）」のイメージ（当事者が安全で安

心できる場にいるイメージ）を用いることもある。「安全な場所」のイメージがもたらす安心感は，当事者に，イメージエクササイズによって誘発されうる脅威の感情を扱うための手助けになる。

　重篤なトラウマを抱える（BPDの）当事者は，どのような場所にいても自分が安全だと感じることがないため，「安全な場所」をイメージすることが難しい。こうしたケースの場合，安全な場所を探したり，「イメージの書き換え」エクササイズを行ったりすることは極めてストレスフルなものとなり，かつセッションの時間を多く取りすぎてしまうことにもなる。安全な場所を長時間にわたって探すことは，当事者にとって葛藤的でストレスフルなものとなり，かえってそのことが「自分はやはり安心を感じることができない」といった無力感を誘発してしまう。

　我々は，安心感といったポジティヴな感情を増やすことが「イメージの書き換え」エクササイズの主要な目的と考えている。「安全な場所」のイメージは時と場合に応じて付加的に活用されるものであり，決して必要不可欠ではない。さらに言えば，治療関係そのものを当事者が「安全な場所」として体験していることのほうがむしろ重要である。もし，当事者が治療の場をそこまで安全だと感じていなければ，いかなるケースであっても，激しい感情を体験するイメージエクササイズを行おうとはしないし，またできないであろう。

(2) 困難な感情に関連したイメージにアクセスする

　ストレスフルな感情をありありと体験するために，当事者は現在のストレスフルな状況についてのイメージを思い描く。可能であれば，当事者の主観的な視点，つまり（外側からの観察ではなく）自分自身の目を通して状況を見るようにするとよい。時折，当事者は目を閉じたまま現在の状況について詳細に語りはじめたものの，ありありとそのなかに入っていけないことがある。この場合，セラピストは感情の方により焦点を当てるよう促し，次のように尋ねていく。「あなたのストレス状況について，だいたいはわかりました。ところで，今この状況をイメージするなかで，どの

ような感情が浮かんでいますか？」。それでもなお当事者が感情に焦点化できなかったり，曖昧な答え（「ひどいです」など）だけしか返せなかったりするような場合は，セラピストは，当事者が感じている可能性のある感情を，あえて直接的に言語化してみる。「今，どんな気持ちですか？ 悲しいのでしょうか，不安なのでしょうか，それとも恥ずかしいのでしょうか？ もしかしたら，さみしいと感じているのではないでしょうか？」。特に最初の数回のイメージエクササイズでは，まだ当事者はこの技法に慣れていないため，直接的な質問はむしろ不可欠であろう。身体的な感覚を探索することも，感情に焦点を当てる際に有用である。「今の感情は，体のどのあたりで感じていますか？」。

こうした介入は，当事者の感情体験を豊かにすることにもつながる。しかしながら，激しい感情に耐えることが難しい当事者もいる（特にBPDをもつ人）。感情の強度が耐えられるレベルを超えた場合，当事者は，セラピストとの対人的接触を避けたり，閉じていた目を開けてしまったり，もしくは感情的経験から解離したり，といった反応を示すことがある。「なぜなのか私にはわかりません。でも，ただ感情が消えてしまったのです」。こうした場合には，感情の強度は当事者が耐えられる程度にとどめる必要があり，そのレベルにとどめつつ，速やかにエクササイズの次の段階に移るようにする。

このワーク（困難な感情に関連したイメージにアクセスする）では，当事者は自分の人生に困難をもたらす感情のなかに入り込まなくてはならない。しかしながら，「イメージの書き換え」は曝露療法（エクスポージャー）ではないため，長時間にわたってこれらの感情のなかにとどまりつづける必要はない。当事者が当該の感情を十分に感じられたら，イメージエクササイズの次の段階に速やかに誘導していく。「これまでに話し合ってきた感情を，あなたは今，感じることができているでしょうか？」。

(3) 感情の橋渡し

我々が特別な工夫をしなくても，たいていの当事者は自らの幼少期の記

憶に立ち戻ることができるものである。「今浮かんでいるイメージから抜け出してください。でも，今感じている感情自体はそのまま保っていてください。どうでしょうか？　そのような感情に関連した幼少期のイメージが，何か出てくるでしょうか？」。この場合，それ以前のセッションですでに話し合われた幼少期の情景が想起されることが多い。しかしながら，異なるイメージの場合もある。セラピストは，当事者が想起するいかなるイメージに対しても，開かれた態度でいることが大切である。

　イメージが全く浮かばないと言う当事者も時にはいる。「私は何の記憶も思い出せません」。セラピストは，このような当事者に対しては，リラックスし，何らかのイメージが浮かんでくるまでしばらく時間をかけるよう教示する。「今すぐに何かが浮かばなくても構いません。時間をかけて，何が起きるか様子を見てみましょう」。それでもなお当事者が落ち着いて課題に取り組めないようであれば，子ども時代の情景を「写真」のようなものとして報告するよう当事者に求めることができる。「あなたは子ども時代の写真を何枚か持っていますか？　そのなかの1枚を，今思い浮かべることはできますか？」。我々の経験では，幼少期の記憶を「写真」のような視覚的な情景として報告できなかった当事者は今のところ一人もいない。当事者が特定の写真を想起したら，「その写真を生き生きとしてものにしてください」と教示し，写真のなかに入り込み，当時の感情に戻るよう当事者を促す。エクササイズの初期段階で生々しい感情を経験できる当事者の場合，その感情に関連した幼少期の記憶や感情にも，適度な時間枠のなかで入り込むことが可能である。

(4) 幼少期の状況を探索し，子ども時代の感情と欲求に焦点を当てる

　当事者が幼少期の記憶にアクセスしたら，その記憶にまつわる状況について端的に語ってもらう。セラピストは，誰がそこに登場していて，何が主要な問題となっているかを知る必要がある。ただし，それぞれの記憶の内容を事細かに理解する必要はない。もし当事者が状況について詳しく説明しはじめたら，セラピストはそのときの子どもの感情のほうに焦点を当

てるようにする。「あなたはどんなふうに感じていますか？」「あなたはどんなことを欲していますか？」。

「イメージの書き換え」は曝露療法ではない。トラウマティックな状況について，当事者は，それに関連したネガティヴな感情に触れる部分のみを経験できれば十分であり，トラウマを完全に追体験する必要はない。兄から繰り返し性虐待を受けていた当事者が，「イメージの書き換え」エクササイズのなかで，詳細にその虐待について追体験する必要はなく，恐怖を感じはじめた時点で十分である。「兄が階段を上がってくる音が聞こえます。彼が私に何をしようとしているのかはわかっています。私にはどうすることもできません。私は彼にされるがままになります」。そして書き換えが始まる。この非曝露的アプローチは，当事者の感情的なストレスを少なくしてくれる。当事者を解離させることなく，かつ「イメージの書き換え」エクササイズにとどめることができる。この方法に関する臨床的調査からは，外傷後ストレス障害（PTSD）の治療において，当事者の抱える不安に対して曝露療法と同等の効果があることが示されている。しかしながら，「イメージの書き換え」の手続きは，怒り，罪悪感，恥のような他のつらい感情に対してより高い効果を示し，当事者は曝露療法よりも「イメージの書き換え」エクササイズのほうを好むという結果が示された（Arntz et al., 2007）。

(5)「助けてくれる人（helping person）」を活用し，イメージを書き換える

　エクササイズにおけるトラウマティックな状況の書き換えは，実際にはかなり創造的であり，場合によっては完全に空想的でさえある。イメージエクササイズにおいて，それが現実であるかどうかの判断はあまり意味をもたない。ただひとつ重要なルールは，「助けてくれる人」が加害者と戦って必ず勝たなければならない，ということである。したがって，エクササイズの最後には当事者のチャイルドモードが安心感と良い気分を（少なくともエクササイズ開始時に比べて）感じている必要がある。

● 「助けてくれる人」

　「イメージの書き換え」エクササイズのなかでは，「助けてくれる人」がつねに必要となる。どのような対象を「助けてくれる人」として選択するべきか，ということについては，さまざまな議論がある。大人になった当事者のみを「助けてくれる人」にするべきだという意見があるが（たとえば，Smucker et al., 1995），我々はそれには賛同しない。ほかにも，実在する人物は「助けてくれる人」として不適切であるという意見があるが（Reddemann, 2001），実際には「助けてくれる人」の効果についての実証的研究はまだ行われていない。スキーマ療法における「助けてくれる人」には特に制限はない。どんな人物でも OK である。またその方法もかなり実用的である。「イメージの書き換え」エクササイズに登場する「助けてくれる人」は，子どもを守り助け，子どもの欲求を満たしてくれさえすればそれでよい。

　「助けてくれる人」は，当事者自身の「ヘルシーアダルトモード」によって決まってくる。我々は「助けてくれる人」を3つのタイプに分類している。当事者の「ヘルシーアダルトモード」がまだ弱いうちは，たいていの場合，当事者は「助けてくれる人」に名前をつけることができない。精神力動的な観点からすると，当事者は「助けてくれる人」として機能する良い内的対象をつくりだすことができないと言える。こうした場合には，セラピストは，セラピスト自身を「助けてくれる人」としてイメージ場面に登場させ，「ヘルシーアダルトモード」の手本となり，当事者が良い内的対象をつくりあげるのを手助けする。

　「ヘルシーアダルトモード」がある程度強まってきた当事者（あるいは，「助けてくれる人」として登場したセラピストと一緒に「イメージの書き換え」エクササイズをすでに行ったことのある当事者）の場合，さらなる「助けてくれる人」をイメージすることができよう。この場合の「助けてくれる人」とは，まだ当事者の「ヘルシーアダルトモード」ではなく，かといってセラピストのイメージでもない，「第三者」の誰かである。これは，当事者の好みに応じて，実在する人物でもよいし，空想上の人物（たとえ

ば映画やお伽話の登場人物）でもよい。実在する人物としては，たとえば面倒見のよい祖母，親切な親戚のおばさん，あるいは親友など，親族や友人が選ばれるかもしれない。「助けてくれる人」が存命中の人物であるかどうかは問題にならない。幼少期に関わりのあった人物でも，現在関わりのある人物でも，誰でも構わない。重要なのは，その人物が当事者の「脆弱なチャイルドモード」に対し，安全と安心を提供できるかどうかという，ただその1点である。その意味では，たとえばいまだに思いが残っている過去の恋人など，当事者が両価的な感情を抱いている人物を用いるのは避けたほうがよいだろう。当事者が提案する「助けてくれる人」にセラピストが賛同できない場合，セラピストがなぜそう考えるのか，その理由を説明し，共に検討し直す必要がある。

　自らの「ヘルシーアダルトモード」がすでにしっかりと強化された当事者は，「イメージの書き換え」エクササイズにおいて，自らが「ヘルシーアダルトモード」の役を担い，自分自身の「脆弱なチャイルドモード」をケアすることができる。どのタイプの「助けてくれる人」を選べばよいかがわからない場合は，ともかくあれこれと試してみるとよい。当事者自身の「ヘルシーアダルトモード」がイメージの場に入り，十分に対応できるようであれば，もうそれで十分である。しかし，当事者の「ヘルシーアダルトモード」が加害者に対して恐怖を感じていたり，「脆弱なチャイルドモード」を嫌悪していたりする場合は，当事者の「ヘルシーアダルトモード」は未発達であるということになる。その場合は，セラピストあるいは第三者の「助けてくれる人」が必要である。当事者が「助けてくれる人」として加害者に対応できる第三者をはっきりとイメージできない場合，やはりセラピストがそれを担うことが重要である。

　幼少期に重篤なトラウマを受け，「ヘルシーアダルトモード」が非常に弱い当事者のなかには，「イメージの書き換え」エクササイズにおいて，自分以外の人物（すなわち他者）がイメージに入ってくることを受け容れられない人もいる。

　これは「強迫的な自律」のサインであるかもしれない。「強迫的な自律」は，

幼少期に、悪い状況を第三者に助けてもらおうとすることによって、状況がかえって悪化してしまったことを体験した当事者によく見られる現象である。その場合、「すべてのことは自分自身で対処するべきである」と当事者が結論づけてしまうのは何ら不思議なことではない。たとえば、ニコル（1.3.3項参照）は、「イメージの書き換え」エクササイズにおいて、自分自身が「ヘルシーアダルトモード」として「小さなニコル」をケアすると主張し、セラピストがイメージに入ってくるのを拒んだ。この場合に重要なのは、それでもなおセラピストが「助けてくれる人」として彼女のイメージに入っていくことである。当事者にとって、他者からケアされ、サポートされることを体験することは不可欠だからである。こうした場合、当事者は脅かされる感覚を当初は抱くだろう。したがってエクササイズの前に、このようなことについて十分な心理教育を行う必要がある。ニコルの場合、幼少期にソーシャルワーカーが繰り返し彼女の家を訪ねてきていたが、その後、母親がさまざまなネガティヴな反応を起こしていたため、彼女にとってこのことは良い体験にならなかった。その結果ニコルは、「助けてくれる人」になりうる人物を信用することができなくなってしまった。

　当事者の「ヘルシーアダルトモード」がまだ弱く、治療の初期の「イメージの書き換え」エクササイズでは「助けてくれる人」としてのセラピストが必要であったとしても、治療が進むなかで「助けてくれる人」をセラピスト以外の第三者に移行し、そして最終的には当事者自身の「ヘルシーアダルトモード」に置き換えていくことが重要である。つまり、セラピストが「助けてくれる人」として機能した「イメージの書き換え」エクササイズに何回か取り組んだ後は、第三者の「助けてくれる人」を用いるよう当事者を促し、さらにその後、当事者自身が「ヘルシーアダルトモード」の役割を担うよう促していく必要がある。

　この3つの組み合わせ（セラピストの「助けてくれる人」、第三者の「助けてくれる人」、当事者自身の「ヘルシーアダルトモード」の「助けてくれる人」）は、柔軟に活用することができる。当事者が、自らが「ヘルシーアダルトモード」としてイメージ場面に入ることに不安を感じている場合

は，セラピストがイメージに同行してもよい。これはつまり，「ヘルシーアダルトモード」としての当事者と，「助けてくれる人」としてのセラピストの両者が共にイメージ場面に入るということである。そうすれば，当事者の「ヘルシーアダルトモード」が「脆弱なチャイルドモード」をサポートする際，セラピストが「ヘルシーアダルトモード」に助言したり，フィードバックを伝えたりしてサポートすることができる。あるいは，セラピストが「脆弱なチャイルドモード」をサポートする際に，当事者の「ヘルシーアダルトモード」が両者の間に入って調整することもできる。

> 　我々は，「イメージの書き換え」エクササイズにおいて，当事者の「ヘルシーアダルトモード」の強さに応じて3つのタイプの「助けてくれる人」を使い分ける。「ヘルシーアダルトモード」の機能がかなり弱い当事者においては，セラピストが「助けてくれる人」の立場を取る。「ヘルシーアダルトモード」が十分に機能している当事者は，自らが「助けてくれる人」としてイメージ場面に入る。その中間として第三者の「助けてくれる人」を用いる場合は，それは実在する人物であっても架空の人物であってもよい。もう1つの方法としては，当事者の「ヘルシーアダルトモード」とセラピストの「助けてくれる人」の両者による共同の「書き換え」作業がある。

(6) アタッチメント，満足感，安心感を養う

　満足感と安心感は，当事者の「チャイルドモード」が「助けてくれる人」によって慰められているイメージや，両者が二人で楽しく遊んでいるイメージなどによって形成される。典型的なイメージは，自然，遊び，そして安全な家庭環境などに関連している。重症の当事者の場合，安全で愛情深い環境を提供するために，セラピストが自分の（空想上の）家族のもとへ当事者を連れていくことが必要な場合もある。

　ポジティヴな感情を深めるため，当事者には，それにまつわる身体感覚に焦点を当てるように促したり（「このリラックスした感じは身体のどの

あたりで感じますか？」)，自分自身の感覚を楽しみ，それを十分に味わうよう伝えたりする。催眠療法の技法（ポジティヴな感情とつながっている表象，歌，動きなどを探す）を使って，ポジティヴ感情を深めることもできる。

6.3.3 「イメージの書き換え」のプロセス

「イメージの書き換え」エクササイズの目標は，罪悪感や恥，恐怖といった感情を和らげ，安全で健全なアタッチメントの感覚を引き出すことである。エクササイズのプロセスは，これらの目標に向かって方向づけられる。「懲罰的ペアレントモード」または「要求的ペアレントモード」によって，「脆弱なチャイルドモード」にどの感情が引き起こされているかを理解することが重要である。たとえば，BPD，あるいは反社会性パーソナリティ障害をもつ当事者のペアレントモードの多くは，攻撃的で虐待的，かつ非常に脅威的であることが多く，当事者は主に恐怖と不安を感じる。当事者の強烈な不安を緩和するために，これらのペアレントモードに対しては劇的な方法をもって闘わなければならない。他方，回避性パーソナリティ障害や依存性パーソナリティ障害の当事者のペアレントモードは，あまり攻撃的でも危険でもない。これらの当事者のペアレントモードは，「脆弱なチャイルドモード」が欲求を表現すると，たいていの場合，罪悪感を誘発する。その典型的なイメージ場面としては，抑うつ的な母親が泣いており，そのような母親の世話をせずに子どもが友達と遊ぶために出かけると，母親はさらに調子を崩してしまう，といったものが挙げられる。

このようにペアレントモードはさまざまに異なるので，それぞれに応じた方法で闘われなければならない。攻撃的な加害者と対決する場合は，その加害者を牢に入れる，あるいは時には殺すことさえするために，書き換えのワークには何人もの警察官を登場させることが必要かもしれない。一方で，罪悪感を誘発する抑うつ的な母親がペアレントモードである場合には，「あなたは抑うつを患っていますよ」と教えてあげるほうが適切であ

ろう。母親自身は自覚していないのだろうが，彼女には専門的なケアが必要であり，子どもは彼女のケアに責任を取ったり彼女を助けたりすることはできない。セラピストは子どもに対し，セラピストが母親の面倒をみること，そしてセラピストが母親をクリニックか心理療法に連れていくことを伝えることによって，子どもを安心させ，責任から解放する。

　ペアレントモードの力を弱めた後，イメージエクササイズによって安全で健全なアタッチメントの感覚を強めていく。特に，重篤な障害を抱える当事者に対しては，セラピストが「ヘルシーアダルトモード」のモデルとして介入し，当事者の家庭環境の代わりとなる安全な環境を提供するために，しばしば当事者の「脆弱なチャイルドモード」を（空想上の）セラピストの家へ連れていくことが必要となる。一方，書き換えの主な目標が，抑うつ的な母親に対する責任感から解放することである場合，チャイルドモードはむしろほかの子どもと遊びたいと思っており，そのほうが子どもは自分が受容され，欲求が満たされたと感じることになるかもしれない。こうしたチャイルドモードは，孤立感を抱き，楽しさと遊びに欠けていることが多い。この場合，必ずしも当事者に代わりとなる家族を提供する必要はないかもしれない。なぜなら，このような場合に最も重要なのは，母親に対する責任を子どもではなく他の第三者に引き渡すことだからである。

　事例

　スーザン（1.1 項参照）は，回避的で依存的な性格特性を有し，日々の社会的な課題に対して完全に圧倒されてしまうことがよくある。「イメージの書き換え」エクササイズのなかで，彼女は10歳の頃に自分がキッチンにいる様子を思い出していた。彼女の母親は抑うつ状態がひどく，テーブルで座って泣いている。小さなスーザンは，母親を慰めなくてはいけないと責任を感じている。小さなスーザンは，本当は外で友達と遊びたいと思っており，そのことに罪悪感も抱いている。セラピストは，「イメージの書き換え」のための介入を行う。セラピストは，小さなスーザンを抱きしめ，スーザンの感情を承認する。そして母親に対し，

小さなスーザンには友達がいること，彼女が同年代の子どもと遊ぶことはとても大切であることを説明する。しかしながら，母親は，小さなスーザンが出かけることに神経質になり，さらに抑うつ的になってしまう。セラピストは，母親の抑うつについては母親自身に責任があることを伝え，母親と小さなスーザンの両方に対し，自分が母親の外来治療の予約を取ることを約束する。その後，セラピストは小さなスーザンの遊び場まで付き添う。セラピストはベンチに座り，小さなスーザンが他の子どもたちと遊ぶ様子を眺める。

　36歳のカルメンは，社会恐怖を抱える情緒不安定な当事者である。彼女は16歳のときのレイプ被害の「イメージの書き換え」を望んだ。レイプは，パーティからの帰り道に車のなかで起きた。加害者は，彼女の姉の元恋人で，彼女を家まで車で送ると言ってきた。カルメンは，自ら「ヘルシーアダルトモード」としてレイプの場面に介入した。彼女は，被害を受けているカルメンを加害者から引き離し，二人を連れてパーティ会場へ戻る。会場で，彼女は加害者によるレイプの事実を公に非難し，彼を社会的に追放する。カルメンは，彼女の話を全面的に信じてくれる他のゲストたちに支えられている。彼女は再び自分が安全であると感じる。

　20歳のBPD当事者クラウスは，脅威や恐怖，そして自分が不当に扱われているという感覚をよく抱く。それらの感覚をきっかけとして，彼は家族と過ごしたイタリアでの休暇について思い出した。休暇中のある日，彼は家に帰るのが少し遅くなった。サディスティックな傾向を強くもつ彼の叔父は，その罰としてクラウスを暗くて小さな地下室に閉じ込め，皆と一緒に食事をさせないと脅した。小さなクラウスは，飢えに苦しんだり地下室に忘れ去られたりするのではないかと思い，激しい恐怖に駆られた。「イメージの書き換え」エクササイズでは，セラピストがそのイメージに入り，小さなクラウスを助け出し，彼の叔父と対決する。

叔父が激しく反撃してきたため，さらに6人の警察官の集団がイメージに導入される。警察官は叔父を逮捕し，クラウスの残りの休暇の間，地元の牢に叔父を監禁しつづける。その後，セラピストは，小さなクラウスを海岸へ連れていき，そこで一緒にアイスクリームを食べる。クラウスは別の子どもたちと一緒に遊ぶ。

　42歳のニックは，クリニックに入院しアルコール依存症の解毒治療を受けている。彼は，他者に対する責任を強く感じると，アルコールを渇望する。ニックの責任感は，悲しみや罪悪感，そして過剰なストレスと関連している。これらの感情に焦点を当てた「イメージの書き換え」エクササイズで，ニックはすぐに自分が6歳のときの父親の臨終に立ち会っている場面を想起した。ニックは，自分の父親が重病であることは以前から知っていたが，父親の死を看取る心の準備ができていなかった。ニックの母親は4年前にすでに亡くなっているため，彼は父親と二人きりだった。ニックは，「男らしく」状況に対処し，少しの苦しみも見せず，父を助けなければならないと感じている。彼は，悲しみや絶望感だけでなく，多大な責任感に襲われ，圧倒されていた。「イメージの書き換え」の段階では，ニックが両親の死後，共に暮らした叔父と叔母がイメージに登場する。彼らは実際に，ニックの面倒をよくみてくれた人たちである。「イメージの書き換え」では，父親の臨終にあたって，叔母がその状況に対する責任を引き受けてくれる。叔父は小さなニックを連れて，その状況から立ち去る。叔父はニックに対し，これは6歳のニックには責任を負えない難しい状況であると説明し，彼を安心させる。悲しみを伴うこのエクササイズは，ニックの父親がついに亡くなった後，小さなニックと叔父が，自宅の前のベンチで座っているイメージで終了する。叔父は，小さなニックの悲しみを承認し，慰める。

- **イメージエクササイズにおける攻撃性**

「イメージの書き換え」エクササイズにおいては，「脆弱なチャイルドモード」の感じる脅威を減らすために少しでも役に立つのであれば，「懲罰的

第6章　脆弱なチャイルドモードに対応する　｜　239

ペアレントモード」と闘うための手段は何を用いてもよい。これには，加害者に身体的な攻撃を加える，あるいは加害者を殺すことさえするような，攻撃的な空想も含まれる。我々は，人がストレスに対処するために役立つのであれば，（攻撃的なものも含め）どのような種類の空想でも「イメージの書き換え」エクササイズに加えてよいと考えている。心理的に健康な人も，時には攻撃的な，あるいは復讐のような空想を経験する。したがって，「イメージの書き換え」エクササイズにおいてこうした空想を使用しない理由はなく，臨床経験もそれを裏づけている。しかしながら，特に触法の問題を抱える当事者については，空想のなかで攻撃的な行動が行われた場合，多くのセラピストが不穏な感覚を抱く。セラピストは，エクササイズが現実生活のなかでの当事者の実際の攻撃性に脱抑制を生じ，彼／彼女たちが攻撃的になることを促進してしまうことを恐れるからである。ただし我々は現時点において，攻撃的なイメージの書き換えに関し，ネガティヴな結果は一度も経験していない。PTSD 治療に対する研究では，復讐したり，相手を攻撃することで自分自身を守ったりすることを含む「イメージの書き換え」が，治療法として最も信頼されているイメージ曝露法よりも，怒りの問題が大幅に減少し，怒りの行動化を大幅にコントロールできるようになったことが示された（Arntz et al., 2007）。しかしながら，攻撃的な「イメージの書き換え」が有効か危険か，という疑問は直接的には調査されてはおらず，それは特に攻撃性の問題を抱えた集団においても同様である。つまり攻撃的な「イメージの書き換え」のエクササイズの後に，望ましくない副作用が生じるかどうかについては，実はよくわかっていない。

当事者がセラピストに対し，セラピスト自身が不快に感じるような攻撃的な行為（例：加害者を殺すなど）を演じるように依頼してきた場合，ある種のジレンマが生じる。再度強調するが，セラピストが自らの限界を尊重し，これらについて当事者と共有することが重要である。その際，セラピストはそのような依頼をしてきた当事者を非難したり，あるいは当事者自身の空想上での攻撃行為を禁止したりしないようにする必要がある。このようなケースでは，セラピストの代わりに他の第三者が当事者のイメー

ジのなかで攻撃的行動を取ることになるだろう。

> **事例**　「イメージの書き換え」のなかでの復讐の空想
> BPD の傾向をもつ 35 歳のサリーは，幼い頃に従兄から性的虐待を受けた。これらの記憶を扱う「イメージの書き換え」エクササイズで，彼女は強烈な憎しみを感じ，非常に痛々しくかつ残酷な方法で従兄を去勢することによって復讐する。後に，彼女の対人関係および感情的な問題は，飛躍的に改善を見せた。

「イメージの書き換え」を行うことによって当事者に攻撃的な行動化が生じるかもしれないとセラピスト自身が懸念する場合は，「イメージの書き換え」の目的を明確に説明し（これはもっぱら体験的なレベルでの変化を引き起こそうとしているのであり，行動化を目指すものではない），いかなる行動化も実行する前に治療の場で話し合うべきであること，その話し合いの前にいかなる行動化もしないことについて，当事者にはっきりと依頼しなければならない（場合によっては強く要請する）。

我々の経験では，多くの当事者は極端に攻撃的な空想をすることにはあまり乗り気ではない。極端に攻撃的な空想をすることで当事者がかえって不快になってしまった場合，その場面を巻き戻して，イメージのなかで別の行動を試すように提案する。ある当事者は，一度は空想の中で虐待的な母親を殺害したが，そのイメージに満足できなかった。そこで彼女はそのイメージを巻き戻し，今度は，母親を牢に入れ，自分の話を黙って聞くよう母親の口をテープで塞ぐ，という書き換えを行った。当事者は，このシナリオには満足した。これは，極端なシナリオについてセラピストが過剰に不安になる必要はないことを示している。なぜなら当事者はたいていの場合，このように極端な空想を試した後に，別のシナリオを試したいと希望してくるからである。

- **一緒に選択しながら「イメージの書き換え」の作業を進める**
　実際の書き換え作業のプロセスは、セラピストと当事者が協力し、自然な流れで進められるのが望ましい。しかしながら、当事者が何をすべきか全くわからなかったり、あるいは「懲罰的ペアレントモード」を極端に恐れていたりする場合には、セラピストのほうから書き換え作業のさまざまな要素を提案していく必要がある。書き換えの作業において、つねに当事者の感情をモニターすることが重要であり、それには、「脆弱なチャイルドモード」が今、何を感じ、何を求めているのか、そして「懲罰的ペアレントモード」の反応はどうであるのかについて、繰り返し尋ねていく必要がある。書き換えたシナリオが望ましい結果をもたらさない場合には、セラピストは"ビデオテープを巻き戻し"、新たなシナリオを作り直すことができる。エクササイズ後、当事者においてペアレントモードと闘ったことに対する罪悪感が生じている場合には、セラピストは、エクササイズで闘っている相手は、実在の人物ではなく、今もなお当事者を苦しめている、内在化された部分であると説明するとよいだろう。

　書き換えの作業において留意すべきなのは、当事者が、自らの主なコーピングモードと同様の解決策を提案してくるかもしれないということである。たとえば、回避的な当事者は、両親の喧嘩が終わるまで、あるいは攻撃的な父親から逃れるために、部屋に隠れるという方法を提案するかもしれない。「自己鎮静化コーピングモード」としての空想を頻繁に行っている当事者であれば、いつもの白昼夢に入り込むことを提案するかもしれない。当事者から提案された解決策が、ヘルシーアダルトモードよりもコーピングモードに関連しているように思われる場合には、セラピストは別の解決策を提案する必要がある。先述した通り、書き換えのプロセスがうまくいかなければいつでも"ビデオテープを巻き戻して"新しい空想によってそれを修正すればよい。

- **「書き換え」のプロセスのバリエーション**
　「イメージの書き換え」エクササイズの過程は、当事者の心的イメージ

の内容によって変化しうる。エクササイズを現在のネガティヴな感情から開始する場合は，「感情の橋渡し」の技法を用いて現在の感情とストレスフルな記憶のイメージをつなげる。書き換える必要のある成育歴的な背景やイメージがすでに明らかになっているケースでは，「感情の橋渡し」の技法は必要ないであろう。このことは，PTSDやそれに関連した侵入的な記憶をもつ当事者の多くに，そして他の診断をもつ当事者でも，繰り返し生じる心的イメージを報告する人の場合には特に当てはまる。こうしたケースにおいては，その繰り返される心的イメージについて「イメージの書き換え」エクササイズを直ちに開始することができる。

> **事例** 「テープの巻き戻し」
>
> 　スーザンは，恐怖に慄き，命を脅かされた性的暴行の記憶の書き換えに取り組む。彼女は，加害者を大きなナイフで殺害することを望んだ。しかし，セラピストと二人の警官がその通りに実行した後に，彼女は血生臭いイメージに嫌悪感を覚えた。テープは巻き戻され，加害者は石を重りとしてつけられ，深い川に投げ入れられた。これによってようやくスーザンは解放され，安心感を得た。
>
> 　ジェーンは，「自己鎮静モード」で空想の世界に入り込む。最初の「イメージの書き換え」エクササイズで，彼女はトラウマのイメージを止めていつもの空想に入ることを提案した。セラピストはこの計画に同意せず，代わりに「小さなジェーン」がセラピストと一緒に何かをしようと提案する。ジェーンは傷つけられたと感じる。「先生は私の空想を受け入れてくれない」。セラピストは，エクササイズを中断し，ジェーンの空想はコーピングモードであること，イメージエクササイズのなかでは役に立つ感情処理の方法を新たに学ぶ必要があることを伝える。ジェーンはその説明を理解し，セラピストに提案された通りにエクササイズを続けることができた。

　一方，障害の程度が比較的軽い当事者の場合，「イメージの書き換え」

エクササイズに別のワークを追加することが可能である。たとえば書き換えの後で，当事者はエクササイズの出発点となった現在の感情に戻り，その感情を生み出した状況を，書き換えによって生成されたポジティヴな感情をもって体験するといったことができる。あるいは，成育歴のイメージを変容したのと同様の方法で，現在の感情を生み出した状況に対するイメージ自体を変化させるといったこともできる。ただしこうした手続きは，状態の悪い重篤な当事者に対しては行うべきではない。重篤な障害を負う当事者にとっては，記憶イメージを書き換えるエクササイズそれ自体がすでにかなりの負担になっているので，そこにさらに別のワークを加えるのはあまりにもストレスフルである（そんなことをしたら再び感情的に圧倒されてしまうだろう）。また我々の臨床経験では，成育歴における「イメージの書き換え」をするだけでも（すなわち現在の状況に対するイメージを書き換えなくても），現在の状況における行動や感情が変化することはよく見られることである。

6.3.4　イメージエクササイズのバリエーション

　イメージエクササイズには，さまざまなバリエーションがある（Hackmann et al., 2011 を参照）。幼少期のトラウマティックなイメージを書き換えるという方法が最も頻繁に使用されているが，幼少期以降のトラウマ，つらい感情に打ちのめされている現在の状況，あるいは将来起こりうる何らかの状況も，「イメージの書き換え」エクササイズの対象になりうる。

　当事者を取り巻く現在の状況そのものがトラウマティックであれば，まずは現時点での当事者の安全を確保することが優先される。こうしたケースにおいては，「イメージの書き換え」エクササイズは，当事者が自らの権利を守るために立ち上がる力を育てたり，自分を傷つける対人関係を変容したり終わらせたりすることを支援するために活用できる。

事例 現在の状況に対する「イメージの書き換え」

　ジェーンは，同僚たちと予定している日帰り旅行について，相反する感情を抱いている。すなわち，楽しみに感じる一方，同僚たちから拒絶されはしないかと不安や恐怖を感じている。セラピストは，旅行に向けて心の準備をするためのイメージエクササイズを提案する。ジェーンは日帰り旅行において自分が拒絶されたと感じるであろう，ある一場面をイメージした……二人の同僚が彼女抜きでおしゃべりをしている。これはよくある状況であり，ジェーンも認知レベルでは同僚たちが彼女を嫌っているわけではないとわかっている。しかし，感情レベルではどうしても，自分が拒絶され，嫌われていると感じてしまう。「イメージの書き換え」では，ジェーンの親友に登場してもらう。親友がその場面に加わり，ジェーンを少しの間抱きしめる。彼女は，同僚たちの会話を拒絶のサインとは受け止めていないため，とてもリラックスしている。そこでジェーン自身も安心し，その場面で安心してくつろげるようになる。

6.3.5 「脆弱なチャイルドモード」を癒すための他の感情焦点化技法

　「イメージの書き換え」で用いられるチャイルドモードを癒すための介入は，他の治療技法の観点からも了解できるものである。「脆弱なチャイルドモード」を安心させ，その強さを育て，癒すといったことは，つねに治療関係における主目的であり基本原則でもある。同時に，これらの介入について，つねに当事者にフィードバックを求め，当事者の疑問に答えていくことも重要なことである。エクササイズは，当事者の欲求と好みに応じて行うべきである。当事者がセラピストにフィードバックを与え，治療にまつわる感情的な体験について自ら語ることによって，治療に対する当事者自身の責任感が高まっていく。これは，再養育的な関係によるアプローチのなかでセラピストの担う責任を少しずつ減じていくことにもつながるため，望ましいことと言える。

● 「椅子による対話のワーク」による「脆弱なチャイルドモード」のケア

　スキーマ療法の「椅子による対話のワーク」（8.3.1 項参照）は，「イメージの書き換え」エクササイズと同様のルールに従う。イメージエクササイズと同様，「椅子による対話のワーク」においても，「脆弱なチャイルドモード」は承認され，安心感を与えられ，癒されていく。イメージエクササイズにおいて当事者とセラピストが「懲罰的ペアレントモード」と闘うのと同じように，「椅子による対話のワーク」でも「懲罰的ペアレントモード」との闘いが行われる。たとえば，セラピストは「懲罰的ペアレントモード」の椅子に話しかけ，「懲罰的ペアレントモード」からの辛らつなメッセージに対して反論し，最終的にはその椅子を放り投げる。その後，セラピストは「脆弱なチャイルドモード」の椅子に向かって次のように話しかける。「"小さな○○"，私はここであなたと会い，触れ合うことができてうれしく思います。あなたは愛すべき子どもであり，あなたの欲求はとても大切なものなのです」。

● 録音ファイルと移行対象

　「脆弱なチャイルドモードを癒す」という枠組みのなかであれば，当事者を癒すためにあらゆる技法を用いてよい。（柔らかい）おもちゃ，あるいはセラピストからの個人的なメッセージが記されているポストカードといった，移行対象を活用することは特に有効である。これらの対象は，当事者が自分の「脆弱なチャイルドモード」と接しつづけることを助けてくれる。また移行対象は，たとえその場にいなくてもセラピストの存在に触れる手助けにもなる。さらには，こうした対象は，当事者がセラピストを「ヘルシーアダルトモード」のモデルとして内在化することを促進することにもなる。

　録音ファイルについても同様のことが言える。たとえば，セラピストが"小さな○○へのメッセージ"を録音し，当事者にプレゼントすることができる。多くの当事者は録音可能なマイク機能がついた携帯電話を持っている。メッセージを録音すれば，当事者はつらい気分のとき，あるいはホー

ムワークで「脆弱なチャイルドモード」をケアするのが難しくなったとき，音声ファイルを家で聴くことができる。

　スキーマ療法におけるこのような技法と，BPDのための弁証法的行動療法（DBT）（Linehan, 1993）のいくつかの行動的技法との間には類似点がある。DBTにおけるBPD当事者の「スキルボックス」には，仲の良い友人の写真や励ましのメッセージが記されたポストカードなど，癒しのアイテムがたくさん含まれている。こうしたものは，当事者の生活に応じて個々に実施することが望ましい。

6.4 行動的技法

　行動的なレベルでは，当事者は，自分自身の欲求をしっかりと受容し，表現し，満たすことを学ぶ。これには，人間の欲求は自然で重要なものであることを理解することも含まれる。人は，自分の欲求がある程度満たされた場合においてのみ，心理的に健康でいることができる。これは，人間性心理学に基づく心理療法の基本原則とも一致する。ただし，「欲求を表現する」とは，すべての感情とすべての欲求を直ちに，そして直接的に表現することを意味しているわけでは「ない」ことを念頭に置く必要がある。個々の欲求は，個々の社会的状況において適切に表現される必要がある。そのため，一部の当事者にはソーシャルスキルズトレーニング（SST）が推奨される場合もある。

　スキーマ療法における治療関係は，当事者の感情と欲求を表現することを練習するための安全な場である必要がある。セラピストは，当事者が自らの欲求と感情を，十分に，そして健全な形で表現することを強化していく。そのような治療関係のなかで，SSTも行われる。当事者が，治療関係のなかで自らの欲求を表現する力をつけてきたら，次に治療外の関係において自らの欲求と感情を表現するトレーニングに焦点を移すべきである。しかしながら，そこに何らかの虐待的な関係が存在する場合には，欲求を

表現する代わりにその関係を絶つよう当事者を励ます場合もある。とはいえ治療の初期段階においては, 虐待的な関係を終えることができない当事者もいる。そのようなケースでは,「そのような虐待的な関係を終わらせること」というアジェンダを治療のなかで掲げつづける必要がある。なぜなら, そのような関係が続く限り, 当事者のなかに安心感や健全なアタッチメントを形成することができないからである。こうした場合, 感情焦点化技法は, 当事者が自分には他者との間に限界を設定する権利がある, ということを理解するために, まずは活用されるべきである。

「脆弱なチャイルドモード」の治療における行動的技法は, うつ病のCBTによく似ている。うつ病のCBTでは, SSTに加え, 正の強化を得るための活動が推奨されている。当事者は, 安心感や満足感, そして幸福感といった感情が得られるような活動を行う必要がある。これは, 温かな泡風呂に入ってリラックスするといったスモールステップ的なことから, 昔の趣味を再開するといった大きなことまで含まれる。これらの行動的技法をモードアプローチに結びつけるために, 当事者に自分の「幸せなチャイルドモード」が楽しいと感じる活動について尋ねる。「幸せなチャイルドモード」は, 誰と一緒に何をするのが好きなのだろうか? あるいは何をすることがこれまで好きだったのだろうか?

6.5　よくある質問

(1)「イメージの書き換え」エクササイズの最中は, つねに目を閉じていなければならないのか?

イメージエクササイズにおいて, 目を閉じたほうが感情をよりはっきりと感じることができる。しかし最初のうちはそれができない当事者がいる。セラピストは最初からこの件についてあまり厳密にならないほうがよい。たいていの当事者は, エクササイズに慣れるうちに, 閉眼できるようになる。エクササイズを始めて長期間が過ぎても当事者が目を閉じることがで

きない場合は，ひとまずその理由を尋ね，当事者に合わせて方法を工夫すればよいだろう。たとえばセラピストも一緒に目を閉じたり，セラピストと背中合わせでエクササイズを行ったりすることを好む当事者もいる。いずれにせよ，多くの当事者は，時間の経過とともに目を閉じることができるようになる。

(2)「イメージの書き換え」エクササイズのなかで，攻撃的な行動（例：加害者を殺害する）が演じられることに危険はないのか？

　感情処理は，イメージエクササイズを評価するうえで重要な指標である。当事者が，加害者が殺されることでしか安心感を得られない場合は，書き換えにおいて相手を殺すよう提案する。しかしながら，当事者が加害者との暴力的対決を望まない場合は，別の解決策を模索するべきである。当事者が，イメージのなかで攻撃的な行動を取ることなく安心感を得られるのであれば，それもまた結構なことである。

　セラピストはしばしば，「イメージの書き換え」において当事者が加害者に復讐をする，あるいは暴力を行使するのを手助けすることに困難を感じる。道徳的に抵抗を感じるかもしれないし，あるいはイメージ上の復讐が，当事者の現実生活における攻撃性の制御を弱めてしまうのではないかと心配になるかもしれない。しかしながら，復讐を試みるというのは，一方で極めて正常な体験なのではないだろうか。我々の多くは，怒りを感じたり，自分が不当に扱われたと感じたりした際，相手を復讐することを空想する。通常，このような空想が実際の攻撃につながることはまずない。むしろ復讐を空想することで，現実生活のなかで過剰補償的に攻撃性を表出することが，かえって減じるかもしれない。

　Arntz et al.（2007）は，シンプルな曝露療法と比較して，「イメージの書き換え」がPTSD当事者の攻撃性の制御の向上と怒りの低減に対してより高い効果があることを発見した。この研究では攻撃的な書き換えも行われており，この研究では，イメージエクササイズにおいて攻撃性な書き換えを行うことの効果が支持された。さらに言えば，我々は「イメージの書

換え」エクササイズにおける攻撃性の空想が，実際の攻撃を引き起こしたというケースを耳にしたことがない。しかしながら，研究はなお進行中であり，現時点ではこの質問に対し十分な回答はできない（Seebauer, 私信）。

(3) 現実生活のなかですでに攻撃性の問題を抱える当事者（たとえば触法当事者など）に対し，「イメージの書き換え」エクササイズのなかで，攻撃的な空想を行うことは適切なのか？

　この問題に関しては，議論はまだ進行中である。セラピストのなかには，触法の問題を抱える当事者に攻撃的な空想を活用することに対して厳しく反対する者もいれば，重篤な触法当事者にも攻撃的な空想を用いてうまくいった臨床事例を報告する者もいる。これは今後実証研究の必要なテーマであると言える。

(4) 当事者はイメージエクササイズと現実との区別を理解できるのか？　たとえば，「イメージの書き換え」エクササイズで，セラピストが自分の家に当事者を連れて帰るといった空想をする際，「それが現実的に起こりうることである」というように，当事者が治療関係に対して過度の期待を抱いたりすることはないのか？

　我々の経験では，当事者はイメージエクササイズと現実との違いを容易に理解する。しかし多くの当事者はエクササイズでセラピストと親密に関わることを経験することによって，「他者と親密に交わりたい」という自らの欲求を自覚するようになる。そもそもこのこと自体が「イメージの書き換え」エクササイズの目的でもある。愛情やアタッチメントにいかに価値があるかという話題は，エクササイズを通して頻繁に登場する。

　BPD当事者の場合，「イメージの書き換え」エクササイズにおいて，当事者の「脆弱なチャイルドモード」とセラピストの間に，深く親密さを伴う交流がしっかりと行われることが不可欠である（重症度のさほど高くない当事者の場合は，当事者内の「脆弱なチャイルドモード」と「ヘルシーアダルトモード」の交流が行われればそれで事足りる場合もある）。親密な対人関係を強く求めるのは，BPD当事者にとって当然のことである。これはイメージによる介入の結果ではなく，BPDという障害のそもそも

の特徴である。スキーマ療法のモデルによれば,「イメージの書き換え」エクササイズにおけるアタッチメントの体験は,当事者が真に必要としている感情を満たすことにつながる。さらに,当事者がアタッチメントを切望していることが治療のなかで明確になることにもつながる。

　たしかに,セラピストが不在のときにも,実はセラピストにそばにいてほしいと述べる当事者もいる。そもそも「イメージの書き換え」エクササイズをしてもしなくても,BPD当事者は,強固なアタッチメントに対する切望を体験する。当事者がこの切望について率直に話すことができれば,それは治療的に扱える大事な話題となる。これは,対人関係について健康的なレベルで話し合う重要な機会となる。重症度の高い当事者は,アタッチメントにおいて困難な問題を抱えているが,これから学んでいくことが可能である。

　当事者は時に,「セラピストにそばにいてほしい」と思うこと自体を「問題のあること」として体験するかもしれない。「この前の日曜日,気分が本当に悪くて,前回のセッションで行った"イメージの書き換え"のテープを聴きました。正直に言うと,私は先生に対して怒りを感じました。なぜなら,現実の生活では,私にはこのひどいテープしかないのに,先生は自分の家族と楽しい時間を過ごしているのですから」。このような場合,セラピストは,当事者のアタッチメントへの欲求を承認しつつ(「あなたの抱えるさみしさについて考えれば,私はあなたのおっしゃっていることがとてもよくわかります」「私の家族のような健康的な家庭をあなたが手に入れることができたら,それはどんなに素晴らしいことでしょう」),治療関係には限界があることをはっきりと伝える必要がある(「残念ながら,あなたにそのような家族を提供することが私にはできません。けれども私は治療者として,あなたが自分でそのような家族をつくれるようになるために,あなたの成長を手助けする存在でありたいと願っています」)。

(5) セラピストのなかには,「イメージの書き換え」エクササイズを行うなかで BPD 当事者と親密な関わりをもつことを直感的に不快に思う人もいる。そのようなセラピストは,自らの直感に従い,自分が心地よく感じる範囲で親密さを提供すればよいのか?

「イメージの書き換え」エクササイズについて批判的に検討することは重要である。このエクササイズは,「脆弱なチャイルドモード」をケアすることを目標としている。したがって,当事者の「脆弱なチャイルドモード」に合わせて,アタッチメントや親密さは提供されるべきである。セラピストはイメージのなかで当事者に対し,自分の子どもにするようにアタッチメントと親密さを与える。それには,その子をハグしたり守ったりすることが含まれる。その子の家庭が安全でなければ,別の安全な家庭を提供したりもする。しかしながら,そうしたワークは,当事者の「ヘルシーアダルトモード」との関係に焦点を当てたものであってはならない。そしてもちろん,どのような形であっても,イメージのなかで当事者と性的な親密性をもってはならない。

「イメージの書き換え」エクササイズの目的は,当事者の「脆弱なチャイルドモード」に対して安全で健全なアタッチメントを提供することである。当事者自身のチャイルドモードの欲求がこのエクササイズを導いていく。セラピストと一緒にいるときにしか当事者の「脆弱なチャイルドモード」が安心感を得られないのであれば,そのようなイメージのなかで書き換えが行われるべきである。書き換えは,セラピストの個人的な好みではなく,あくまでも当事者のチャイルドモードの欲求に従って進められる必要がある。「イメージの書き換え」エクササイズは,非常に強力な技法であり,できるだけ効果的に行わなければならない。"当事者の「脆弱なチャイルドモード」をセラピストの家族に連れていく"といったイメージは,非常にポジティヴな効果をもたらすこともある。したがって,セラピストはこうしたイメージをいつでも使えるよう準備しておく必要がある。もちろん「セラピストの家族」は,空想上のものであっても全く構わない。

セラピストは当初,これらのワークに対して戸惑いを覚えるかもしれな

いが，それでもなお我々は，まずはとにかく実行してみることをお勧めする。当事者と同様にセラピストも，これらの手法に最初は馴染めないかもしれないが，次第に慣れていく必要があるからである。セラピストが何人かの当事者に対して，集中的な治療的再養育法を行い，そのなかで「イメージの書き換え」エクササイズを実施した後は，たいてい自分がこのエクササイズに慣れてきたことを実感する。最初は自分の限界が脅かされるようにセラピスト自身が感じるかもしれないが，経験を積み重ねていくうちにそのような脅威も減っていく。まさに「習うより慣れよ」である。

しかしながら，セラピストがこのエクササイズはどうにも試せないと感じてしまったり，何度か試してみてもどうしても慣れることができなかったりする場合，セラピストはその理由を検討する必要がある。セラピストのなかには，「イメージの書き換え」エクササイズのなかで自分が提供すること（すなわち通常の治療で提供する以上のことを），現実生活のなかでも当事者に提供しなければならないというプレッシャーを感じる人がいる。これは不合理な考え方であり，セラピストの内なる「罪悪感を誘発するペアレントモード」の表れかもしれない。しかし「イメージの書き換え」エクササイズの内容が，実際の治療関係の限界を規定するものではあってはならない。

治療関係について異なるガイドラインをもつ，別の治療モデルの訓練を受けたセラピストは，スキーマ療法における「イメージの書き換え」に居心地の悪さを感じることがある。たとえば"「脆弱なチャイルドモード」をセラピスト自身の家族のもとに連れて行く"などといった書き換えの作業は，セラピストが訓練を受けた他の治療モデルの指針と矛盾するかもしれない。そのような場合，セラピストは従来の手順を変更してでも，スキーマ療法のガイドラインを受け入れるかどうかについて，意思決定しなければならないだろう。

(6)「イメージの書き換え」のエクササイズのなかで、つねに「安全な場所」のイメージを使うことが必要なのか？

　多くのセラピストは、「安全な場所」のイメージを好み、「イメージの書き換え」エクササイズのなかで用いることが多い。「安全な場所」は、エクササイズの始まりと終わりに使用することができる。しかし我々の見解では、「安全な場所」はつねに必要なものではない。というのも、「安全な場所」を必要とする重症度の高い当事者ほど、逆説的に、それをイメージすることが難しいからである。多くのBPD当事者にとって「安全な場所」を見つけるのは、特に治療開始当初においてはほぼ不可能である。したがってこのような重症なケースにおいては、我々は「安全な場所」のイメージを使用しない。その代わりに、「イメージの書き換え」エクササイズの終盤で、ありとあらゆる手段を使って、当事者のポジティヴな感覚や安心感を強化する。そうすることによって「イメージの書き換え」エクササイズそれ自体が（あるいは治療場面そのものが）、当事者にとって「安全な場所」になっていく。

(7) イメージのなかで、どのようにしてチャイルドモードに話しかければよいのか？

　「チャイルドモード」に対しては、実際の子どもに対するのと同じように、形式張らず、フランクに話しかける。当事者を通常苗字で呼んでいる場合は、チャイルドモードに話しかける際は名前を呼ぶほうがよい。公私で話し言葉を区別して使用するセラピストの場合、「脆弱なチャイルドモード」には私的なほうの話し方を用いるほうが適切である。

(8) 治療におけるどの時点でこのようなイメージワークを開始できるのか？　事前に、どのような治療関係を形成しておくべきか？

　「イメージの書き換え」エクササイズは、できるだけ早めに開始することが一般的な原則である。治療の初期であっても、セラピストがこの技法を紹介すると、当事者はすぐにそれに慣れていくものである。診断的なイメージエクササイズは、2回目ないしは3回目のセッションで使用するこ

とができる。モードモデルを当事者が理解した後は,「イメージの書き換え」など治療的なエクササイズも,できるだけ早めに導入することが望ましい。

ただし,強力なコーピングモードは感情を遮断するため,そのようなモードを有する重症度の高い当事者は,治療初期に「イメージの書き換え」エクササイズに取り組むことをあまり好まない。このような場合,まずはコーピングモードに取り組むことが重要となるが,それにはある程度の時間を要する。BPD 当事者の場合,最長で 1 年ぐらいかかることが多い（Arntz & van Genderen, 2009）。

このような当事者に対しては,ゆっくりと,段階的にイメージエクササイズを導入していくことが望ましい。当事者は,最初のいくつかのエクササイズでは,目を開けていたがるかもしれないし,時間制限を設けたがるかもしれない（たとえば,「最大 10 分間」と決めてエクササイズをスタートする）。また,ポジティヴなイメージを思い浮かべることからエクササイズを始めてもよい（たとえば,エクササイズについて言語的に話し合った後,「イメージの書き換え」エクササイズのポジティヴなラストシーンだけをイメージする）。当事者がイメージエクササイズに慣れてくれば,標準的な「イメージの書き換え」エクササイズを段階的に導入することができるようになるだろう。

(9) 当事者がイメージワークの実施を完全に拒否する場合,どのように対応すればよいのか？

最初に,この技法の論理的根拠を当事者が理解しているかどうかを明らかにする必要がある。当事者のなかには,治療初期のイメージワークに対して,若干の違和感を覚える人がいる。また,イメージワークには多大な感情処理を伴うが,感情それ自体は変化するはずがない,という信念を（密かに）抱いている当事者もいる。自らの感情を非常にストレスフルなものとして体験している当事者が,何の制限もない状態でイメージワークを行うことに気が進まないのは,ある意味当然かもしれない。そのような場合,当事者の体験や信念についてよく話し合う必要がある。スキーマ療法にお

ける「イメージの書き換え」エクササイズのプロセスについて，より詳しく説明するのもよいだろう。

　しかしながら，当事者がイメージワークを拒否する明確な理由がない場合は，その拒否は「遮断・防衛モード」の一部として理解する必要がある。つまり，当事者は強力な感情的体験を恐れており，そのような体験から自らを守ろうとしていると仮定する。こうした場合は，「遮断・防衛モード」を治療する際の基本原則が適用される（第5章参照）。すなわち，まずは当事者の不安を承認する必要がある。当事者が特定の記憶イメージを恐れている場合，エクササイズは「ごく簡単な」イメージから始め，段階的に誘導していく。不信感が強い当事者は，イメージエクササイズの間に，トラウマを受けることを恐れる場合がある（当事者は，「セラピストが攻撃してくるかもしれない」「自分が目を閉じた瞬間に邪悪な人が部屋に入ってくるかもしれない」と心配する）。このような場合は，こうした状況で当事者がより安心感を得るにはどうしたらよいか，といったことについて話し合う必要がある。たとえば，ドアに鍵をかけるとか，目を閉じないことにするといったことである。当事者が，自分が目を閉じて感情的体験をたどる様子をセラピストに見られることを想像して恥ずかしがっている場合には，セラピストも一緒に目を閉じてもよいし，当事者と背中合わせに座ってもよい。

　当事者のなかには，治療的再養育法を伴うイメージエクササイズを行った後，日常生活のなかで「懲罰的ペアレントモード」が"反撃"してくることを心配する人がいる。この訴えについては真剣に取り上げ，セッション後の数時間は短い電話やメールでコンタクトを取れるようにしたり，「懲罰的ペアレントモード」に対抗するためのメッセージを録音したりする，といった解決策を検討する必要がある。

　イメージエクササイズに対してあまりにも抵抗の強い当事者，あるいはエクササイズに対してあまりにも繊細な反応を示す当事者（例：イメージの流れが激しすぎて見失ってしまう当事者）に対しては，「イメージの書き換え」エクササイズを使わずにスキーマ療法を進めていくことを容認す

る。「イメージの書き換え」は非常に強力な技法であり，簡単にあきらめてはならないものである。しかしながら，「イメージの書き換え」よりも「ドラマ技法（drama techniques）」のほうが良い結果につながる場合があることがわかっている。何らかの理由により，一部の当事者はイメージよりもドラマ技法によりよく反応するため，ドラマ技法は格好の代替手段となりうる（Arntz & Weertman, 1999）。感情焦点化技法に抵抗を示すのは，当事者だけではなくセラピストも同様な場合がある。セラピストと当事者が，「グルになって」この技法を回避しないよう注意したい。

(10)「イメージの書き換え」エクササイズによる代償不全（decompensation）の危険はないのか？　当事者がつらい感情に完全に圧倒されてしまうことが，「全くない」と言い切れるのか？

　より以前の，たとえばゲシュタルト療法のように，構造化の程度の弱いなかで感情焦点化技法を用いた場合，情緒不安定な当事者においては代償不全の危険性が認められた。ゆえに，これらの技法は最近まで重篤なトラウマを受けた当事者に対しては禁忌とされてきた。しかしながら，「イメージの書き換え」エクササイズによる感情の処理は，高度に構造化されており，セラピストによって注意深く誘導される。セラピストは，チャイルドモードの感情や欲求について尋ねることで，当事者の感情をつねにモニターする。さらには，恐ろしい加害者と（必要であればセラピストのサポートとともに）闘うことは，「イメージの書き換え」エクササイズにおいて必須である。セラピストによるこのような誘導なしには，トラウマの記憶によって当事者が不安定になるリスクは非常に高まるだろう。なぜなら，当事者の「懲罰的ペアレントモード」（とそれに関連する自己嫌悪と脅威の感覚）は通常，非常に強力だからである。したがってセラピストは，イメージ導入の際，「懲罰的ペアレントモード」が活性化する範囲をあらかじめしっかりと限定しておく必要がある。セラピストは，当事者が脅威を感じはじめたら直ちに，（必要であれば，武器や警察官なども活用しながら）攻撃を加えると同時に強力な「書き換え」の作業を積極的に行う。「イ

メージの書き換え」エクササイズには,1つだけルールがある。それは,"セラピストが「懲罰的ペアレントモード」と闘う場合は必ず勝たねばならない！"というものである。そして次に重要なのは,「脆弱なチャイルドモード」を慰めることである。これは,当事者を勇気づけ,「懲罰的ペアレントモード」を弱めることにつながる。セラピストがこれらのガイドラインを守ることができれば,当事者の感情は制御され,当事者がネガティヴな感情に圧倒されたり,代償不全を来したりすることを防ぐことができる。

　実はイメージエクササイズにおける最大の問題は,代償不全ではなく,感情の回避である。感情が極度に不安定になりやすい当事者は,強固な「遮断・防衛モード」をもっていることが多い。「イメージの書き換え」エクササイズにおいて,「遮断・防衛モード」といったコーピングモードは,当事者が感情の生じた状況について事細かに説明したり（状況に関係のないことを細かく説明することもある）,エクササイズ中に何度も目を開けてしまったり,感情が揺さぶられそうになると解離してしまったり,といった形で現われる。したがって,セラピストにとって最も重要な課題とは,代償不全を回避することではなく,当事者が自らの感情に向き合い,課題に取り組むことを手助けしつづけることだということになる。

(11) 当事者が,（鎮静作用のある）向精神薬を服用している場合,イメージエクササイズはどう機能するのか?

　ベンゾジアゼピン系の薬物や鎮静系の神経遮断薬などのように,鎮静作用のある向精神薬は激しい感情を遮断する。当事者が鎮静下にある際の「イメージの書き換え」エクササイズの効果は弱まるか,もしくは何の効果も見られない場合がある。Giesen-Bloo et al.（2006）は,向精神薬を服用しているBPDの当事者に対しては,スキーマ療法の効果が弱まることを事後的に発見した。この発見は臨床的見地からすると,向精神薬が感情の強度を下げたためであると考えられる。ただしこのことは,無作為化比較試験（RCT）によって検討されてはいない。

(12) トラウマティックな記憶をもつさまざまな当事者に対して，どのように対応するべきか？

　重症度の高い当事者は，トラウマに関するさまざまな状況や感情に焦点を当てる必要があるため，「イメージの書き換え」エクササイズのセッションを数多く実施する必要がある。たとえば，ジェーン（2.1.3項参照）は，幼少期に体験した広範囲にわたる記憶を数多く報告した。すなわち，母親は冷たく拒否的であった，複雑な家庭環境によって過度のストレスを感じていた，父親は酔うと暴言を吐いた，同級生は「太っている」と言ってジェーンをいじめた，といった記憶である。

　こうしたケースでは，当事者とセラピストは「イメージの書き換え」エクササイズでどの状況を扱うか，そのためのリストをつくることができる。この場合，あまりシビアでない記憶からエクササイズを行い，その後は当事者の好みに沿って進めていくとよいだろう。

(13) 「感情の橋渡し」の結果，楽しく快適な幼少期の記憶のイメージに到達することがあるが，それは何を意味しているのか？

　エクササイズがネガティヴな感情で始まったとしても，「感情の橋渡し」の後に生じる幼少期の記憶がネガティヴでない場合がある。その単純な理由としては，エクササイズで取り上げた状況におけるネガティヴ感情が，当事者の生活パターンに関連しておらず，状況要因からほとんど説明ができてしまう，ということがある。その場合，焦点を当てた状況そのものが介入に適していないということになる。

　しかしながら，焦点を当てている現在の問題状況が当事者の生活パターンと明らかに関連している場合にも，快適な記憶のイメージが生じる場合がある。その場合，「イメージの書き換え」エクササイズはおそらく介入として適しているが，その際必要なのは，この「快適な記憶のイメージ」の意味を検討することである。我々の経験では，こうした「快適な記憶」に関わる幼少期の状況は，「脆弱なチャイルドモード」ではなく，当事者の幼少期における「コーピングモード」に基づいていることが多く，まさ

にこの点について当事者と話し合う必要がある。「快適な記憶のイメージ」が実はコーピングモードである可能性はないか，当事者に直接尋ねてもよいし，コーピングモードを見つけるためにイメージのなかでさらに記憶を探索してもよい。イメージのなかで当事者に対し，「今何をしたいのか」と尋ねてみてもよい。あるいは「快適な記憶のイメージ」からいったん離れて，今ここに存在しない親とコンタクトを取ってみるよう提案してもよいだろう。多くの場合，これらのワークをするなかで，当事者の「快適な」感情が変化し，最終的には「脆弱なチャイルドモード」が登場してくる。

事例 幼少期の記憶の情景におけるコーピングの様子
事例1――「自己犠牲」

　　38歳のサイモンは内科医で，会議で出張するときいつも，家族の安全について心配ばかりしていた。これらの感情を手がかりにイメージワークを始めたところ，彼女は幼い自分が自宅の応接間にいる情景を思い描いた。彼女の母親もそこにいた。それは平和なシーンである。小さなサイモンに，特に強い感情は生じていない。そのイメージには，現在の感情的問題（恐怖や心配）が存在していない。セラピストは，そのイメージをさらに理解するために，状況を変えることを提案した。セラピストは，記憶イメージのなかの「チャイルドモード」に対し，「今何をしたいのか」と尋ねた。小さなサイモンは，「とっても天気がいいので外に行って庭で遊びたい」と答える。セラピストはそうするよう彼女に伝える。しかし，小さなサイモンが家を出ようとしたところで不安が出現した。サイモンは，情緒不安定で慢性的な抑うつを抱えた母親が，自分が外出することでひどい気分になったり，自傷行為を行ったりすることを恐れている。小さなサイモンは，母親の情緒的な幸福と健康に対して多大な責任を感じていた。このことをイメージエクササイズで展開すると，サイモンの「チャイルドモード」は母親と一緒にいて，母親の世話をすることで安定していることが示された。これはコーピングモードである。このコーピングのパターンが妨げられると，サイモンは不安を感じるの

である。これはサイモンの現在の家族に対する心配とよく似ていた。さらに言えば，幼少期のこうしたコーピングは彼女の「自己犠牲」のスタイルを表しており，これは現在の生活状況のなかでも重要な役割を果たしていた。

事例2――「ひきこもり」と「自己鎮静」

44歳のバーバラは，慢性的な摂食障害（拒食症／過食症），アルコール依存，そしてBPD傾向をもつ当事者である。彼女は最近，他者から不当に扱われ，拒絶されたと感じる体験をした。これらの感情に対処するために，彼女はアルコールを摂取し，過食する。これらの感情をきっかけにイメージエクササイズを始めると，バーバラは10歳の自分がベッドで縮こまっている様子をイメージした。彼女はチョコレートを食べ，心地よく感じている。セラピストがチョコレートの意味を探索する。そこで判明したのは，バーバラが母親からチョコレートを盗み，もうすぐすべて食べきってしまうところであるということだった。「私にはこれが必要なの」と彼女は言う。とはいえ小さなバーバラは，自分の盗みが母親にバレて厳しく罰せられるのではないかと恐れてもいる。このイメージは，バーバラにとって人生の早期から食べることが自己を鎮静化するコーピングスタイルとして重要だったことを物語っている。さらにその後，母親をイメージに加え，エクササイズの焦点を小さなバーバラと母親とのやりとりへと移行することで，イメージのなかには「脆弱なチャイルドモード」と「懲罰的なペアレントモード」の両者が登場することになった。

（14）イメージエクササイズの間，ひっきりなしに話しつづける（たとえばイメージとは無関係な情報をひたすら説明しつづけるなど）当事者に対しては，どのように対応すればよいのか？

イメージエクササイズの開始当初は，当事者はこの治療技法にまだ慣れていない。したがってセラピストから，このエクササイズで何をするべき

か，そして何をするべきでないかについて，まずはしっかりと教示する必要がある。「その状況の詳細を私が知ることが重要なのではありません。大切なのは，あなた自身の感情です。時間をかけて，あたかもその状況にあなたがいるかのようにイメージし，どのような感情が出てくるか，それを感じ取ってみましょう。よろしいでしょうか？」。

(15)「イメージ書き換え」の段階で，セラピストが当事者のイメージに入り込むという案を拒否する当事者にはどのように対応すればよいのか？

　セラピストは，当事者のイメージに入る許可を求めるのではなく，ただ単に入ればよい。当事者に許可を求めれば，入れてもらえないリスクが高まる。しかし，許可を求めると「嫌だ」と言う当事者でも，セラピストが許可を求めることなく直接イメージに入り込んでしまうと，それを嫌がるどころか，むしろ安心感を抱くことが多い。

　とはいえ，当事者のなかには，セラピストがイメージに入ることをどうしても嫌がる人がいる。これにはさまざまな異なる理由が考えられるため，その都度当事者と話し合う必要がある。

　最もヘルシーな例としては，当事者の「ヘルシーアダルトモード」が十分に強固なため，書き換え時にセラピストの助けを必要としないケースである。この場合，「イメージの書き換え」にセラピストは不要であり，下手に入り込むとイメージが不自然になってしまうかもしれない。これは，当事者の幼少期の記憶があまり脅威的ではない場合，当事者の「ヘルシーアダルトモード」がかなり強固な場合，あるいは当事者の状態が比較的安定している場合に可能となる。たとえば，サイモンという当事者は，機能レベルが高く，症状もさほど深刻ではない。彼女の場合は，彼女自身の「ヘルシーアダルトモード」がイメージにおいて十分に機能できるため，書き換えの段階においてもセラピストは必要ないだろう。

　一方，最もシビアな例としては，当事者が他者を全く信頼できず，一人きりでいることを好む場合である。このようなケースは逆説的な様相を呈する。というのも，幼少期の状況が悪ければ悪いほど，そして他者からの

サポートをより必要とする当事者ほど，セラピストがイメージに入り込むことを拒否するからである。このような場合，セラピストと当事者の間には信頼感が必要であること，そして当事者の書き換えのイメージにセラピストをどのように登場させるかといったことについて，十分に話し合う必要がある。これは，当事者が他者に信頼を置くことを手助けすることにもつながる。

> **事例** 不信感の強い当事者が「イメージの書き換え」時にセラピストが入るのを拒否するケース

BPD および反社会性パーソナリティ障害で触法系の当事者のニコル（1.3.3 項参照）は，幼少期に母親から攻撃を受けたり，"価値下げ"されたりしていた。しかし，「イメージの書き換え」において，「小さなニコル」を救うための場面にセラピストが入っていくことを断固として拒否した。ニコルのこのような強い拒否感について理解するために，二人はセラピストが彼女の幼少期のイメージに入り込もうとするにあたって，診断のための短いイメージエクササイズを実施した。すると，セラピストの出現によって「小さなニコル」は非常に怯えてしまうことが判明した。セラピストの存在は，幼少期に自宅に訪問してきた児童相談所のソーシャルワーカーの存在を想起させたからである。

ニコルの家庭は，いつも反社会的な騒動を起こしており，児童相談所もそのことをよく知っていた。それゆえ，相談所のソーシャルワーカーは，様子を見るために頻繁に家庭訪問をしてきた。その目的は家族を支援することであり，相談所のスタッフはニコルの母親をたびたび批判していた。しかしながら，これらの訪問は実際にはニコルの助けにならなかった。というのも，実際には問題だらけだったとしても，家庭訪問時には家族全員が「あたかも何も問題がないかのように」振る舞ったからである。さらに母親は家庭訪問時に批判されると，その後きまって代償不全を起こした。したがって「小さなニコル」にとって，ソーシャルワーカーの訪問は，助けになるどころかむしろ危険であった。このような話

第 6 章　脆弱なチャイルドモードに対応する　263

し合いを通じて，なぜニコルが「イメージの書き換え」における第三者の出現を拒否するのか理解することができた。一度このように理解が共有されれば，問題解決のために話し合うことができる。ニコルにとって重要な点は，セラピストがイメージに入った際，単に母親を批判するのではなく，敬意をもって母親に接し，母親に対しても支援を提供するということであった。

当事者の「チャイルドモード」が，イメージのなかにセラピストが登場することを拒否する場合がある。それは「懲罰的ペアレントモード」があまりにも強力だからである。このような当事者は，イメージのなかの「懲罰的ペアレントモード」（たとえば，酒に酔った虐待的な父親）がセラピストを傷つけることを恐れていたり，あまりにも閉鎖的な家庭のあり様をセラピストに見抜かれることに罪悪感を抱いていたりする（「この家で起きていることを誰にも知られちゃいけないよ」）。我々は，このような場合，セラピストの援助を拒否するのは「懲罰的なペアレントモード」であって，「脆弱なチャイルドモード」ではない，と仮定している。したがってセラピストはこうした場合，「脆弱なチャイルドモード」に向けて，「懲罰的ペアレントモード」がセラピストに抵抗を示していることを伝え，「懲罰的ペアレントモード」と話をしてもよいか，その許可を「脆弱なチャイルドモード」に求める。そのうえでセラピストは「懲罰的ペアレントモード」と話をし，「脆弱なチャイルドモード」の欲求の重要性について主張し，「懲罰的ペアレントモード」がそれらの欲求を価値下げしようとしていることに対して異議を唱える。

事例　「イメージの書き換え」においてセラピストを拒否する「懲罰的ペアレントモード」

セラピストは「書き換え」において，あるイメージ状況に入ろうとする。

当事者　良いことだとは思いますが，それは許されません。

セラピスト　［この発言を「懲罰的なペアレントモード」による拒否であると考える］私があなたを守ろうとするのを阻止するのは，あなたのなかにいる暴力的なお父さんの声ですよね？　イメージのなかでお父さんと話すことができるでしょうか？

当事者　父は言うでしょう。「お前は誰だ!?　ここで何をしているんだ!?　うちの家族と何の関係もないじゃないか！　出て行け！」。

セラピスト　［父親に対して話す］私の考えはあなたとは全く違います。私がこの状況であなたのお子さんに関わることはとても重要なことです。あなたは，娘さんを脅し，娘さんに危害を加えています。私は決してそのことを受け入れることができません。

(16)「脆弱なチャイルドモード」をイメージしようとする際，チャイルドモードが出てくる代わりに，当事者の自殺念慮が強まってしまったり，当事者の話す恨みつらみが止まらなくなってしまった場合，どのように対応すればよいのか？

イメージワークにおいてまず重要なのは，「脆弱なチャイルドモード」の苦痛を承認することである。多くのケースにおいて，チャイルドモードを承認し，「懲罰的ペアレントモード」と闘うことは，チャイルドモードを癒し，ポジティヴな感情を発達させるための道を開くことにつながる。しかしながら，この道は時に阻まれることがある。すなわち「脆弱なチャイルドモード」が登場せず，代わりに当事者の自殺念慮が強まったり，不満を言うのが止まらなくなってしまったり，あるいは非常に悲観的な状態から動けなくなってしまうようなことがある。これは，「従順・服従コーピングモード」や「回避のコーピングモード」をもつ当事者にはむしろ典型的であり，彼／彼女たちは「イメージの書き換え」エクササイズにおいてすら，自らの欲求に対する気づきを回避してしまう。この問題を解決するには，そしてエクササイズをうまく展開するには，セラピストはこれらのコーピングモードに素早く対処する必要がある。多くの場合，ポジティヴな解決策を考え出すことがイメージエクササイズの本質であることを簡潔に説明するだけで十分である。この端的な説明は，たいていの場合エク

ササイズのなかで提供することができる。当事者の「ハマった状態」がより強固な場合には，セラピストはエクササイズを中断し，ポジティヴな解決策を見つけるためにはセラピストと当事者の両方の協力が不可欠であることをあらためて説明する必要があるだろう。このような説明は，当事者の依存的あるいは回避的な防衛を迂回するためでもある。通常，このような手続きによってイメージエクササイズをうまく展開することができる。いずれにせよ，当事者が自らのコーピングモードを鎮静化できるようになってはじめて，イメージエクササイズを開始できることを覚えておく必要がある。当事者が自らのコーピングモードを扱えるようになると，エクササイズの途中でコーピングモードに「ハマって」しまっても，それを鎮静化し，エクササイズを継続することができるものである。

(17)「イメージの書き換え」の段階で，当事者が当初は極端な行為（たとえば加害者を殺害する）を望んだものの，後になって「やるべきではなかった」と思い直した場合，どう対応すればよいか？

　一般的に，「イメージの書き換え」は非常に創造的な技法であり，どのような解決案を試してみても構わない。当事者が当初の解決策を気に入らなくなったのであれば，「テープを巻き戻し」，単に他の解決案を探せばよいだけの話である。エクササイズを終え，その日のセッションが終わった後に，当事者が書き換えについて不満を訴える場合もある。その場合は，別のセッションで再度「書き換え」を行えばよい。エクササイズの最中に当事者が不満を訴えてくれたほうが，対応は容易である。この場合，セラピストは直ちに「テープを巻き戻し」，不満を感じはじめた時点にまで戻って，別の解決策を試すことができる（6.3.3項の「テープを巻き戻す」事例を参照）。

(18) 記憶イメージのなかの当事者が「幼少期の子ども」ではなく「思春期の若者」であることがある。若者のモードに対しても再養育を行うことはできるのか？

　「イメージの書き換え」は，基本的にどのような感情的問題に対しても

活用することができるが，特にイメージのなかで表出される特定の感情的問題に対応することが必須である。時に，対人関係上の問題，あるいは感情的な問題は，「アタッチメントと安心感の欠如の問題」というよりも，「自律に関する問題」のほうと関連することがある。こうした場合，関連する記憶イメージは，脅威的なペアレントモードではなく，思春期にある当事者の健全な自律（と自立）を妨げるペアレントモード（たとえば過保護な母親など）であることが少なくない。その場合，満たされていない主要な欲求は「アタッチメント」ではなく「自制と自律」である。セラピスト（もしくは別のヘルシーアダルトのモデル）は，このようなケースにおいては思春期にある当事者の「自律的である権利（自立する権利）」に着目する必要がある。すなわち，セラピストと当事者は，「過保護な母親モード」に関わる問題について話し合う，あるいは「自制と自律が欠如した思春期モード」に対し，どのように生きていきたいかを問い，自由と自律（と自立）を感じるイメージをつくりあげていくことを手助けするとよいだろう。

(19) 技術的な質問——録音ファイルはどのようにして作るのか？

多くのMP3プレイヤーにはマイク機能がついており，録音したり録音ファイルを聞いたりすることができる。これらは安価に入手できる。治療を録音する目的でMP3プレイヤーを購入しようとする当事者もいる。ただし，たいていの携帯電話にはマイク機能がついている。したがって，我々はまず当事者に対し，所有している携帯電話にマイク機能がついているかどうかを確認してもらうようにしている。当事者が気づいていないだけで，マイク機能がついていることが多いからである。現在，ほとんどの当事者が最低でも一台は携帯電話を所有し，持ち歩いている。したがって彼／彼女たちはいつでも手元に録音ファイルを持っているということになる。

第**7**章

怒れるチャイルドモードと衝動的チャイルドモードに対応する

「怒れるチャイルドモード」「激怒するチャイルドモード」「非自律的チャイルドモード」「衝動的チャイルドモード」は，互いに部分的に重複しているが，大きくは2つのカテゴリーに分類される。それは「怒り系」と「衝動系」の2つである。制御が難しいほど強く"ホット"な怒りや激怒が主な感情である場合のモードは，「怒れるチャイルドモード」か「激怒するチャイルドモード」である。一方，自らの欲求に過度に焦点を当てている場合，当事者は「衝動的チャイルドモード」か「非自律的チャイルドモード」にある。これらのモードにある人は，怒りではなく，むしろポジティヴな感情を得たいという欲求をもち，極端なやり方でその欲求を充足しようとする。このような当事者は，自律性が育っていなかったり，過度に甘やかされていたり，衝動的であったりする。各モードに典型的な情動や感情については表7.1に提示する。

治療的なアプローチは，その「チャイルドモード」が「怒り／激怒」系であるか，「非自律的／衝動的」系であるかによって異なる。重要なのは，モードに関連した情動や感情と，背後にある（満たされない）欲求を，つねに承認することである。しかしながら，当事者はこれらの感情や欲求を表現するための適切な方法を身につける必要がある。特に「非自律的・衝動的チャイルドモード」に関しては，非自律的で甘やかされているというモードの特徴について当事者に直面化してもらい，長期的には，少なくと

表 7.1 「怒れるチャイルドモード」「激怒するチャイルドモード」「衝動的チャイルドモード」「非自律的チャイルドモード」に典型的な情動と感情

情動 (Affect)	感情 (Emotion)	例
怒り (Anger)	不公平に扱われたと感じる。不満や怒りを表現する。	患者はセラピストが5分遅刻したことに失望し、怒りをあらわにする。
激怒 (Rage)	自らの行動を制御できず、過度に攻撃的な行動を取ってしまう。極端な場合は、他者を傷つけたり殺したりしてしまうことさえある。短時間の、怒りに支配された行動表出が見られる。激しい攻撃性も含まれる。	自分をいらつかせた相手に対してカッとなり、我を失う。相手を殴ったり、相手の持ち物を破壊したりする。後になってそのことを後悔する。
衝動性 (Impulsivity)	自分自身や他者にとっての長期的な結果を考慮することなく、自分の欲求に従う。当事者はある意味では幸せを感じており、「なぜ邪魔するの？」という気持ちになる。反抗心によって駆り立てられている場合もある。	店先で気に入った靴を見かけると、「とにかくすぐに買わなきゃ」と思い、即座に購入する。銀行口座がすでに赤字であることを気にも留めない。
自律の欠如 (Lack of discipline)	だらしない。「つまらない」仕事をするために自らを律することができない。義務や責任を気にしない。	未払いの請求書や確定申告といったことを気に留めない。困った事態に陥らぬよう、代わりに母親に処理してもらう。当事者は自分の行動が「よろしくない」ということはわかっているが、「こんなくだらないことに邪魔されたくない」と思っている。
強情 (Obstinacy)	他人から見ると、当事者は怒っているように見える。しかし当事者は行動レベルで怒りを率直に表さず、強情で拒絶的であり、すべてを拒み他人を拒絶する。この「強情なチャイルドモード」は、「怒れるチャイルドモード」の場合もあれば「衝動的チャイルドモード」の場合もある。	ある男性当事者は、セッションに恋人（女性）を連れてきて合同セッションを行った。恋人いわく、「自分の姉が訪ねてきたときに、彼と姉がいかにうまくやるか、解決策を見つけたい」「彼（当事者）が姉のことを好きでないのはわかっているので、妥協案を探したい」とのこと。しかし恋人がこの話題について話すときはいつも、当事者は頑固に口を閉ざし、あからさまに身を引き、建設的な話し合いに加わることを拒否した。
わがまま・甘え (Pamperedness)	「非自律的チャイルドモード」のなかでも、特に甘やかされ、わがままになっているように見える。	入院心理療法病棟（inpatient psychotherapy word）のルールに従わない。にもかかわらず、当事者は、他者が自分の欲求に注目し、他者がそれに合わせてくれることを期待する。当事者は、日常生活における社会的基準やルールに自分が従わなければならないということを全く理解していない、甘やかされた子どものようにふるまう。

もある程度自律的になり，自らの言動に責任を果たせるようになる必要があると強調することが極めて重要である。

> 「激怒するチャイルドモード」「怒れるチャイルドモード」は，"ホット"でネガティヴな情動と関連している。一方，「衝動的チャイルドモード」「非自律的チャイルドモード」は，「満足したい」という情報に関連し，依存的で甘やかされているといった印象を周囲に与える。「怒れるチャイルドモード」「激怒するチャイルドモード」に対しては感情的なワークが最重要であるのに対し，「衝動的チャイルドモード」「非自律的チャイルドモード」に対しては共感的直面化と限界設定が必要となる。

7.1　治療関係

7.1.1　「怒れるチャイルドモード」「激怒するチャイルドモード」との治療関係

　「怒れるチャイルドモード」，あるいは「激怒するチャイルドモード」に対応する際は，承認と直面化との間のバランスを取ることが特に重要である。これが「共感的直面化」であり，スキーマ療法における重要な治療戦略である。「怒れるチャイルドモード」「激怒するチャイルドモード」との治療関係における主な原則は以下の通りである。

（1）怒りや激怒の感情を承認する。
（2）当事者の怒りを表出させる。
（3）傷つきや絶望感，無力感といった他の感情について考える。これらの感情は，しばしば怒りの表出後に湧き上がってくる。
（4）当事者の示す怒りが不十分であったり，期待されるよりも弱かったりする場合は，彼／彼女たちが十分に怒りを感じられるよう手助けし，怒りの表出をサポートする。

(5) 当事者が「怒れる／激怒するチャイルドモード」にあるときには，おそらく「懲罰的ペアレントモード」が活性化していることを念頭に置いておく。必要であれば，「懲罰的ペアレントモード」に制限を与える。
(6) 「怒れるチャイルドモード」または「激怒するチャイルドモード」を承認した後，当事者にその非機能的な側面について直面化する。
(7) 「懲罰的ペアレントモード」を制限しつつ，当事者が怒りを適切な形で表現するのを励ます。

● 激怒と怒りの承認とその表出

　「怒れるチャイルドモード」や「激怒するチャイルドモード」が活性化した時点で，セラピストはそれらの感情を承認し，当事者に怒りの理由を尋ねる。セッション中に怒りが活性化する場合，それはおそらくセラピストや治療環境が引き金となっていることが多い。当事者は，自らの怒りについて，その理由のすべてを述べる機会を与えられる必要がある。自分の感じた怒りについて，当事者が1つか2つの理由を述べた場合，セラピストは，ほかにも理由がないか徹底的に探索するべきである。その苛立ちや怒りは，幼少期の体験から生じていることもあるが，当事者は恐怖のためにそれらを抑圧してきていることが多い。そのような蓄積された怒りを表出することも，重要なことである。怒りを表出することによって，たいていの場合当事者は落ち着きを取り戻し，より脆弱な感情が表れてくる。この手法は，BPDの当事者にとって特に重要なものである。BPD当事者に対するこうした技法についての詳細な解説と，なぜそれらがBPDにとって重要であるかということについては，『BPDに対するスキーマ療法（*Schema Therapy for Borderline Personality Disorder*）』（Arntz & van Genderen, 2009）に書かれている。

事例 怒りを表出する

セラピスト（以下，Th） スティーヴ，あなたは怒っているようですね。よければその理由を教えてもらえませんか？

スティーヴ（以下，S） うーん，実は，あまりこのことについて話したくありません……でも，なぜいつも先生に待たされなければならないのでしょうか？　それが実に不愉快です。

Th あなたは，今日私に待たされたこと，そして前にも同じようなことがあったことに対して，怒りを感じているのですね。ほかにも怒りの理由が何かありますか？

S 僕がセッションに遅れると，先生はそれについて，まるで僕が悪いことをしたみたいな話し方をするので，僕は罪悪感を抱きます。でも先生は僕を待たせても，罪悪感を抱くようなことはこれっぽっちもないようです。それが実に腹が立つんです！

Th なるほど，あなたは遅刻について非難されるのに，私はそうでない。あなたはそのことが不公平だと思うのですね。ほかにどんなことについて怒りを感じるのでしょうか？

S ……

● 激怒と「懲罰的ペアレントモード」

　当事者は幼い頃，怒りや激怒を表出してもそれを受け入れてもらえなかった。親は，当事者が怒りや激怒を表出すると，それらに対して攻撃することで（身体的虐待など），またはそれらを馬鹿にしたり，愛情を引っ込めるようにしたり，あるいは当事者に罪悪感を抱かせるようにして（「あなたがそんなふうに怒るなんて，ママは悲しくて仕方ないわ」）当事者を罰した。その結果大人になった今でも，怒りが湧くと，それがそのまま「懲罰的ペアレントモード」の活性化につながってしまうのである。セラピストはこのような「懲罰的ペアレントモード」を予測し，このモードに制限をかけていく必要がある。セラピストは，当事者が怒りを感じ，それを表出する基本的権利があるときっぱりと宣言しなければならない。誰もが，欲求が満たされなけ

れば怒りを感じ，それを表出する権利を有する。とはいえ我々が言いたいのは，誰もがいつでもどこでも激しい怒りを表出するべきだ，ということではない。重要なのは，当事者自身が自らの怒りや激怒の感情を，正常で重要なものとみなせるようになることである。これらの感情は，自分の欲求が満たされていないことに気づくための手がかりになるからである。

> **事例**　「懲罰的ペアレントモード」を制限する
> **セラピスト（以下 Th）**　スティーヴ，セッションで自分の怒りを表現できるようになることがあなたにとって重要です。幼い頃，あなたは怒りを表に出すとお父さんにひどく罰されたと言っていました。あなたは今，私に対する怒りについて話そうとしてくれましたが，そのときあなたのなかの「懲罰的ペアレントモード」が活性化したのではないでしょうか？
> **スティーヴ（以下，S）**　［うなずく］
> **Th**　その怒りはとても大切な感情です。でもあなたはそれを適切に表現する方法を知らないのかもしれません。それはとてももったいないことです。だからこそ私は，あなたが怒りを表現できるようになるよう手助けしたいと思います。あなたはここで何を感じても，何を表現しても構いません。全部あなたの自由です。間違っているのは，あなたが怒りを感じ，表現するのを責めてくる「懲罰的ペアレントモード」のほうなんです！
> **S**　……

- 破壊的に怒りや激怒を表出することを制限する

　当事者が破壊的に怒りを表出する場合（セラピストを大声で怒鳴りつけたり，あからさまに侮辱したりするなど），セラピストは自らの気持ちを率直に伝え，そのような破壊的な方法による怒りの表出を制限しなければならない。「スティーヴ，あなたは私を手ひどく非難しました。あなたが私を非難したい気持ちは理解できますし，治療の場面で自分の欲求が満たされなかったことに気づき，自分にその権利があることをあなたが主張し

てくれたことは，むしろ喜ばしいことだと思います。でも，私を非難するやり方自体はいただけません。私は侮辱されたと感じましたし，そう感じてしまうと，あなたに寄り添いたいという気持ちが薄れ，むしろあなたから距離を取りたくなってしまいます」。

　当事者が怒りを表出してもそれが収まらなかったり，表出の仕方が過度に攻撃的かつ脅威的であったりする場合は，そのような破壊的な怒りに制限をかけていくことが重要である。そのような限界設定に当事者の怒りが速やかに反応しない場合は，段階的に限界設定を行う必要があるかもしれない。これは実際に激怒している子どもたちに対する対応と同じである。たとえば，当事者が激しく怒り出したら，面接室からいったん出て，気持ちがおさまるまで待合室でしばらく過ごすよう伝え，落ち着いたらセッションを再開する，といった具合である。しかし我々の経験では，そこまでの対応が必要になることは極めて少なく，たいていの場合は，承認と共感的直面化を組み合わせて対応することができる。すなわち2つの治療的戦略を通じて，当事者の怒りや激怒は軽減し，その背景にある「脆弱なチャイルドモード」の感情にアクセスできるようになる。

- **より適切な方法で怒りを表出できるよう手助けする**

　セラピストが，当事者の怒りを承認し表出させ，怒りに関連した「懲罰的ペアレントモード」に限界を設定してもなお，当事者の怒りの表出を完全には肯定的に評価できないときがある。当事者の怒りの表現が不適切である場合，彼／彼女たちはより適切な怒りの表現方法を学ぶ必要がある。その場合役に立つのが，ソーシャルスキルズトレーニング（SST）に焦点を当てた行動的技法である。

　「怒れるチャイルドモード」の背景には「脆弱なチャイルドモード」に関わる感情（見捨てられ感，被拒絶感，無価値感）が隠れていることが多い。スキーマ療法の重要な目的は，「怒れるチャイルドモード」や「激怒するチャイルドモード」の"背後"にたどりつき，「脆弱なチャイルドモード」の欲求を満たすことである。「怒れるチャイルドモード」や「激怒するチャ

イルドモード」の背後から「脆弱なチャイルドモード」が現れたら，第6章で述べたような方法で対応すればよい。

● 「激怒するチャイルドモード」との治療関係

　実際のセッションにおいて「激怒するチャイルドモード」が現れることはめったにない。しかし日常生活において「激怒するチャイルドモード」が活性化され，それに駆られた行動を取ってしまった（例：相手と言い合ううちに思わず身体的暴力をふるった）ということを当事者が報告する場合がある。セラピストはこのような報告を放置せず，何らかの制約を設ける必要がある。

　　事例　より適切な怒りの表現の仕方を身につける
　　セラピスト　スティーヴ，私を待つときに怒りを感じるのはよくわかります。あなたは以前も私が遅れることがどんなに不快であるか教えてくれたのに，今日も私はあなたを待たせてしまいました。本当にごめんなさい。今日は予定が立て込んでいて，それで遅れてしまったのです。だからといって，あなたが私に怒りを感じるべきではない，ということではありません。私は私の予定の立て方にもっと責任をもつ必要があります。とはいえ，あなた自身，もう少し上手に怒りを表現できるようになったら，それは素敵なことだと思いませんか？　もちろん，怒りを無視したり，「従順・服従モード」に入ったりすることは望ましくありません。でも，「怒れるチャイルドモード」になって，激しい怒りをそのまま出してしまうのは，少々やりすぎではありませんか？　その中間にある落としどころを探しましょう。「ヘルシーアダルトモード」なら，あなたに何と言ってくれるでしょうか？

　　事例　「激怒するチャイルドモード」を制限する
　　38歳のアルコール依存症の（現在は断酒中）ポールには，同じくアルコール依存症を抱え，ひどく暴力的な父親がいた。父親は今も生きて

いるが，別の市に住んでいた。父親は時折酔ってポールに電話をかけてきて，彼を傷つけるようなことを言ったり，お金を無心したりする。こうした状況になると，ポールは激しい怒りに襲われる。ポールは，「もし父親と二人だけで会ったら，昔と同じように彼を殴ってしまうだろう」と言った。実際彼は，車で父の家に行き，実際にそうしてしまいたい強い衝動に駆られた。セラピストとポールはこの件について話し合い，セラピストは車の鍵をポールから預かった。そしてしばらくその鍵を父親の家に預けてしまうことにした。ポールは，そうすれば怒りに駆られて父親の家に車で行かずにすむだろう，と思うことができた。セラピストとポールは，「激怒するチャイルドモード」に焦点を当てて治療をさらに進めていくことに合意した。ポールが自らの「激怒」を上手に制御できるようになったら，セラピストは車の鍵をポールに返すことにした。

7.1.2 「衝動的チャイルドモード」「非自律的チャイルドモード」との治療関係

　これまで述べてきたように，「怒れるチャイルドモード」や「激怒するチャイルドモード」は，幼少期に自分自身の欲求や感情を表現することを罰せられた体験から形成される。対照的に，「衝動的チャイルドモード」や「非自律的チャイルドモード」は，それとはいくぶん異なる幼少期の起源をもつ。「衝動的チャイルドモード」や「非自律的チャイルドモード」を強固にもつ当事者は，自分は幼い頃に甘やかされ，責任を果たすということを教えてもらえなかったと報告することが多い。ただし，親に多大な負担を与えられていたと報告する当事者もいる（例：重病のひとり親の元に取り残される）。いずれにしても彼／彼女たちは，自分自身や他者に対して，適度に責任を負うということを学べなかったのである。「怒れるチャイルドモード」と「衝動的／非自律的チャイルドモード」の両方をもつ当事者もいることに注意したい。彼／彼女たちは，両方の種類の幼少期の体験を報告することがある（例：父親は酔うと攻撃的かつ懲罰的になったが，素面のときは，酔ったときの行動を悔いて子どもを過度に甘やかした）。こ

うしたケースにおいては,「衝動的／非自律的チャイルドモード」は,不適切な養育や養育の欠如に対する「反抗（rebelliousness）」として形成されたと理解できる場合があり,それを当事者に確認してみる必要がある。当事者がその見解に同意する場合,それはすべて理解可能なことであり,不適切な養育に対して反抗するのは正当なことであるが,そのために当事者が選択する行動が,現在の状況においてはあまり適切ではなく,彼／彼女たちの真の欲求を満たすことにはつながらないことを伝えていく。すなわち「共感的直面化」を繰り返し行うことが重要である。

　以下のリストは,「衝動的チャイルドモード」および「非自律的チャイルドモード」との治療関係における基本的な戦略を要約したものである。「衝動的チャイルドモード」「非自律的チャイルドモード」の治療的再養育法においては,承認とケアに加え,限界設定と自制に関する教育が含まれる。ここで必要なのは,子どもに対して,ケアや支援と,適切な課題設定や限界設定とを組み合わせることだが,それは親の役割とよく似ている。本項ではまた,「非自律的チャイルドモード」「衝動的チャイルドモード」「強情なチャイルドモード」それぞれに対する治療関係の特徴の違いについても論じる（「強情なチャイルドモード」は,「怒れるチャイルドモード」と「非自律的チャイルドモード」の中間にあるモードである）。しかし実際の臨床現場では,それぞれのモードが単体で現れることは少なく,むしろこれらが混じり合った状態で現れることが多いことに留意したい。

(1) モードに関連する欲求を探索する。
(2) それらの欲求を承認する。
(3) そのモードにおける欲求の満たし方が不適切であることを当事者に直面化する。すなわち,「衝動的チャイルドモード」は"やりすぎ"であり,「非自律的チャイルドモード」は責任や努力を"回避しすぎ"であることを当事者に伝える。次に,どのような行動が当事者の欲求を真に満たすことになるのか検討する。
(4) 当事者に,自分自身の欲求を満たすためのより適切な方法を教え,

そのモデルを示す。
(5) 当事者に、健全な自律（healthy discipline）について教え、そのモデルを示す。
(6) （潜在的に有害かつ衝動的な行動に対して）必要であれば限界設定を行う。

● 衝動性

「衝動的チャイルドモード」は、主に快楽的な欲求に向かう（セックスをする、お酒を飲む、欲しい商品を買ったり盗んだりする、遊びに興じる、など）。ある程度の快楽は健康的で喜ばしいことであるため、こうした欲求を理解し承認することは難しくない。誰でも、自らの快楽的欲求を満たす機会を少しは必要とする。しかしながら、「衝動的チャイルドモード」の衝動性は、当事者自身や他の人々にとって、潜在的に損害を与えるものである（危険なセックス、過度な浪費など）。ゆえに、このモードにまつわる問題点について強調し、セラピストは当事者がより現実的な（そしてより制限された）快楽的欲求の満たし方を見つけていくことを手助けする。そもそも衝動的な行動は、実際の欲求をつまらない代用品で満たすだけであることが多い。見知らぬ人とセックスすることで、真の親密性や愛情を感じることはできない。仲間同士で酔っ払うことが、真の友情につながることはない。買い物をし、お金を使うことは真に幸せな人生につながらない。

● 自制の欠如

「非自律的チャイルドモード」に対する治療で焦点を当てるのは、当事者があらゆるストレスや責任を回避し、面倒だったり単調だったりする仕事をやろうとしないことである。セラピストの主な役割は、健康な大人が順調に生活するにあたって、面倒な課題（タスク）や義務を行うことは不可欠であると当事者に伝えることである。人はたとえやりたくなくても必要な課題はこなさなければならない。よってこのモードに対する治療の焦点は、限界設定を行い、そして当事者の自律性を促すことである。

● わがまま・甘え

「衝動的チャイルドモード」をもつ当事者のなかには，非常に甘やかされていたであろうという印象を与える人がいる。彼／彼女たちは，実に子どもっぽいやり方で要求する。自分自身や他者に与える影響を考慮せず，自分の欲求を満たすことは当然のことであると考えている。しかしこのような当事者は，ある意味自発的にふるまっているし，最初は衝動的でも後に自分の行動を後悔するという場合は，「特別に衝動的」というほどではないかもしれない。こうした過度に甘やかされたチャイルドモードもまた，自制の欠如や過度な快楽主義的欲求に関連しており，「衝動的チャイルドモード」や「非自律的チャイルドモード」と同じ原則を適用することができる。

事例 「非自律的チャイルドモード」を承認し，直面化する

セラピスト（以下，Th） ホームワークはどうでしたか？

当事者（以下，P） 週に2回エクササイズを行うことになっていたのはわかっているのですが，ちょっとやる気になれませんでした。

Th それはどういう理由からでしょう？

P わかりません。ただ起き上がって出かけることがどうしてもできなかったのです。

Th 私が思うに，あなたの「非自律的チャイルドモード」が活性化したのではないでしょうか。私たちはすでに，幼い頃の両親からのしつけが十分ではなかったことについて話し合いました。残念なことに，それが今では大きな問題になってしまいました。あなたは，ホームワークに取り組めないことに関して，あなたの「非自律的チャイルドモード」がその一因であると考えることについてはどう思いますか？

P ええ，おそらくそうでしょうね。

Th あなたにとって，このモードのメリットとデメリットは何でしょうか？

P そうですね，面倒なことをしないですむ。でも，それによって長期

的な目標を全く達成できない。

　Th　その通りです！　あなたは，あなたの生活においてこのモードの影響を減らすことが重要だ，という考えに同意することはできるでしょうか？

7.1.3　追記――「強情なチャイルドモード」

　当事者が怒り出しそうに見えたときに，セラピストがその怒りを表出するよう当事者を促すことができない場合がある。当事者は代わりにイライラしはじめ，治療のプロセスが行き詰まってしまう。こうしたケースにおける主な問題は「強情さ」である。強情な人は，怒っているように見えるが，その怒りを表現したがらない。セラピストが感情を表現するよう促すと，彼／彼女たちはセラピストから距離を置き，拒否的な反応を示す。こうなると「怒れるチャイルドモード」に対する治療方略は奏功しない。強情さを示す当事者の場合，治療に非協力的なことが多い。全体的に拒否的であるため，「非自律的チャイルドモード」の治療方略も役に立たない。

　我々の臨床経験からは，このような強情さを示す当事者は，青年期に自主性を受け入れてもらえなかった人（例：彼／彼女たちに来客があったときに親がプライバシーを守らなかった），頻繁に（感情的な）プレッシャーを感じさせられる状況下にいた人（例：当事者が何か言うと，母親は泣き出して話し合いを中断し，当事者に罪悪感だけを残した）に多い。強情な当事者はいかなる治療的介入も拒絶する傾向があるため，強情さそのものに焦点を当てる必要がある。セラピストは以下のような点について当事者と話し合うとよいだろう。

　（1）思春期に自主性を受け入れてもらえなかったり，幼い頃から思春期にかけて感情的なプレッシャーにさらされたりした人は，強情な振る舞いを示しやすいことを学ぶ。こうした状況下では，強情さは機能的な反応であることが多く，こうした経験をした人が対

人的な相互作用において強情さを発展せざるをえなかったことは理解可能なことである。
(2) 社会的相互作用において，強情さは主に「他者への拒絶」と関連する。強情な人は，ほかの人のしようとすること，言おうとすることすべてを拒絶しがちである。ほかの人が近づいてくればくるほど，それに対する拒絶も強くなる。
(3) このことは，強情と他の感情との間の重要な相違である。悲しかったり不安だったりする人の場合，ほかの人はその人を助けることができる（例：慰める，安心感を与える）。それによって相手は，「悲しんでいる人を手助けできた」という肯定的な経験をすることができる。強情さの場合，そうはいかない。相手が手を差し伸べられるようになるために，当事者は自らの強情さと対決する必要があることを心に決める必要がある。
(4) したがって，強情さを（少なくとも少しの間）手放し，その背景にある不満や怒りをセラピストと共有することが，当事者にとって役に立つ。

そして，代わりに以下のようなことを行う。

(1) セラピストは，当事者に「要求的ペアレントモード」や「懲罰的ペアレントモード」が活性化したのを察知したら，（当事者に許可を求めることなく）これらの「ペアレントモード」に対して怒りを示す。これが怒りの表現の仕方のモデルとなり，当事者は「これらのペアレントモードに対しては怒っても問題ないのだ」ということを学ぶ。
(2) セラピストが，当事者に対し，彼／彼女たちが特殊な扱われ方をしてきたために，欲求不満や怒りを感じていたこと，そしてそれらの感情を率直に表現できなかったこと，などの可能性について提案する。

モードモデルにおいては，強情さはしばしば「怒れるチャイルドモード」の亜型である「強情なチャイルドモード」に合致する。「怒れるチャイルドモード」と同様に，「強情なチャイルドモード」は自らの欲求と自律性が受け入れられず，欲求不満を感じている。強情さが強固ではあるが，それが新たな挑戦に直面する際につねに生じている場合，むしろそれは「回避・防衛モード」に該当すると考えられる。個別のモードモデルに「強情さ」という要素を加えるか否かについて，当事者と検討する必要がある。

● 「非自律的／衝動的チャイルドモード」と「要求的ペアレントモード」の葛藤
　スキーマ療法において，自己に関連した「要求」に関する認知（「私には上手くできない」「私はもっとがんばるべきだ」「自分はもっと上手くやるべきだ」）は，たいていの場合「要求的ペアレントモード」とみなされる。治療では，これらのモードを弱めることが目標となる。しかしながら，そこに「非自律的チャイルドモード」や「衝動的チャイルドモード」が絡む場合，事態は異なってくる。この場合，自己要求的認知は，「非自律的／衝動的チャイルドモード」の作用とそれらのもたらす社会的な結果に対して，むしろ現実的で健康的な視点を反映しているかもしれない。その場合，「自律性が欠如していることが私の欠点だ」とか，「私はもっと努力するべきだ」とか，あるいは「長い目で見ると，これは良い結果をもたらさないだろう」といった表現やそれにまつわる感情は，必ずしも自罰的なものとは限らない。それどころか，当事者は「健全な大人」としてこのようなことを言うこともある。つまり，当事者は自分の考えが他者（両親，友人，同僚，上司，あるいはセラピスト）の価値観と合致することに気づいている。こうしたケースにおいては，当事者のこのような発言を「ヘルシーアダルトモード」の一部として概念化しておくことが重要である。この場合目標とするのは，このような声と闘うことではなく，むしろこのような声を強めて，「非自律的／衝動的チャイルドモード」と闘っていくことである。

7.1.4 当事者が怒りを表出しない場合の治療関係

「怒れるチャイルドモード」にある当事者は，大げさなほどに怒りを表出する。しかし一方で，我々は怒りを表現することに問題を抱える当事者を目にすることのほうが多い。彼／彼女たちの怒りの表出は全く大げさではない。それどころか，彼／彼女たちは怒りを表現することすらできない。こうしたケースにおいては，当事者の怒りは完全に抑圧されており，セラピスト自身が逆転移を通じて怒りを体験することになる。この場合，セラピストが当事者の怒りを十分に感じ，それを直接的に尋ねたとしても，彼／彼女たちは怒りを否定するであろう。このような現象が見られるのは，「そのような状況で怒りが生じるのはヘルシーなことである」といった話し合いにおいてである（例：夫からの言葉の暴力についての話し合いの際，ある女性当事者はこのように言った。「いいえ，怒りは感じません。これがいつもの彼のやり方ですから」）。

怒りを極端に抑制することは（「怒れるチャイルドモード」が怒りを不適切に表現するのと同様に），幼少期に怒りの表出を罰せられた体験と結びついていることが多い。こうした当事者にとって，怒りを表現することは，命に関わるほどの脅威であった可能性さえある。彼／彼女たちの親は，当事者が感情や欲求を表明すると，激怒したり，ひどく罰したりした。こうした親は，しばしばアルコールに関連する問題を抱えており，自らを心理的にひどく痛めつけていることが多い。

こうしたケースにおいては，当事者に怒りを表出させようとすることはあまり役に立たない。表出しろと言われても，当事者はそれができないからである。その代わりに，当事者に対し，怒りを体験できるよう励まし，怒りが正常な感情であることを説明し，怒りをより受け入れやすくなるよう手助けすることを目指すとよいだろう。面接場面において，当事者が怒りの感情をわずかでも表したら，セラピストはつねにその表出を強化する。しかしながら，真の怒りと，「怒り・防衛モード」とを区別することが重要である。「怒り・防衛モード」が活性化している場合，それは強化され

るのではなくむしろ制限されるべきである。

　残念なことに，イヴリンのような当事者は，関係がややこしくなるようなパートナーを選択しがちである。彼／彼女たちは，しばしば自分の両親に似たパートナーと出会ってしまう。たとえば，イヴリンは暴力的かつ攻撃的なアルコール依存症の男性と，15 年以上もの間，結婚生活を続けていたし，彼との間に息子もいる。彼女は，離婚する前から，ずっと彼と別れようと考えていた。しかし長年，自分がそうしようとすれば，夫が自分と息子を殺すかもしれないことを恐れていた。夫と別れた後，イヴリンはまた別のパートナーと出会ったが，彼との関係もややこしくなってしまった。このパートナーは，元夫と同じくアルコール依存症であり，言葉の暴力を振るう。こうしたパートナーと一緒にいる場合，怒りを表せば相手から危害を加えられる可能性があるため，怒りを率直に表現しないほうが実は賢明な場合がよくある。こうした当事者はしばしば非常に孤独なため，パートナーと別れる気持ちになれないこともある。その場合，治療による変化は極めてゆっくりとしたものになり，治療には長い時間を要するであろう。

事例　怒りの問題を当事者が否定する場合

当事者（以下，P）　[少しイライラしたような声のトーンで] 先生の出したホームワークは不毛でした。私は自分のアパートの部屋すら出られないのに，どうやったら近所の人とおしゃべりすることができるというのでしょう？

セラピスト（以下，Th）　ホームワークの課題が不適切だったことについて，あなたは私に怒りを感じているようですね。

P　怒り？　いいえ，そんなことは全くありません。私はただ，理解されていない感じがして悲しいのです。

Th　あなたが「不毛」とおっしゃったとき，私はそこに怒りのようなものを感じました。この言葉はたいてい，その人がイライラしていたり怒りを感じていたりするときに使う言葉です。

P　いいえ，私はただ悲しいのです。

事例 怒りの抑制に関する成育歴的な背景

　52歳のイヴリンは，回避性および依存性パーソナリティ障害をもつOCDの当事者であり（2.1.3項参照），怒りを表現することができない。しかしながら，彼女のOCDの症状は，他者に侵害されそうになったときにそれを制限するという機能を有していた。イヴリンは，パートナーの行動に不快感を抱くと，怒りを感じる代わりにOCDの症状が増悪した。症状を通して，彼女は相手をコントロールすることができ（例：自分のアパートのどこに座ってもらうか），一時的に関わりを断つこともできた（例：彼を自分のベッドに「入れさせない」）。セラピストは，このような関わり方は非常に受動攻撃的であり，そこに彼女の怒りの抑制を感じ取った。しかし怒りについて尋ねても，イヴリンはそれを否定し，無力感と悲しさだけを訴えるのだった。

　このパターンに焦点を当てた診断的なイメージエクササイズにおいて，イヴリンは現在の状況をイメージすることから開始した。彼女は，病棟で看護師からひどい扱いを受けていると感じているが，それに対して怒りを感じてはいなかった。代わりに，その看護師を無視するような行動を取った。関連する成育歴上のイメージのなかには，5歳の幼いイヴリンがいた。イヴリンの母親はひどく落ち込んでいる。父親は酒に酔って激怒し，イヴリンと母親に怒鳴り散らしていた。小さなイヴリンは，学校で起きた問題について，母親に相談したいと思っていた（イヴリンは同級生からいじめられており，怒りと恐怖を感じていた）。しかし，母親はひどく調子が悪いうえに，父親の言動に怯えていたため，イヴリンの話を聴くことができなかった。小さなイヴリンが母親に悩みを打ち明けたら，母親自身がそれに悩み，泣き出してしまうかもしれない。母親は家を出てしまい，二度と帰ってこないかもしれない（実際に母親は「家を出る」と言ってイヴリンを脅すことがよくあった）。さらには，小さなイヴリンは，暴力的な父親の存在も恐ろしかった。イヴリンは，父親が銃を持っているのを知っており，彼がそれを使うかもしれないと恐れていた。この幼少期のイメージは，イヴリンがなぜ怒りの表出を恐れ，

なぜそれを回避したり怒りを抑圧したりするのか，ということを説明してくれる。

> **事例** 治療場面において，怒りの表出を強化する
> **セラピスト** イヴリン，今あなたは，「こんな質問紙，もう二度とやりたくない」とおっしゃいましたね。何ということでしょう！ 私はやっと，あなたの怒りの声を聞くことができました，素晴らしいです！ あなたにとって重要なのは，怒りの表出の仕方を学ぶことです。しかし私たちは，あなたにとってそれが非常に難しいことを発見しました。子どもの頃のあなたにとって，怒りを表出することは極めて危険なことだったからです。ですから今，あなたがここで一歩前進したことは大変素晴らしいことです。あなたが何について怒っているのか，もっと私に話してください！

7.2 認知的技法

認知的技法は，すべてのモードの背景にある成育歴について説明したり，検討したりする際に用いられる。表7.2は，「怒れるチャイルドモード」および「衝動的チャイルドモード」の典型的な幼少期の要因について，臨床経験に基づいて要約したものである。他のリストと同様，これはすべてを網羅したものではなく，もちろん他の要因が関連することもある。

7.2.1 「怒れるチャイルドモード」「激怒するチャイルドモード」に対する認知的技法

認知的なレベルでは，怒りや激怒の妥当性を扱う必要がある。当事者は，以下の点について，より健全な評価を下せるよう学習する必要がある。それは，怒りをどのように表現するべきなのか，どういった怒りの表現が社会的に受け入れられるのか，怒りの表現が望ましい結果をもたらすかどう

表7.2 「怒れるチャイルドモード」「衝動的チャイルドモード」に典型的な幼少期の背景要因

モード	成育歴における要因
怒れる／激怒するチャイルドモード	（家族メンバーや友人によって）不公平に扱われた体験／身体的虐待または性的虐待の体験／欲求や感情の表現を罰せられた体験。
激怒するチャイルドモード	過剰な暴力，暴力的な犯罪／これは，しばしば当事者へのそれを含む，身体的虐待の存在する極めて混乱した家族，および／または犯罪が常習的な家族の下で育ったこと。
衝動的チャイルドモード	指導，制限，構造の欠如／親は子どもの欲求を奪うか，過度に甘やかす。両方が混在していたことを報告する当事者もいる。
非自律的チャイルドモード	自律していない，あるいは甘えの強い社会的モデルの存在／親から甘やかされた，そして／または年齢に応じた責任を果たすための方法を学習しなかったこと。この場合も，当事者は放任と過保護の両方を体験している可能性がある。
強情さ	青年期における，年齢にふさわしい自律性の欠如，そして／または（感情的に）極めて不適切な社会的要求。

か，などといったことである。当事者が自らの怒りをつねに抑制している場合，セラピストは認知的なワークを徹底して行い，怒りの意味と重要性について当事者と話し合い，怒りに対する受容的な態度を形成する必要がある。

● 怒りの機能と発達

怒りは，「欲求が満たされていない」ことを示す重要な感情である。怒りは，我々が欲求不満に陥った際，自らの欲求に焦点を当てるために役に立つ。子どもは，次のような場合に，適切に怒りを感じ表現することを学ぶ。(1) 怒りを適切に表現できる大人，すなわち健康的なモデルが近くに存在する場合，(2) その子どもが自らの感情や欲求を表しても安全である環境がある場合，である。「怒れるチャイルドモード」や「激怒するチャイルドモード」をもつ当事者は，怒りを抑圧することがない。一方，抑圧された怒りをもつ当事者は，「怒れるチャイルドモード」や「激怒するチャ

イルドモード」をもたない。このような当事者の親や友人は，当事者に対し怒りや激怒を脅かすような形で表現したか，あるいは自分自身の怒りを抑制していた。イヴリンのように，これらの両極端な2つのありようを両方とも経験している当事者もいる。イヴリンの父親は恐ろしい激怒を示し，母親は自分の怒りを抑えて父親に服従し，代わりに自分の感情や欲求を不満という形で表した。

　健康的な親は，他者を脅したり価値下げしたりせずに自分の欲求を伝えて，自らの怒りを表現する。それによって生じるのはノーマルな葛藤であり，それによって対人関係が損なわれることはない。そのような親は，子どもの感情や欲求も承認しており，子どもが怒りを表出してもそれを罰したりはしない。注意が必要なのは，子どもの怒りの表出に対し，親は直接的に罰するだけでなく，もっと密かに陰険な方法で罰する場合があるということである。それはたとえば怒っている子どもをからかったり，子どもに対する愛情表現を引っ込めたり，といった方法である。

> 　怒りは，自分の欲求が満たされない場合に生じ，そのことを表現するために役に立つ。怒りの適切な表現の仕方を発達させるためには，怒りを「脅威」として捉えてはならない。また怒りや激怒の表出を罰せられるべきではない。

7.2.2　「衝動的チャイルドモード」「非自律的チャイルドモード」に対する認知的技法

　当事者において，衝動的あるいは非自律的なパターンが前面に出ている場合，認知的技法に取り組む際のセラピストの中心的な課題は，これらのパターンに当事者を直面化し，現実的な制約について話し合うことである。通常，これらのモードの形成過程は，当事者の成育歴から理解することができる。これらの当事者の親の多くが，子どもを不適切に甘やかし，健全な制約を設けなかった，もしくは子どもの自律性を不適切に制限し，その強情さを引き出したといったものである。

多くのセラピストが気づくことだが,「甘え」や「強情さ」といった繊細な話題について当事者と率直に話し合うのは思いのほか難しい。しかしながら, これらは, セッションのなかで話し合われる必要のある重要なテーマである。当事者は, 自分の非自律的あるいは衝動的な行動パターンについてじっくりと考えるようセラピストに求められる。そしてこのような働きかけは, 短期間で何度も強く行われる必要がある。というのも, これらのモードにある人は, 自分の欲求をしばしばうまく押し通してしまい, 普通の人がするような退屈で面倒な仕事をどうにかして避けようとするからである。わがままや甘えを指摘することは, 社会的に失礼なこととみなされることが多いため, 自分の衝動的, あるいは非自律的な行動を他の人がどう思うのか, 当事者が自分で気づけるようになることはあまり見込めない（ただし, パートナーや学校の先生, あるいは同胞などの家族成員が, 当事者の衝動性や非自律性を率直に指摘する場合もある）。多くの場合周囲の人は, 自律性を欠くことが好ましくないと当事者には伝えず, 当事者から距離を置くようになる。そのため, このようなパターンは, 長期的に見て多くの対人関係を損ねることになる。さらには, これら非自律的で衝動的な行動パターンは, 生活や人生において, 長期的な目標達成を阻害することにつながってしまう。

　衝動的な行動や非自律的行動は短期的にはポジティヴな効果を得られる。したがって, これらのパターンを望ましい方向に変化させるには, 当事者自身のなかに高い動機づけが必要となる。当事者の動機づけを支えるためにも, セラピストは当事者の抱えるこれらの問題について明確に指摘する必要がある。

> **事例** 「非自律的チャイルドモード」のメリット・デメリットについて話し合う
> 　トビーはしばしば, とても行儀の悪いふるまいをした。彼の母親は, トビーが子どもの頃, 明らかに彼を甘やかしすぎていた。トビーは, 自分はいつも「ママの皇太子」だったという。以下の会話は, 前回のセッションで彼に出されたホームワークについての話し合いである。セラピ

ストが提案した課題は，（1）請求書を支払うこと，（2）いくつかのやるべきこと（タスク）に手を付ける，ということだった

セラピスト（以下，Th）　今週は，やるべきことに手を付けることができたでしょうか？
トビー（以下，T）　ああ，あれはとてもつまらなくてイライラする課題でした。それに，私はとても忙しかったんです。結局，状況が切迫してきたので，運よくガールフレンドがそれをやってくれました。
Th　「こんなこと，馬鹿馬鹿しくて自分ではやってられない」ということですか？
T　［にやりと笑って］先生がそう言うなら，そうなんじゃないですか。
Th　［まじめな口調で］あなたのように「非自律的チャイルドモード」をもつ人にとって，これはとても重要で，真剣に考えなければならないことです。あなたの場合，何かが切迫してくると，ほかの誰かがその責任を負う，というパターンができてしまっています。これはあなたにとってはずいぶん楽なパターンでしょうね。
T　［少し決まり悪そうに］そうですね。
Th　これはとてもよく見られるパターンなので，あなたが恥ずかしがる必要はありません。私たちはこのパターンを「短期強化」と呼んでいます。
T　はい，先生が前にそれについて話していたのを覚えています。短期強化された問題は，自然には消え去らないと。
Th　その通りです。これは，あなたの「甘やかされたチャイルドモード」にとっては非常に好都合なのです。これまであなたは，自分を助けて出してくれる誰かをつねに見つけてきました。思春期までは，それはお母さんでしたし，今はガールフレンドです。ところで，このパターンにはどんなデメリットがあるでしょうか？　あなたにはそれがわかりますか？
T　もちろんです！　私が負うべき義務を彼女が担ってくれているとい

うのに，私は彼女に何もしてあげられていません。私はそのことで自分が愚かだと感じることがあります。また私自身も自分を「甘ったれた子ども」のように感じてしまいます。私は自分を誇らしく感じることができません。

Th　なるほど。私もその意見には全く賛成です。この件については，ここでこうやって話し合うこと自体が，あなたの自律性を高める手助けとなるでしょう。

　ここでセラピストは，「甘やかされたチャイルドモード」と「ヘルシーアダルトモード」の間で「椅子による対話のワーク」を行うことを提案することができる。この技法によって，「ヘルシーアダルトモード」を感情レベルで強化する（そして，さらに変化するための動機づけを高める）ことができる。このような対話技法は，当事者の自律性を高める行動的な課題と組み合わせることが重要である。この「椅子による対話のワーク」については次項で解説する。

7.3　感情的技法

　「椅子による対話のワーク」は，「怒れるチャイルドモード」と「衝動的チャイルドモード」に対する感情焦点化技法として非常に有効な治療技法である。その最も一般的な形式は，「怒れるチャイルドモード」あるいは「衝動的チャイルドモード」，「ヘルシーアダルトモード」，そして「懲罰的ペアレントモード」あるいは「要求的ペアレントモード」という3つのモードを用いた対話である。

　当事者が自らの怒りやその表出について自分自身を罰する場合，対話の中心的な目標は，「怒れるチャイルドモード」を明確にし，その存在を承認することを手助けすること，そして当事者が怒りの感情を体験し，怒りを表現できるように手助けすることである。したがって，怒りの表出を罰

せられることがないよう,「懲罰的ペアレントモード」を制限する必要がある。この種の介入に関しては,第8章で詳述する。

「懲罰的ペアレントモード」が中心的な役割を担っておらず,「衝動的チャイルドモード」や「強情なチャイルドモード」が主なモードである場合は,「衝動的／非自律的チャイルドモード」を弱めることが主目標となる。この場合,「ヘルシーアダルトモード」が強化される必要がある。セラピストは,当事者が自らの責任を果たし,より面倒で退屈な課題を遂行するよう励ましていく。以下の事例は,トビーの「非自律的チャイルドモード」に対する「椅子による対話ワーク」である（7.2項参照）。

事例　「非自律的チャイルドモード」との「椅子による対話」

セラピスト（以下，Th）　この問題に関して,「椅子による対話のワーク」を行いましょう。よろしいでしょうか？［立ち上がり，2つの椅子を互いに向き合わせる。1つは「非自律的チャイルドモード」の椅子，もう1つは「ヘルシーアダルトモード」の椅子である。当事者は,「非自律的チャイルドモード」の椅子に座る］それでは，あなたの「非自律的チャイルドモード」に，そのモードにとどまることがなぜそれほどまでによいのか，説明してもらいましょう。

トビー（以下，T）　［非自律的チャイルドモードの椅子に座って］人生はそのほうが素晴らしいんです！　やらなきゃいけないことをやるなんて退屈だし，ちっとも楽しくないし，マリナが代わりによく動いてくれるし。私は彼女に感謝の気持ちを伝えるために夕食に招待するつもりですし，それは私たち二人にとって楽しいことだし，だからみんながハッピーになるでしょう！

Th　素晴らしい！　では，椅子を変えてください。

T　［ヘルシーアダルトモードの椅子に座る］君の考えは，ずいぶん安易ですね。

Th　一人称で言うことはできますか？

T　私は安易な方法をとっています。私は，マリナが私の課題を代わり

にするのを嫌がっていることは知っています。彼女はただ，私よりも自律的なのです。私に対する彼女の怒りは正当なもので，長い目で見れば，私が二人の関係をだめにしてしまうでしょう。私は，私が自分を過度に甘やかすことに対して彼女がいかに不満を感じているか，よくわかっているつもりです。

Th　いい感じですね。「ヘルシーアダルトモード」はどんな行動計画を提案しますか？

T　［ヘルシーアダルトモードの椅子にとどまる］残念ですが，つまらない仕事を片づけるのは私自身の課題です。私は今後，もっと自律的にならなければなりません。

Th　素晴らしい！　甘やかされた「非自律的チャイルドモード」はそれについて何か言いたいことはありますか？

T　［「ヘルシーアダルトモード」の椅子に座ったまま］何も言うことはありません。それが本当なのだとわかっているのだから。

Th　本当にそんなに早く諦めがつくでしょうか？　私が「非自律的チャイルドモード」の椅子に座ってもよろしいでしょうか？［「非自律的チャイルドモード」の椅子に座り，そのモードの視点から，あえて大げさな発言をする］おい！　楽にいこうぜ！　マリナは君を捨てたりしないし，信用できるさ。だって彼女は僕との結婚について話したことだってあるんだよ！　君の課題がどんなに退屈なものか思い出してみろよ。自分でそれをやらなくてもいいうちは，すべてそのままでいいんだよ！　もしかしたら彼女は少し不満を感じているかもしれないけど，そのうち気にしなくなるさ。

T　［「ヘルシーアダルトモード」の椅子に座ったまま］いや，それじゃだめなんだ！　彼女はとても親切だから，きっとまた助けてくれるだろう。でも，僕はこのままでは嫌なんだ。僕は，自分がひどい怠け者で自分自身のことができないせいで，ほかの人を利用する人間にはなりたくないんだ！

セラピストは，自らが非機能的なモードの椅子に座ることで，当事者の「ヘルシーアダルトモード」を強化するための働きかけをすることができる。非機能的なモードの椅子から，当事者自身の「ヘルシーアダルトモード」に挑むのである。ここで重要なのは，このようなエクササイズの後に，日常生活における行動的なホームワーク課題を必ず設定することである。当事者が日常生活においてなかなか課題を遂行できない場合，実際に課題を遂行できるまで次回の予約を取らない，という取り決めをすることもできる。セラピストは，課題に対してはセラピストと当事者の両者が責任を負っており，そのためには「非自律的チャイルドモード」に制限を設けるべきであるということを示すモデルとなる。「あなたはついに課題を実行しようと思うようになったのですね。それは素晴らしいことです。それではその課題を実際に終えたら，電話で次の予約を取っていただきましょう」。

7.3.1 怒りの表現のエクササイズ

　怒りを抑制するタイプの当事者，および怒りを回避するタイプの当事者は，「椅子による対話のワーク」で怒りを表出するよう励ますことが重要である。これについては第8章で詳述する。こうした対話の目標は，当事者が怒りを体験し，怒りを正常なものとして受け入れることである。

　当事者が怒りを体験したり表出したりするために，他の方法を用いることもできる（例：ボクシングなどの格闘技）。BPDの当事者に対するグループスキーマ療法では，攻撃性と楽しみを組み合わせたエクササイズが用いられる（例：綱引きや枕投げなど）。ボディセラピーのエクササイズも同様に有効であろう。たとえば，当事者が床にロープで自分のパーソナルスペースの印をつける。当事者は，セラピストがその制限を受け入れる（ロープで示されたスペースに侵入しない）ときと，受け入れない（ロープをまたいで侵入してくる）ときとで，どのように自分の感じ方が違うかを知ることができる。その後，当事者のそのような感情的反応や行動的反応についてグループで話し合う。グループスキーマ療法ではこれ以外にも多くの

エクササイズが行われているので，それらも参考にできるだろう（Farrell & Shaw, 2012）。

　ここで重要なのは，当事者が自らのイライラや怒りに早めに気づき，適当な時期に適切に表現できるようになることである。そうすれば，当事者が怒りを抑えに抑えて最後に爆発させるようなこともなくなるだろう。

7.4　行動的技法

　「怒れる／激怒するチャイルドモード」に対する行動レベルの治療では，当事者が怒りを適切に表現できるようになるためのエクササイズを活用する。ここでは，ビデオフィードバックを用いたソーシャルスキルズトレーニング（SST）が有用である。強力な「怒れるチャイルドモード」や「激怒するチャイルドモード」をもつ当事者に対するSSTの目標は，怒りの表現の調整の仕方を学ぶことである。一方で怒りを抑制する当事者に対するSSTでは，怒りを表現することそれ自体が大きな目標となる。

　「衝動的チャイルドモード」や「非自律的チャイルドモード」が強力な当事者の場合は，自律性を強化し，衝動的な行動を減少させることが行動的技法の主な目標となる。この場合，ホームワークの課題設定が特に重要となる。「強情なチャイルドモード」が強い当事者の場合，認知的な技法を徹底的に行った後で，行動的技法を導入するのがよいだろう。「強情なチャイルドモード」をもつ当事者は，自らの強情なパターンを自分で変えていく決心をしなければ，どのようなホームワークの課題にも従うことがないからである。

　「非自律的チャイルドモード」が周囲への反抗心に基づくのではなく，単に当事者の自律性が欠如しているだけの場合には，活動の強化子を変化させるために，オペラント条件づけを活用するとよいだろう。たとえば，正の強化を得るための規律をつくったり（例：キッチンを掃除したらコーヒーを飲んだりテレビを観たりしてよい），規律を守れなかったら"罰"

を与えることにしたり（例：必要な行動を先延ばしにしたら，楽しい活動を中止するか，自分の価値観に会わない慈善団体に"罰金"を寄付する）して，当事者は自己強化の原理を自らに適用することができる。

7.5　よくある質問

(1) 怒りに関連したさまざまなモード（たとえば，「怒れるチャイルド」「怒り・防衛モード」「いじめ・攻撃モード」など）をどのように区別すればよいのか？

　各モードのもつ社会的および心理的な機能によって区別することができる。詳細については第2章を参照されたい。

(2) 当事者のなかには，怒りを体験することが脅威となってしまい，怒りに近づくこと自体を拒否する人がいる。このような場合，どうすればよいのか？

　このような現象は，重篤かつ慢性的な障害（例：長期化したC群のパーソナリティ障害やBPD）を抱える当事者にとって典型的なものである。臨床的な印象では，怒りの抑制は，こうした当事者における問題の中核であることが多い（例：性的虐待の深刻なフラッシュバックを起こしやすい当事者が，「イメージの書き換え」のエクササイズのなかでセラピストが加害者と闘うことを，「だってあなたは祖父と闘うことが許されていないから」などと言って拒否する。あるいは日々の生活のなかで，当事者はちょっとしたことにも怯えるが，その際，「決して怒っては駄目。ただ怖いだけなんだから」と自分に言い聞かせる）。この傾向は，依存的なパターンと併存する場合がある（「無力なチャイルドモード」による依存傾向や，「回避・防衛モード」「従順・服従モード」の示す依存と関連しているかもしれない）（例：自分のニーズを自分で伝えられず，友人に付き添ってもらわないと医師を受診ができない）。当事者が怒りを扱うことを拒否しつづけたら，治療はそれ以上進展することはないだろう。

　このような場合，スモールステップで怒りを扱っていくとよい。最初の

段階では認知的技法を用いて怒りの意味を検討する。具体的には，ソクラテス式対話法，メリット・デメリット分析などを用いる。次に，感情焦点化技法を導入する。感情焦点化技法は認知的技法に比べて当事者が脅威を感じやすいが，長期的に見ればより効果的である。

　感情焦点化技法もまた，スモールステップ方式で行われる。たとえば「椅子による対話のワーク」では，最初は人形を用いたワークを行うとよいかもしれない。こうしたケースでセラピストは，怒りを健全に表出するモデルとして，当事者の前にいつづける必要がある。このような当事者に対する治療において，怒りに焦点を当てることは非常に重要である。

(3)「衝動的チャイルドモード」と「怒れるチャイルドモード」について，通常は，どちらか一方をもっている当事者が多いのか？　それとも両方をもつ当事者が多いのか？

　強力な「怒れるチャイルドモード」をもつ当事者（特にBPD当事者）は，そのモードによる激しい怒りを感じているときに，「衝動的／非自律的チャイルドモード」を同時に体験することはよくある。これは，BPDの診断基準における「衝動性の問題」と「怒りの問題」とも一致する。幼少期にこれらのモードは同時に形成されると思われる。すなわち，当事者は幼少期に怒りの表出が危険であるということを体験した。その一方で，欲求を適切に表現したり，適度な自律や制限を与えてくれる健全なモード（「ヘルシーアダルトモード」）が不在であった。したがってこのような当事者の治療においては，「怒れるチャイルドモード」と「衝動的／非自律的チャイルドモード」の両方を扱うべく治療戦略を練る必要がある。これらのモードを活性化する動機は共通している。それはすなわち，「過去，現在，未来において，自分がひどい扱いを受けることに対する必死の抵抗」である。当事者のモードにこういった表現を与えることは，当事者が自らのモードをよりよく理解するのを助け，セラピストが共感的であり続けることの支えになる。治療ではさらに，感情表現を罰してくる「非機能的なペアレントモード」を弱めていく必要がある。また，適度な自律性を求める「ヘル

シーアダルトモード」は強化されなければならない。このような当事者の抱える障害は重篤であり，長期的な治療が必要である。したがってセラピストは，このような当事者に対する治療において，短期的でめざましい治療効果を期待してはならない。

第**8**章

非機能的ペアレントモードに対応する

　「非機能的ペアレントモード」の治療における主な目標は，このモードに限界を設定し，モードの影響力を減らすことである。必要があれば，このモードと闘うこともある。その際に重要なのは，「非機能的ペアレントモード」を当事者のなかから追い払い，健全で機能的な倫理基準と価値を代わりに構築することである。「非機能的ペアレントモード」が懲罰的であればあるほど，治療ではそれと闘うことが必要となる。このような介入を通じて，当事者は自らを価値下げしなくなる。そして健全でバランスの取れた自己評価ができるようになり，自尊心が育っていく。自己嫌悪が減り，自らの良い面も悪い面も両方受け入れられるようになる。基本的な自己肯定感が土台にあれば，当事者は自らの過ちや欠点もありのままに受け入れられるようになる。過ちや欠点を素直に認めることができてはじめて，人はそれらを改善することができる。

8.1　治療関係

　治療関係においては，当事者の「非機能的ペアレントモード」が活性化した場合に，セラピストはそれを制限する。セラピストは，肯定的でバランスのとれた自己評価のモデルを示す。さらには，「治療的再養育法」は，それ自体が「懲罰的ペアレントモード」に対決する機能をもつ。
　「懲罰的ペアレントモード」が活性化された当事者は，中立的な表現（あ

るいは何ら表現されていないこと）を，懲罰的な視点から捉えがちである（例：「髪型を変えたのに，誰も褒めてくれない。皆，私の髪型がおかしいと思っているに違いない」）。当事者は，セラピストのコメントに対しても懲罰的な視点から捉えてしまうかもしれない。セラピストはこうした危険性を念頭に置きつつ，当事者に対しても繰り返しこの件について伝える必要がある。治療場面において「懲罰的ペアレントモード」によるさまざまな誤った解釈が生じた際は，モードのもつ非機能的な認知の偏りを修正することを目的とした認知的技法を活用するとよい。

スキーマ療法において，「治療的再養育法」と「共感的直面化」は同時に活用される。前者は当事者にケアを提供し，後者は「非機能的コーピングモード」や「自制の欠如」といった悪循環を生じているパターンに共感的に直面化していく。このような直面化は非常に重要であり，その話し合いは大変デリケートなものになりやすい。その際，しばしば活性化されるのが，「懲罰的ペアレントモード」である（例：「結局先生も私のことが嫌いなんですね。私が引きこもってばかりいる退屈な人間だから，どうせ誰も私のことなんか好きになってくれないんです」）。したがって，セラピストは重要な話し合いに入る際にはいつでも，「懲罰的ペアレントモード」に注意を払い，モードに制約をかけていく必要がある。セラピストが共感的直面化を行う際は，その意図（セラピストは純粋に当事者の役に立ちたいと願っているからそれを行うのであって，懲罰を与えたいからではない）をあらかじめ明確に伝えておくとよいだろう。

> セラピストは，当事者の「懲罰的ペアレントモード」が活性化するのを恐れるあまり，難しい問題に関する直面化を避けることがある。しかし重要な問題を扱うためには，「共感的直面化」と「治療的再養育法」の両方をバランスよく活用することが重要である。

事例 治療場面において「懲罰的ペアレントモード」に制限を設ける

　ジェーン（2.1.3 項参照）は，前回のセッションで決めた「就職のために履歴書を準備する」というホームワークの課題をやってくることができなかった。ジェーンはこう言った。「こんなこともできないなんて，なんて私は馬鹿なんでしょう。やっぱり私はダメ人間なんです」。セラピストは，履歴書の準備ができないことはたしかに問題だと認めながらも，極端な自己否定を与えてくる「懲罰的ペアレントモード」に対しては疑問を呈し，そのモードに制限を設けることにした。「あなたが課題に取り組めなかったことはたしかに残念です。私たちは履歴書を準備するやり方についてもっと工夫する必要がありますね。けれども，だからといってあなたが"ダメ人間"であると決めつけるのは間違っていると思います。それは"懲罰的ペアレントモード"の声ですね。あなたはかなりよくやっていますよ。それなのに，何かがちょっとうまくいかないと"懲罰的ペアレントモード"が出てきてしまい，あなたに自信を失わせてしまうのです。そうなると何かに挑戦したいという気持ちも出てこなくなってしまいますよね」。

事例 「共感的直面化」と「治療的再養育法」のバランスを取る

　ルーシー（6.1.4 項参照）は，学業や毎日の生活に自ら責任を負うことが難しい傾向にある。彼女は，本心では勉強を続けたいと思ってはいるものの，問題に直面するといつも「回避的コーピングモード」に入り込んでしまう。そのため，彼女はここ数年どの授業にもほとんど出席することができずにいた。ルーシーは通常の在学期間の 5 年以上にわたって大学に在籍しており，おそらく普通に卒業することは難しいと思われた。しかしながら，彼女は大学に関する今後の見通しについて現実的に話し合うことができていなかった（彼女は何をどうしたらよいのか全くわからなかったのだろう）。代わりにルーシーがしたことは，医師やセラピストを見つけ出しては，抑うつ症状や燃え尽き状態についてさまざまに訴え，新たな抗うつ剤の処方や入院治療をしきりに求めるという

ことであった。このようなパターンは,「従順・服従コーピングモード」や「回避的コーピングモード」として概念化することができる。しかしこれらのコーピングモードに直面化すると,今度は彼女の「懲罰的ペアレントモード」が活性化されることが予想された。

セラピスト（以下,Th）［ルーシーが,自分自身の学業に関して現実的な見通しをもつことを避けるために,依存的な行動を示していることを説明する］
ルーシー（以下,L）［「懲罰的ペアレントモード」が活性化する］本当に私ってダメだわ！　先生のおっしゃる通り,私は完全なダメ人間なんです。抑うつ症状を訴えて医者のところに駆け込むのも,依存的で子どもっぽい行動です。こんな馬鹿な人間が試験をパスできるはずありません！
Th　［話題は変えずに,しかしもう少し現実的な視点を持ち込もうとする。そして「懲罰的なペアレントモード」について指摘する］ルーシー,私の発言が少し批判的に伝わってしまったようです。私はただ,責任を負う代わりに依存的な行動を取るという形で,あなたが学業の現実的な問題に直面するのを避けている可能性はないか,ということを尋ねただけです。たしかにこれは重要な問題です。けれども,私はあなたが「ダメ人間」だとか「馬鹿な人間」であるとはひと言も言っていません！
私はあなたのことをとても大切に思っているし,純粋にあなたの役に立ちたいと考えているだけです。だからこそ「依存」にまつわる難しい問題についてあなたと話し合う必要があるのです。私は今,あなたのなかに「懲罰的ペアレントモード」が活性化されたように感じるのですが,いかがでしょう？
L　たしかに活性化されています。先生に批判されたように感じました。誰かに批判されるといつも,「自分はダメ人間だ」「私ってなんて馬鹿なんだろう」と思ってしまうのです。
Th　きっとそうなんでしょうね。私たちはあなたの「懲罰的ペアレン

トモード」について，今ここで話し合う必要があるようですね。このモードに対応できれば，あなたは「批判された」と感じたときに上手に対処できるようになりますし，批判を避けるための行動を減らすこともできるようになります。現実問題に直面化するのを避けることもやめられるようになるでしょう。学業に関することは，あなたにとって非常にデリケートな問題であることを私も十分に理解しています。でも，だからこそ，この問題は話題にしつづける必要があるのです。これはあなたにとって非常に重要な問題です。私はこの問題を解決するにあたって，あなたの助けになりたいと思っています。あなたを批判するつもりは全くありません。

L 頭では先生の言っていることがわかります。でもそうは感じられないのです。

Th よくわかります。あなたの「懲罰的ペアレントモード」が活性化しているからです。あなたのなかの「ヘルシーサイド」は，学業や別の問題に対して，自分が依存的な形で対処してしまうことについて話し合わなければならないことを理解しているけれど，あなたは「懲罰的ペアレントモード」をとても怖がっていて，できればそれを避けたいと思っているのでしょう。問題に直面するのは短期的にはつらいことかもしれませんが，回避ばかりではいつまでたっても問題解決になりません。だからこそ私たちは学業に関する話し合いを避けることはできないのです。しかし今は，あなたの「懲罰的ペアレントモード」にどう対応するか，まずそれについて話し合う必要がありますね。「懲罰的ペアレントモード」に対応できるようになれば，それに対するあなたの恐怖心も和らいでいくでしょう。そうすれば学業など現実的な問題についての話し合いも，怖がらずにできるようになるでしょう。私の話がおわかりになりますか？

8.2 認知的技法

認知的技法においては、「懲罰的ペアレントモード」のもつ自己と他者に対する白黒思考のパターン（例：「私は完全にダメ、他人は完璧」）を変化させ、自己肯定感を適度に育むことが目標となる。その際に活用できるのが、"古典的"なCBTのさまざまな認知的技法である。以下に示すのは、「非機能的ペアレントモード」に対する認知的技法のリストである（ただし、このリストがすべての認知的技法を網羅しているわけではない）。

(1) 自尊心の高い人と低い人の発達過程の違いについての心理教育を行う。
(2) 成育歴における「非機能的ペアレントモード」の形成過程を分析する。
(3) 過度に否定的な自己評価について認知再構成法を行う。白黒思考を減らし、適応的な代替思考を生み出せるようになる。
(4) 「よかったこと日記」をつけるよう当事者を励ます（例：1日1個、「よかったこと」を記録する）。
(5) 自分の長所をリスト化してもらう。
(6) 他者の視点から自分を観察してもらう。
(7) 日常生活で「懲罰的ペアレントモード」が活性化されたら、スキーマ・フラッシュカード（6.2項参照）を活用する。

当事者は、「非機能的ペアレントモード」の声を自我親和的に体験してしまう。当事者が心理教育を通じて学ぶ必要があるのは、自尊心や自己評価は、社会的・対人関係的なやりとりのなかで形成されるということである。生まれたときから「自分はダメ人間だ」「自分には何もいいところがない」と考える人はいない。

健康的でバランスの取れた自己評価は、親が自分の子どもに対し、「自

分は生まれながらにして価値のある愛すべき存在だ」ということを教えていくことによって発達する。人間は誰でも何らかの欠点を有するが、そのことで人間としての基本的価値が否定されるものではない。しかしながら、幼少期の子どもが、拒絶や剥奪、虐待などを体験した場合、それは「懲罰的なペアレントモード」として結実し、当事者の自尊心は極めて低いものとなってしまうだろう。

8.2.1 成育歴における「懲罰的ペアレントモード」の形成過程

社会的評価に関係するのは、両親との関わりだけではない。幼少期から思春期において発達する自己概念には、同級生、教師、トレーナー、友人、その他の対人関係が影響を与える。「非機能的ペアレントモード」は、それが誰によるものであろうと、子どもへの社会的なフィードバックやその子の扱われ方が、否定的でその子の価値を低めるものである場合に形成される。認知的な治療においては、セラピストは、幼少期に「懲罰的ペアレントモード」が形成された要因について当事者と話し合う。特に重度の問題を抱える当事者の場合、複数の人々から否定的なフィードバックや扱いを受けていることが多い。先述した事例のジェーンも、母親が冷たく、ジェーンに対して過度に要求的であった。たとえば母親はジェーンにもっと痩せるよう命じたが、冷蔵庫のドアにダイエットのスケジュール表を貼るだけで、ほかに何のサポートもしてくれなかった。ジェーンの「懲罰的ペアレントモード」の"母親の部分"は、「誰も私を愛してくれない」「誰も私に関心をもってくれない」「ほかの人にとっては私の欲求など取るに足らないものだ」といった表現と関連している。一方、ジェーンの父親は、酒に酔うと衝動的になり、彼女に言葉の暴力を浴びせた。父親は、男の子を怖がるジェーンに対し、性的な冗談を言ってからかった。ジェーンの「懲罰的ペアレントモード」の"父親の部分"は、「セクシーな女性だけが魅力的だ」「処女のままでいることは恥だ」と言ってくるのだった。さらには、ジェーンは太っていることを理由に同級生からいじめを受けていた。

ジェーンの「懲罰的ペアレントモード」の"同級生の部分"は、「お前は太っていて醜い」「お前は陰で笑われている存在だ」「お前は本当におかしな奴だ」といったメッセージを投げかけてくる。

8.2.2　罪悪感を取り扱う

「懲罰的ペアレントモード」が話題に上ると、当事者は罪悪感を抱くことが多い。当事者は、両親を悪く言うことについて恐怖を感じ、セラピストが自分の両親について悪いイメージをもつことを恐れる。そのような当事者は、両親について悪く言うことを幼少期から禁じられてきたのであろう。それが「ペアレントモード」について話をする際の罪悪感につながっている。

　そもそも罪悪感について取り扱う前に、セラピストは、「懲罰的ペアレントモード」と闘うことは当事者の両親を完全に否定することを意味するのではない、ということを最初に当事者に説明しておく必要がある。たしかに両親に明らかな落ち度がある場合もあるが（例：虐待）、一方では、両親は最善を尽くしてはいたものの、親としての心構えができていなかったり、ほかの人からの虐待を防ぎきれなかったりする場合もある。親自身が何からの心理的問題を抱えており、子どもを健全に養育するための力が奪われてしまったり、子どもと健全な愛着関係を形成できなかったりする場合もある。"「懲罰的ペアレントモード」と闘う"ということが意味するのは、養育者の懲罰的な行動の「否定的な取り入れ（negative introject）」に対して闘い、その取り入れられたものを追い払うということである。「懲罰的ペアレントモード」が追い払われてはじめて、当事者の自尊心が高まり、当事者は自らの欲求を大切にすることができるようになる。そしてこのことが、当事者のさらなる幸福と健康につながっていく。「懲罰的ペアレントモード」との闘いは、両親を価値下げすることを目的とするのではない。しかしながら、明らかに不適切な養育については、それがたとえポジティヴな目的から生まれたものであっても、あるいは何らかの精神疾患

が理由になっていても，さらには両親自身の不幸な幼少期がその要因であったとしても，決して正当化することはできないし，それを「なかったこと」にすることはできない。

　治療が終盤に入ると，多くの当事者は，自らの「ヘルシーアダルトモード」の視点から，幼少期においてなぜ特定の人物がそのように振る舞わなければならなかったのか，ということについて理解できるようになる。たとえばジェーンは，父親自身も幼少期に第二次世界大戦による深刻な心的外傷を負い，そのせいで情緒的に不安定であったと，自らのヘルシーアダルトモードを通じて理解するようになった。アルコールは，父親にとってコーピングとして機能すると同時に，彼の情緒的不安定を増悪させるものでもあった。ジェーンの母親は，自らも幼少期に親から十分に愛される経験をもてなかったがゆえに，娘に対して安定した愛着を提供したり，夫を十分に世話したりする方法を学ぶことができなかった。

　両親の抱える背景について理解することは極めて役に立つ。しかし，「理解」することと「正当化」することを決して混同してはならない。多くの当事者，特にC群のパーソナリティ障害をもつ人に対して，両親について早急かつ過剰に理解させてしまうことは，当事者に無用な罪悪感を抱かせてしまうことにつながりやすいので注意したい。このような当事者にとってまず必要なのは，不適切な養育に対して怒りを感じることである。この場合必要なのは，まずは養育者に対する怒りの感情を受け入れ，内在化された「懲罰的ペアレントモード」による"洗脳"から自らを解放することである。このようなことができてはじめて，当事者のなかに両親を理解したり許したりする心のゆとりが生じるのである。ただし両親を許すかどうかは当事者の選択に完全に委ねられるべきである。たとえ両親が，自らの問題に対する非機能的なコーピングの結果として，子どもを不適切に扱ったのだとしても，子どもがそれに苦しみ，中核的欲求が適切に満たしてもらえなかったという事実には変わりがない。理解することが，その事実を変えることにはならないのである。

　こうしたことについての心理教育は認知的技法の際に行うが，さらに「椅

子による対話のワーク」や「イメージエクササイズ」のなかに組み込むこともできる。たとえば，これらのワークにおいて，チャイルドモードにある当事者が，抑うつ的な母親を批判することで罪悪感が生じると訴える場合，セラピストは心理教育を織り込みながら，次のようにチャイルドモードに語りかけることができる。「お母さんが抑うつ状態のせいであなたの世話ができなかったということを理解することは，とても良いことですし，大切なことでもあります。しかし子どもだったあなたにとって，やはりそれはひどいことなのです。小さいあなたはどんなに怯えていたことでしょう。あなたはそのようなお母さんから必要なケアをしてもらえませんでした。そしてさらに問題なのは，お母さんに対してあなたが罪悪感を抱くようになってしまったことです。お母さんは幼いあなたを批判し，拒絶しました。小さなあなたはお母さんの抑うつ状態を助けてあげることはできませんでした。そういったことを通して，あなたはお母さんの抑うつ状態を自分のせいだと感じるようになってしまったのです」。

8.3 感情焦点化技法

　感情に焦点を当てた介入が目指すのは，「懲罰的ペアレントモード」によって引き起こされる感情を緩和し，そのモードのもつ意味を減じることである。そして当事者の「ヘルシーアダルトモード」を強化することを通じて，自尊心を強めたり，自らの欲求や感情を受け入れられるようになったりすることである。主な技法は，「イメージの書き換え」エクササイズと「椅子による対話のワーク」である。「イメージの書き換え」エクササイズでは，書き換えの段階において「懲罰的ペアレントモード」や「要求的ペアレントモード」に制限を設ける。当事者自身の「ヘルシーアダルトモード」や，「ヘルシーアダルトモード」のモデルとなる「助けてくれる人（helping person）」（セラピストや第三の支援者）が，加害者と闘ったり要求的な親を説得したりすることによって，「非機能的なペアレントモー

ドを制限する。「イメージの書き換え」の詳細については，第6章に記載した。本項では「椅子による対話のワーク」による感情焦点化技法について具体的に述べる。

8.3.1　椅子による対話のワーク

● 基本

　「椅子による対話のワーク」は，主にサイコドラマとゲシュタルト療法で発展してきた技法である（Kellogg（2004）によるレビューを参照）。椅子を活用したエクササイズの基礎となる考え方は，当事者のもつさまざまな（典型的には葛藤し合っている）側面を個別に区別して捉える，ということである。各側面にそれぞれ1つの椅子を割り当て，それらの椅子を円形に並べる（2つだけの場合は向かい合わせにする）。当事者はそれぞれの椅子に順に座って，各側面の視点や気持ちになって感情を表現する。ある椅子に座りながら別のモードが活性化してきた場合には，そのモードの椅子に新しく座り直す（もしそのモードが初登場である場合は，新たにそのモードのための椅子を加える）。この技法は，第1に，内的な葛藤やアンビヴァレントな感情や行動を明確にすることを助け，第2に，必要なモードを強化し，そうではないモードを弱めるために用いられる。その際，基盤となるのは当事者の認知と感情，そしてそのモードのもつ意味である。スキーマ療法における「椅子による対話のワーク」の目標は，以下の通りである。これは，スキーマ療法そのものの基本的な目標に沿っている（第4章を参照）。

(1) モード間のアンビヴァレントな感情や葛藤を明確化する。
(2) 「脆弱なチャイルドモード」を承認し，癒す。
(3) 「怒れるチャイルドモード」や「激怒するチャイルドモード」の感情を表出し，それらの感情を承認する。
(4) 「衝動的チャイルドモード」や「非自律的チャイルドモード」を

承認し，限界を設定する。
（5）「要求的ペアレントモード」に対し疑問を呈し，限界を設定する。
（6）「懲罰的ペアレントモード」と闘う。
（7）「非機能的なコーピングモード」のメリットとデメリットを分析し，弱める。

● バリエーション
● 2つの椅子を用いた「椅子による対話のワーク」
　「椅子による対話のワーク」は柔軟性に富んだ技法である。2つの椅子を使用するのが最もシンプルなやり方であり，それぞれの椅子が当事者の2つの異なる側面を表す。初心のセラピストが「椅子による対話のワーク」を行う場合，この方法から始めるとよいだろう。この方法は，アンビヴァレントな感情や内的な葛藤を明らかにするのに適している。またこの方法は，スキーマ療法におけるどのモデルにも適用可能である。オリジナルモデルに基づくスキーマ療法では，2つの椅子を用いた「椅子による対話のワーク」は，通常，「スキーマサイドの椅子」と「ヘルシーサイドの椅子」で構成される。モードモデルにおいては，一方の椅子は「ヘルシーアダルトモード」を表し，もう一方は「非機能的モード」を表す。もし，エクササイズの開始時にどのモードが関連しているのかが不明確な場合は，ひとまず2つの椅子から始め，当事者が椅子に座ってみて，どのモードが表れてくるか確かめてみればよいだろう。
　典型的な「椅子による対話のワーク」の適用範囲は，対人関係や職場の問題などにおいて生じるアンビヴァレントな感情に対してである（2つの椅子を用いて開始される「椅子による対話」の典型的なものは以下に挙げる例を参照のこと）。当事者の各側面は，1つもしくは2つの椅子で表される。たとえば，以下のリストの最初の例文で言えば，一方の椅子は「彼の元を去りたい」側を表し，もう一方は「彼と一緒にいたい」側を表す。

　「もう1年も彼と別れようと考えているのだけど，どういうわけか，

どうしても決心がつかないの」。
「そのセミナーに絶対に参加したかったのに，申し込み期限に間に合いませんでした。私はいつもこうなんです」。
「マンションを購入したくてもう2年以上も探しています。先日も，とてもいい物件を見つけたのに，なかなか踏み切りがつきません」。
「上司がいつも面倒な仕事ばかり押し付けてきます。もっと上手に自分の気持ちを伝えたいのですが，どうしてもできません」。
「運動をしたほうがいいのはわかっているんです。そのことをもっと自分に言い聞かせないと……。来年こそはマラソンを走るわ！」。

● 3つ以上の椅子を用いた「椅子による対話のワーク」

　モードモデルにおける「椅子による対話のワーク」においては，あらゆるモードの組み合わせが可能である。我々はしばしば，「非機能的ペアレントモード」と「ヘルシーアダルトモード」の間の"やりとり（discussion）"から始めることが多い。これらの異なる視点を扱う場合，同時に（傷つきや怒りのような）激しい感情が生じることがある。こうした感情は，各チャイルドモードと関連しており，活性化したそれぞれのチャイルドモードの椅子は，並べられた椅子の輪のなかに加えられていく。「ヘルシーアダルトモード」と「懲罰的ペアレントモード」の「椅子による対話のワーク」の変形として，当事者が自分の幼い頃に「懲罰的ペアレントモード」の形成に影響を与えた実在の人物を，その椅子にイメージすることもある。この場合は，当事者とその相手との間でやりとりが行われる。その内容と効果は，「懲罰的ペアレントモード」とやりとりする場合とほぼ同等である。

　オリジナルなスキーマ療法における，3つ以上の椅子を用いた「椅子による対話のワーク」の始め方として典型的なもう1つの形式は，「ヘルシーアダルトモード」と「コーピングモード」の間でなされるものである。この場合の対話の目的は，コーピングモードを理解する（そして後には減らしていく）ことである。この場合，2つの異なるモード（「ヘルシーアダルト」と「コーピングモード」）が活性化しているなかで，「脆弱なチャイ

ルドモード」がどのように感じているかを反映させるため、「チャイルドモード」の椅子を用意するとよいだろう。

　「椅子による対話のワーク」において用いられる椅子はすべて、「今・ここ」で活性化している当事者の各側面を表す。しかしながら、当事者をそのすべての椅子に座らせることがつねに必要であったり推奨されたりするわけではない。当事者が椅子に座っている時間が長ければ長いほど、その椅子に関連するモードは強く活性化する。一方、当事者が椅子から遠ざかれば遠ざかるほど、その椅子に関連するモードは弱まり、当事者はそのモードと距離を置くことができる。「椅子から遠ざかる」というこのような方法は、当事者が「椅子による対話のワーク」をはじめて行う場合や、治療場面に対してしっかりと安心感を抱いてもらう必要がある場合、そして当事者が自らの感情に圧倒されやすい場合、あるいは強い「懲罰的ペアレントモード」に苦しめられている場合などにおいて特に推奨される。こうしたケースでは、当事者はセッションでいつも使用している椅子に座ることにし、他のそれぞれの椅子に見立てたそれぞれのモードは何と言っているか、当事者に尋ねるだけでもよいかもしれない。そして次の段階としては、「脆弱なチャイルドモード」と「ヘルシーアダルトモード」の椅子だけに座るようにする。その際、「懲罰的ペアレントモード」が強く活性化されるのを防ぐため、その椅子には座らないようにする。このように、椅子を用いたワークは段階的に行うことが可能であり、当事者の許容範囲や感情的問題の程度に応じて適用することができる。

　スキーマ療法における「椅子による対話のワーク」において、セラピストは極めて積極的な役割を担う。それは、当事者と一緒にゲームに参加したり、さまざまなモードの役を演じたり、異なるモードたちと話し合ったりといったものであり、それらはいずれも主に「ヘルシーアダルトモード」のモデルとしての機能を果たす。たとえば、セラピストは「懲罰的ペアレントモード」に制限をかけたり、面接室からモードの椅子を放り出したりすることさえある。これは、当事者のなかから「懲罰的ペアレントモード」を消し去らねばならないことを象徴する強力な行為である。同様に、セラ

ピストは，当事者自身の「ヘルシーアダルトモード」の椅子に座って，同じく当事者の「脆弱なチャイルドモード」の椅子に向かって，そのモードを承認したり，慰めたりする。

　スキーマ療法における典型的な「椅子による対話のワーク」で行われることを以下に挙げる。

(1) 2つの椅子を用いた対話により，さまざまな内的な葛藤やアンビヴァレントな思いを癒す。この場合，各椅子がそれぞれの視点を表す。

(2) 「非機能的ペアレントモード」と「ヘルシーアダルトモード」の間で2つの椅子を用いた対話を行う。「ヘルシーアダルトモード」は「要求的ペアレントモード」を制限し，「懲罰的ペアレントモード」と闘う。当事者の感情的なプロセスに応じて，「脆弱なチャイルドモード」や「怒れるチャイルドモード」のための椅子を加えることが助けになる場合もある。

(3) 「要求的ペアレントモード」「怒れるチャイルドモード」「ヘルシーアダルトモード」の間で，3つの椅子を用いた対話を行う。このエクササイズは強力な「要求的ペアレントモード」をもつ当事者にとって有用であり，「要求的ペアレントモード」に服従することと，怒りを表現することの間の葛藤を扱うのに役に立つ。

(4) 「ヘルシーアダルトモード」と「脆弱なチャイルドモード」の間で2つの椅子による対話を行う。「ヘルシーアダルトモード」が「脆弱なチャイルドモード」を慰める。この形式の最初のエクササイズでは，セラピストが「ヘルシーアダルトモード」のモデルを示すことが多い。そのバリエーションとして，「脆弱なチャイルドモード」の椅子だけを用いて，セラピストがいつも使っている椅子からその椅子に向けて語りかけ，「脆弱なチャイルドモード」を慰めたり癒したりする，という方法もある。

(5) 「非機能的コーピングモード」と「ヘルシーアダルトモード」と

第8章　非機能的ペアレントモードに対応する ｜ 313

の間の2つの椅子による対話。これは，面接場面で強力な非機能的コーピングモードが登場する場合や，このモードが当事者の生活上で大きな妨げになっている場合に役に立つ。

● 「椅子による対話のワーク」をどのように導入するか

　多くの当事者にとって（そして多くのセラピストにとって），椅子を用いてワークを行うことは，はじめのうちは奇妙に感じられるかもしれない。そのため，ワークに対してもあまり積極的になれないかもしれない。しかし取り組んでみてはじめて，当事者は（セラピストも），この技法の大いなる可能性と影響力を理解することができる。したがって，セラピスト自身が，椅子を用いた数々のエクササイズを積極的に導入し，当事者を引き入れていく必要がある。セラピストは「椅子による対話のワーク」の各段階でモデルとなる必要がある。それはたとえば，エクササイズを始めるにあたって，柔軟かつダイナミックに動いたり，椅子を持ってきたり，各モードのあり様を示したり，椅子を取り換えたり，さまざまなモードの感情的な特徴を探求したり，といったことである。セラピストが自信なさそうに「椅子による対話のワーク」を導入してしまうと，当事者も自信をもってそれに取り組めなくなってしまう。また，セラピストが，自分はいつも使用している椅子に座ったままで，当事者だけが円になった椅子のなかを動き回るよう教示したら，当事者は違和感を抱くであろう。「イメージの書き換え」のエクササイズと同様に，「椅子による対話のワーク」も短時間のエクササイズから始め，つねに当事者からのフィードバックを得るようにする。

　事例　セッションにおいて「椅子による対話のワーク」を導入する
　ルーシーのセラピストは，彼女の依存的なコーピングスタイルが引き金となって生じる「懲罰的ペアレントモード」と闘うために，「椅子による対話のワーク」を導入しようと考えていた。「懲罰的ペアレントモード」は，ルーシーを落伍者だと責め立てる。治療を通じてこのモードの

強度を弱めなければならない。このモードが存在する限り，彼女の依存の問題を扱いつづけることは不可能である。

　セラピストは「椅子による対話のワーク」について説明を行う。「ルーシー，私があなたの依存的なパターンについて指摘すると，あなたのなかで『懲罰的ペアレントモード』が活性化されて，『お前は馬鹿で愚か者だ』とあなたに言ってくるのですね。『小さなルーシー』はそれを聞くととても悲しく，心細く感じてしまうのではないでしょうか？　同時に，すでにおわかりだと思いますが，この問題に対して活用できるものがあります。それはとても重要なものです。そう，それは『ヘルシーアダルトモード』です。私は，あなたの『ヘルシーアダルトモード』を強化し，『懲罰的ペアレントモード』を弱めるために，椅子を使ったエクササイズを行いたいと思います。『椅子による対話のワーク』では，あなたのなかにある3つのモード，すなわち『小さなルーシー』『懲罰的なペアレントモード』『ヘルシーアダルトモード』に1つずつ椅子を割り当てます」。セラピストは立ち上がり，3つの椅子を円く並べる。「ではこれからあなたには，それぞれの椅子に順番に座ってもらい，各モードの思いや感情を表現してもらいます。どの椅子から始めますか？」。

● 「椅子による対話のワーク」のプロセス

　多くのケースにおいて，「椅子による対話のワーク」を行う目的は，「要求的ペアレントモード」や「懲罰的ペアレントモード」を弱めることにある。「イメージの書き換え」エクササイズ（6.3.2項参照）と同様に，「椅子による対話のワーク」は，「非機能的ペアレントモード」の特性に合わせて行う必要がある。たとえば，達成に焦点を当てた「要求的ペアレントモード」との「椅子による対話のワーク」は，「闘う」というよりも「議論」の色彩を帯びることになるだろう。この「議論」のなかでは，「ヘルシーアダルトモード」と「要求的ペアレントモード」が，当事者の人生における「達成」の重要性について検討し，当事者が達成とは関係のない目標や欲求を追求する権利をもつことについて話し合う。「罪悪感」を誘発する

ペアレントモードとの「椅子による対話のワーク」において中心となる問題は，責任の所在を明確化することや，他者に制約を設ける権利を当事者がもつことについて，そして当事者の抱く罪悪感が不適切であることなどである。ここでの「ヘルシーアダルトモード」は，当事者が周囲の人々の幸福と健康の責任を取る必要はない，という視点に立つ。基本的に，「ヘルシーアダルトモード」は自分自身の幸福と健康に責任をもてばよいのである。対照的に，強力な「懲罰的ペアレントモード」との「椅子による対話のワーク」では，ペアレントモードとしっかり対面し，それに制約を与え，その懲罰性を非難し，それと闘い，最終的にはその椅子を部屋から追い出さなければならない。ただしこれらの指針はあくまで一般的なものであり，個々のケースに応じて調整する必要があることに留意したい。たとえば，あまりにも強固で，こちらからの働きかけに反応しない「要求的ペアレントモード」に対してはむしろ闘う必要があるし，「懲罰的ペアレントモード」であっても，毅然としながらも，優しく親しみを込めて扱うと（言葉を用いたハイレベルなやりとりを通じて），"不意打ちをくらって"弱まることもある。

　「椅子による対話のワーク」の過程は，エクササイズを通じての当事者の感情的な反応によって決まってくる。「懲罰的ペアレントモード」がより強固であれば，セラピストはしっかりとこのモードから当事者を守り，このモードに対して積極的に闘いを挑まなければならない。この場合，当事者は「懲罰的ペアレントモード」から少し距離を保つ必要があり，このモードの椅子に座るのはほんのわずかな時間にとどめる。重症な当事者であれば，「懲罰的ペアレントモード」の椅子に一切座らない，ということもありうる。そのような当事者は代わりに，「ヘルシーアダルトモード」や「脆弱なチャイルドモード」の椅子に座り，「懲罰的ペアレントモード」の椅子から距離を置いたまま，そのモードの発言を報告する。

　セラピストがどの程度手助けするかについても，モードの性質により異なってくる。強力な「懲罰的ペアレントモード」を有する当事者であれば，当事者がペアレントモードと闘うために，セラピストによるより多くの支

援が必要となる。このような場合,セラピストが「ヘルシーアダルトモード」の椅子に座り,「懲罰的ペアレントモード」に制限を設ける。その間,当事者は「脆弱なチャイルドモード」の席にとどまる。「懲罰的ペアレントモード」があまりにも強固である場合,セラピストはペアレントモードへの怒りをあらわにし,ペアレントモードの椅子を部屋の外に放り出してしまうことさえある。そして「懲罰的ペアレントモード」の椅子を追い出した後,セラピストは「脆弱なチャイルドモード」の椅子に座っている当事者を慰め,その感情をサポートする。

当事者の「ヘルシーアダルトモード」がすでにしっかりと機能している場合,「椅子による対話のワーク」では,「厳密な基準スキーマ」に関する問題が頻繁に登場する。当事者は「要求的ペアレントモード」とやりとりする。「ヘルシーアダルトモード」は当事者が欲求を満たす権利をもつことを主張し,当事者の感情を承認する。そして「要求的ペアレントモード」の過度な要求に制限を加える。さらに「非機能的ペアレントモード」によってもたらされる影響について改めて話し合う。しっかりとした「ヘルシーアダルトモード」をもつ当事者において,「要求的ペアレントモード」は「懲罰的ペアレントモード」に比べてその力は弱い。この場合,椅子を追い出すことまでせずに,きっぱりとした口調でペアレントモードに語りかけるだけで十分である。

当事者の「ヘルシーアダルトモード」がどの程度強固であるか,それによって「椅子による対話のワーク」におけるセラピストの役割は異なる。強固な「ヘルシーアダルトモード」をもつ当事者とのワークでは,「ヘルシーアダルトモード」の椅子には当事者自身が座り,セラピストは「要求的ペアレントモード」の椅子に座る。セラピストはペアレントモードとして当事者に対して過度な要求を主張し,「ヘルシーアダルトモード」に座る当事者を刺激する。それによって当事者は,「ヘルシーアダルトモード」の視点から「要求的ペアレントモード」に対してきっぱりと抵抗する機会を得る。

セラピストはつねに,「非機能的ペアレントモード」からの"中心的なメッ

セージ"が何であるかを明確にする必要がある（2.1.2 項参照）。「非機能的ペアレントモード」の性質によって，そのモードによる「価値下げ」や「要求」は，当事者の全体に関わるものであったり，当事者の部分的な特徴（例：女性であること，感情的になりやすいこと，頭が悪いこと）に関わるものであったりする。「要求的ペアレントモード」は，非常に高いレベルの目標を達成することを求め，「懲罰的ペアレントモード」は，当事者の罪悪感を引き起こし，自分よりも他者の欲求を優先するよう当事者に求める。

　「巻き込まれスキーマ」をもつ当事者は，自らの内なる「要求的ペアレントモード」について，セラピストとは異なる考えをもちうることに留意されたい。このような当事者の親は，当事者に自立することを求めなかったり，場合によっては自立することを妨げたりしている。このような場合，「要求的ペアレントモード」は当事者に対し，「我が道を行こうとすると，人は不幸になる」といったメッセージを送ってくる。「非機能的ペアレントモード」によるこのようなメッセージは，「椅子による対話のワーク」を通じて明らかになっていくが，このメッセージは同時に，当事者自身の思いであることが多い。以下に示す3つの事例は，問題となる「非機能的ペアレントモード」の性質によって，「椅子による対話のワーク」がいかに異なるものになるか，ということを示している。

> **事例**　「達成」に焦点を当てた「要求的ペアレントモード」との「椅子による対話のワーク」
>
> 　エヴァは，楽しんだり休息を取ったりすることを自分に許すことができない。彼女の「厳密な基準スキーマ」によって，エヴァにつねにバーンアウトしていた。彼女の両親は社会的に成功しており，多忙を極め，自らを省みることのない人たちであった。両親は，エヴァの「厳密な基準スキーマ」のモデルだったのである。エヴァは，学校ではつねにトップクラスの成績を収めた。しかしこれは彼女にとって当たり前のことで，特に誇らしく感じることもなかった。最近，彼女は論文を作成しはじめたが，例によって極端な取り組み方をしていた（例：同級生たちが要約

以外は参考文献をろくに読まないことを頭ではわかっていても，自分自身は参考文献を隅々まで読むべきだと主張する，など）。セラピストは，「要求的ペアレントモード」と「ヘルシーアダルトモード」の「椅子による対話のワーク」を提案した。

セラピスト（以下，Th） 論文執筆に関するあなたの「厳密な基準」について，これから対話をしていきますが，どちらの椅子から始めることにしますか？
エヴァ（以下，E） そうですね，要求的なほうの椅子からにしたいと思います。それはつねに活性化しているので。［「要求的ペアレントモード」の椅子に座る］当然，あなたは完璧な論文を書き上げなければならないわ！　そのためには文献はすべて，しっかりと読み込まなければいけません。教授が教えてくれた文献も，自分で検索した文献もすべて。もしそうしなければ，準備不足であることが皆にバレてしまうでしょうね。
Th いいですね！　もう一方の椅子は何と言っているでしょうか？
E ［「ヘルシーアダルトモード」の方の椅子に座る］よしなさい！　すべての文献を読み込んでいる人など誰もいません。教授だって，要約だけを読んで概観をつかむことは普通のことだと言っていたでしょう？　大学を卒業して就職したら，私が1,000頁の論文を読んだかどうかなんて，どうでもいいことになってしまうのよ。論文に書いてある細かいことなんて，時間が経てば忘れてしまうだろうし。大事なのはあなた自身が自分の論文を書きはじめることよ。時間は刻々と過ぎていくわ。［「要求的ペアレントモード」の椅子に向かって］あなたの要求に応えようとしたら，私はずっと細かいところでさまようことになってしまう。細かいことに圧倒されてしまい，神経がおかしくなり，結局何もかも後回しになってしまう。それは完璧な論文を書くことよりずっとひどいことだわ！
Th いいですね！　それに対して「要求的ペアレントモード」の椅子は何と言っているでしょう？
E ［「要求的ペアレントモード」の椅子に座り直す］もしあなたが科学

者としてのキャリアを築きたいのなら，あなたはすべての論文を熟読し，細かいこともすべて理解しておかなければなりません。そしてそれを教授にも示さなくては！［エヴァは，セラピストの指示なしに，自ら「ヘルシーアダルトモード」の椅子に座り直す］だけど私は科学者になりたいわけではないの！　すでに教授からも，クリニックのインターンシップに推薦してもらっているし，私はそのクリニックに正式に採用される予定なのよ。クリニックの人たちは，私の論文のことなんて，これっぽっちも気にしてなんかいないでしょう。彼らは私のことをとても優秀な研修生だと言ってくれたのよ！

Th　素晴らしいです！「要求的ペアレントモード」の椅子は何と言っていますか？

E　［「ヘルシーアダルトモード」の椅子に座ったままで］もう何も言ってきません。納得したようです。

事例　罪悪感を誘発する「懲罰的ペアレントモード」との「椅子による対話のワーク」

　ヴィヴィアンは，精神科の外来のソーシャルワーカーとして働いている。仕事において，彼女は，クライアントに対して合理的な制限を超えて過剰に自己犠牲的に動いてしまう。クライアントが自分自身でできる（しなければならない）ことでさえ，彼らの代わりに責任を果たしてしまう。彼女は，専門職として，そして「ヘルシーアダルトモード」としては，自分がもっと制限を設け，クライアントの自立を促さなければならないことを理解していた。しかし実際にクライアントに制限を設けると，良心の呵責と罪悪感が強力に生じ，再び過剰に責任を負ってしまうのだった。こうした感情は，彼女の罪悪感を誘発する「懲罰的ペアレントモード」と関連していた。以下に示す「椅子による対話のワーク」は，現在の彼女の状況に関連したものである。ヴィヴィアンは，非常に依存的な当事者に対して限界を設定することができず，日常生活のいくつかのことを自分の代わりにやってほしいと頼まれてしまった。ヴィヴィア

ンのチームメンバーは，彼女が過剰に責任を負うことで当事者の依存性を維持してしまっていることに怒りをあらわにした。ヴィヴィアンは罪悪感を誘発する「懲罰的ペアレントモード」の椅子から，「椅子による対話のワーク」をスタートした。

ヴィヴィアン（以下，V） あなたはあのかわいそうな女性をケアしなければならないわ。彼女はとてもお金に困っているの。彼女の人生は何もかもがめちゃくちゃな状態なのよ。彼女を心配しているのはあなただけ。ほかに彼女のために何かしてくれる人は誰もいないわ。彼女は買い物のために家を出ることができないのに，それをさせようとするなんて人でなしだわ！

セラピスト（以下，Th） ［微笑みながら］「ヘルシーアダルトモード」はどう思っていますか？

V ［「ヘルシーアダルトモード」の椅子に座る］えっと，それはそうとも言えないわ。このクライアントはほかの人を言いつけ通りに動かすのがとても上手いのよ。私が無理だと言って断っても，彼女はおそらく別の誰かにそれをやらせようとするでしょう。そもそも，彼女のするべきことを私が代わりにしても，そのことが彼女を助けることにはならないわ。本当は，彼女はそれを自分自身でしなければならないんです。だから本来であれば，もっと彼女を後押しして，自分で自分の責任を取れるよう，励ますほうがいいんだと思う。日常生活で自立することは，このクライアントにとってとても重要な課題なのだから。

Th 素晴らしい！「懲罰的ペアレントモード」は何と答えるでしょうか？

V ［「懲罰的ペアレントモード」の椅子に移動する］かわいそうな当事者がそれで気を悪くしたら，それはもう本当にひどいことです。それに自分のせいで誰かが気を悪くするなんて，あなたにとって受け入れ難いことでしょう？

Th この件は，お母さんのことを思い起こさせるのでしょうか？ お

母さんは，あなたがお母さんの面倒をみるべきだとよく言っていたのでしたよね。小さかったとき，お母さんが悲しそうだと，あなたは「自分が悪い」と罪悪感を抱いていたのでしたね。

V　そうです，似ているように思います。

Th　「ヘルシーアダルトモード」の椅子から何か言ってみましょう！

V　[「ヘルシーアダルトモード」の椅子に移動し，「懲罰的ペアレントモード」の椅子に向かって]あなたは，ほかの人が悲しいと感じていることに対して罪悪感をもたなければならないと私に言いました。それは，ケアする姿勢としては基本的には良いことです。でもそれだと，ケースによっては，感情的になって私にいろいろと要求してくる人が出てきます。すべての人が，自分自身の人生において，できる限り責任を取るよう努力することは大切なことです。このクライアントはそれを望んでいないようです。しかしながら，それでもなお，彼女がそうすることを手助けすることが私の仕事です。私は彼女の依存性を強化することを，絶対にやめなければならないのです！

Th　あなたはこう付け加えたいのではないでしょうか。「私にも限界を設定する権利がある！　このクライアントにもう少しいろいろと求めるようになれたら，私はもっと良いソーシャルワーカーになれる！」。

V　はい，全くもってその通りです！　すべての責任を取るのが私の仕事ではありません。それはクライアントのためにもなりません。私自身，しんどいし，しかも給料にもなりません！　そしてもちろん，私には彼女に「ノー」という権利があります！　そして，私はそうすることを悪いことだと思う必要はないのです。

Th　実際に「ノー」と言ったら，どのように感じるでしょうか？

V　「ノー」と言えることに誇りを感じます！

事例　強力な「懲罰的ペアレントモード」との「椅子による対話のワーク」

　20歳のミシェルは，BPDの当事者で，重症の摂食障害を抱えている。彼女は幼い頃，虐待的な養父母から，しばしば罰として食べ物を与えら

れず，身体的そして性的な虐待を受けていた。現在，彼女は数日にわたって何も食べられないことがある。ミシェルは，自分が食べ物を口にするに値しない存在だと感じており，何か食べると罪悪感や恥，自己嫌悪の感情が生じてしまう。セラピストは，健康を保つ権利を自分が有することを理解してもらうために，「懲罰的ペアレントモード」と闘うための「椅子による対話のワーク」を提案した。

セラピスト（以下，Th）　［3つの椅子を円く並べて］この3つの椅子はそれぞれ，あなたに満足に食事を与えない「懲罰的ペアレントモード」，傷ついた「小さなミシェル」，「ヘルシーアダルトモード」の椅子です。最初は，いつもの椅子に座ったままで，それら三者が何と言っているか私に教えてください。

ミシェル（以下，M）　［「懲罰的ペアレントモード」の椅子を指差し］あの椅子が一番うるさいです。あれは，私はただのクズで，食べ物を食べる権利があると思っているなんて愚かだと言ってきます。私は飢え死にする価値しかないと。

Th　［小さなミシェルの椅子を指差し］「小さなミシェル」はどうですか？

M　ひどい気分です。

Th　［ヘルシーアダルトの椅子を指差し］あなたの「ヘルシーアダルトモード」は何と言っているでしょう？

M　わからないわ！　何も感じることができません。

Th　そうですか。では，私が「ヘルシーアダルトモード」の椅子に座って，いくつか提案してもいいでしょうか？

M　［うなずく］

Th　［「ヘルシーアダルトモード」の椅子から，「懲罰的ペアレントモード」の椅子に向かって語りかける］なんてことをあなたは言うのでしょう！ミシェルには食べる権利がないですって!?　彼女は他の人と同じように，自分自身をケアする権利があります！　もちろん，自分が好きな

ものを食べる権利も！　私はもうあなたからこんな馬鹿げた話を聞きたくありません！
　　［ミシェルのほうを向いて］どんな感じがするでしょう？
M　どうしてかわからないけれども，良い気分です。でも，あの椅子がものすごく怖いです。［「懲罰的ペアレントモード」の椅子を指差す］
Th　ええ，わかります。あの椅子を部屋から追い出してしまおうと思うのですが，よろしいでしょうか？
M　ええ，そうすれば楽になります！
Th　［「ヘルシーアダルトモード」の椅子に座ったまま，「懲罰的ペアレントモード」の椅子に話しかける］あなたのせいでミシェルはひどく傷つけられています，私たちは今からあなたをこの部屋から追い出します！
　　［立ち上がり，毅然とした態度で「懲罰的ペアレントモード」の椅子を外に出し，ドアを閉める。ミシェルに向かって］今の気分はどうですか？
M　だいぶ良くなりました！
Th　ええ，私もです！　今，「小さなミシェル」の椅子に座ることはできそうでしょうか？　もし大丈夫そうなら，彼女と話をしたいのですが。
M　［「小さなミシェル」＝「脆弱なチャイルドモード」の椅子に腰かける］
Th　［「ヘルシーアダルトモード」の椅子から，「脆弱なチャイルドモード」の椅子に座っているミシェルに話しかける］小さなミシェル，あなたはかわいくて素敵な女の子よ。ほかの皆と同じようにあなたは自分の欲求を尊重し，それを満たす権利があるわ。あなたは，ほかのすべての子どもたちや大人と同じように，美味しいものを食べることができて当然なのです。今の気分はどうでしょう？
M　［「小さなミシェル」の椅子に座りながら］そう言ってもらえてよかったです。でも少し変な感じです。あまりそれを信じることができません。
Th　そうでしょうね。こういうことをはじめて言われたら，少し変な感じがするのでしょうね。でもあなたが，そう言われて，なんとなくよかったと思えていることが私は嬉しいです！　私たちは，あなたが，自

分の欲求が重要なものであると感じられるようになるため，このようなエクササイズをたくさん行う必要があります。

M　ええ，そうなれたらとても素晴らしいと思います。一方で，何も望んでいない自分がいます。でももう一方で，変われるのではないかと思える自分もいます。将来，もしかしたら自分を罰する気持ちを抱くことなく何かを食べることができるようになれるんじゃないかと……。

Th　その言葉を聞いて本当に嬉しいです。これは最初の一歩ですね。ところで1つ提案があります。さっき私が「小さなミシェル」に伝えた言葉をもう一度言うので，それをあなたの携帯電話に録音しておいてはどうでしょうか。何か食べたいと思ったら，最初に録音したものを聞いてみるのです。それを聞くことで，自分に食べる権利があることをあなたが感じる手助けになるかもしれません。試してみたいですか？

M　はい，試してみたいです。

　セラピストは，ミシェルの携帯電話に，「脆弱なチャイルドモード」に向けて，温かく思いやりに満ちた声でメッセージを吹き込んだ。

● 心理的な距離がより必要となる場合に椅子の代用となるもの

　通常，我々は「椅子による対話」では実物の椅子を用いることを推奨している。そうすることが強力な感情的効果をもたらすためである。部屋が狭いなどといった物理的な問題は，実物の椅子を用いない理由にはならない。小さなオフィスの場合は，折りたたみ椅子などを使用すればよい。

　しかし，とりわけBPDの当事者は，セラピストから椅子を用いたモードワークを提案されると，最初はパニックに陥ってしまう人がいることも念頭に置いておきたい。当事者は，エクササイズ中に生じる感情に耐えられないかもしれないと恐怖を抱いたり，「懲罰的ペアレントモード」に圧倒されてしまったりするかもしれない。このような場合，椅子よりも感情に距離を取ることのできる，ほかの道具から始めることも可能である。種々の人形や指人形，トークンなどの玩具がそれに適している。これらのアイ

テムをテーブルの上に置き，当事者にそれぞれに関連した認知や感情を述べてもらう。距離を取るほかの方法としては，当事者はいつも使う椅子に座ったまま，他の椅子を円く並べて行う方法もある。それぞれの椅子に座る代わりに，当事者は自分の椅子の位置から，距離を保ちながらさまざまなモードの体験や訴えを報告する。当事者がこうした形式の「椅子よる対話のワーク」に慣れた後に，本物の椅子によるワークを段階的に導入していく。

● 「懲罰的ペアレントモード」から当事者を保護する

「懲罰的ペアレントモード」を非常に恐れている当事者の場合，ある程度の期間は，「懲罰的ペアレント」の椅子に当事者を座らせてはならない。「椅子による対話のワーク」の初回においては，特にそうである。当事者をこの椅子に一度も座らせないようにしたほうがよいこともよくあることである。代わりに，距離のあるところから，「懲罰的ペアレントモード」が何を言っているか報告してもらう。強力な「懲罰的ペアレントモード」をもつ当事者は，セラピストがこのような形で当事者を保護せず，このモードの椅子に座ると，そのままこのモードに深く入り込みすぎてしまう。このような当事者は，「懲罰的ペアレントモード」に親和性が高く，もし当事者の"自然な"感情のプロセスを追ってしまった場合，当事者はほとんどの時間をこのモードの椅子に座ることに費やしてしまう。そうなることを積極的に阻止し，このモードに近づきすぎないことがなぜ重要なのか，エクササイズのなかで説明することが必要である。

「懲罰的ペアレントモード」に与える発言時間は短くするべきである（とはいえ，当事者は他のモードよりこのモードに自発的に入ってしまうことが多いのも事実である）。当事者が「懲罰的ペアレントモード」の視点から何かを主張した場合，セラピストはすかさず介入し，「懲罰的ペアレントモード」の言い分を要約したうえで，他のモード，特に「脆弱なチャイルドモード」と「ヘルシーアダルトモード」に焦点を当てていく必要がある。セラピストが「懲罰的ペアレントモード」について扱っている際は，当事

者はその椅子に決して座ってはならない。また「懲罰的ペアレントモード」の椅子を部屋から追い出すことは，このモードから当事者を守ることにつながるだろう。

● 「ヘルシーアダルトモード」のモデルを示す

　セラピストは当事者に対し，「ヘルシーアダルトモード」のモデルを示す必要がある。治療の初期段階では特にその必要性が高い。セラピストは「ヘルシーアダルトモード」の椅子に座り，当事者はそのそばに立つか，あるいは対面で立つ。別の形式としては，当事者はセラピストの「ヘルシーアダルトモード」からのメッセージを，「脆弱なチャイルドモード」の椅子に座って，あるいは普段使用している椅子に座って聞くこともできる。セラピストが「懲罰的ペアレントモード」と闘い，それに制限を与える際は，決して当事者をその椅子に座らせてはならない。セラピストが「懲罰的ペアレントモード」と闘ったり，「脆弱なチャイルドモード」を癒したりする際は，チャイルドモードの椅子に当事者を座らせるのがよいだろう。当事者がセラピストの「ヘルシーアダルトモード」をモデルとして内在化したら（あるいはそのような内在化を促進するために），セラピストは「ヘルシーアダルトモード」のメッセージの一つひとつを当事者が復唱することを促す（例：セラピストが「椅子による対話のワーク」において，「脆弱なチャイルドモード」を癒す，あるいは「懲罰的ペアレントモード」と闘った後に，当事者に「ヘルシーアダルトモード」の発言のなかで気に入ったものを復唱するよう求める）。ホームワークとして，「椅子による対話のワーク」を録音したものを聴いてくることを課題にするのも有効である。

　治療を通して，当事者自身が「ヘルシーアダルトモード」の役割を担う機会を増やしていく。その際，重症レベルの当事者に対して「イメージエクササイズ」を行う場合と同様の過程をたどる。すなわち，最初のイメージエクササイズでは，「ヘルシーアダルトモード」の役割はセラピストが担うが，治療が進むにつれて，その役割は段階的に当事者に移行していく。

これは,「椅子による対話のワーク」でも同様である。最初のワークでは,当事者は「脆弱なチャイルドモード」の椅子にとどまる。そして次第に,「ヘルシーアダルトモード」の役割をより積極的に担うようになっていく。中間の段階では,「ヘルシーアダルトモード」の椅子に座るセラピストの後ろに当事者が立つこともあるだろう。次の段階では,当事者が「ヘルシーアダルトモード」の椅子に座り,セラピストがその横に立つ,といった具合である。

- 怒りを引き出し,表現するモデルを示す

　怒りは,「懲罰的ペアレントモード」と闘う際に重要な感情である。しかし怒りを抑圧してしまっている当事者の場合,まずは怒りの感情にアクセスできるようにならなければならない。「椅子による対話のワーク」を行うことによって,怒りはより明確なものとなり,その表出の良い見本を示すことができる。セラピストは,「怒れるチャイルドモード（もしくは健康的な怒り）」のための椅子を追加して,当事者をその椅子に座らせ,怒りを探求することを促す。当事者は,怒りを表出することで罰を受けるのではないかと考え,恐れていることが多い。そこで,セラピストがモデルを示すことが非常に役に立つ。怒りや激怒の表出のためには,ムーブメントセラピーにおける「遊びのエクササイズ（綱引き,枕投げ,ボクシング,など）」も,当事者が安全な状況で怒りを表現するのに役に立つ（第7章参照）。

　時に,当事者は「懲罰的ペアレントモード」を,自らのものではなく他の第三者のものとしたほうが,それと闘いやすくなることがある。その場合,セラピストは,「あなた自身の『懲罰的ペアレントモード』ではなく,あなたの大事な友達の『懲罰的ペアレントモード』とみなして,そのペアレントモードが何かを言ってきたら,どう思いますか？」「この『懲罰的ペアレントモード』があなたではなく,あなたのお子さんを罰しようとしたら,どんなふうに感じるでしょう？」といった問いかけをするとよいだろう。

- 「懲罰的ペアレントモード」による"復讐"を予測し，それに備える

　当然のことではあるが，当事者は，エクササイズのなかで「懲罰的ペアレントモード」に異議を唱え闘う際，ペアレントモードから"復讐"や"仕返し"をされることを恐れることがある。セラピストは当事者のこのような恐れを予測し，その解決策について当事者と検討する必要がある。

　「懲罰的ペアレントモード」と闘うエクササイズを行ったら（特に初回のエクササイズでは），当事者はセッションの後，待合室でしばらく休んでから帰るようにするほうがよい。そうすることで，当事者は安全な状況で落ち着きを取り戻すことができるし，休んでいる間にセラピストと言葉を交わすことができるかもしれない。あるいは，エクササイズの数時間後に，セラピストにメールを送るよう勧めることもできる。特にはじめてのエクササイズでは，セッション後に電話で話をする約束を取ることも最終手段としては「あり」である。セラピストと「懲罰的ペアレントモード」との闘いを録音し，それを当事者に渡すこともできるだろう。そうすれば当事者は「懲罰的ペアレントモード」に関するサポートが必要となったときはいつでも，その録音を聞くことができる（次の事例を参照）。「セラピストのオフィスの戸棚に問題をしまっておく」といったトラウマ治療のエクササイズも有用である。

　事例　「椅子による対話のワーク」で「懲罰的ペアレントモード」と闘った後，当事者の「ヘルシーアダルトモード」を支えるため，録音をする

　セラピスト　このセッションの後に，もし「懲罰的ペアレントモード」が強く活性化されたら，このテープを聞いてください。私は心からあなたをサポートしたいと思っています。あなたは，あなたの内なる「懲罰的ペアレントモード」との闘いを始めたことはとても素晴らしいことです！　ほかの人と同じく，あなたはあなた自身の欲求を大切にし，自分のなかにある懲罰的な部分に対して闘う権利があります。私はあなたがこの闘いに協力してくれることをとても嬉しく思いますし，できる限りあなたをサポートしていきたいと思っています。では，私から「懲

罰的ペアレントモード」に話しかけましょう。［懲罰的ペアレントモードに向かって］もう黙って！　彼女をそっとしておいて！　これ以上彼女を邪魔しないで！　あなたは彼女を傷つけているだけです。あなたは間違っている。あなたに彼女を罰する権利などありません！　［当事者に向かって］次に，あなたが「懲罰的ペアレントモード」に脅されたり気分を悪くさせられたりしたときにどうすればよいか，先ほどセッションで話し合いましたね。あなたにはそれらを思い出していただき，そのなかのひとつを実践してほしいのです。たとえば，やわらかい毛布にくるまりながら面白い映画を見てもいいですし，お友達のキャロルやスーザン叔母さんに電話をかけることもできます。あなたはスペイン旅行に行ったときに聞いた音楽が，とても気に入ったのでしたね。それを聞いてリラックスすることもできます。ジョギングもいいですね。ジョギングをすると落ち着いた気持ちになれるのでしたね。あなたが何をして，どんな気持ちになったか，ぜひ私にメールで教えてください。「懲罰的ペアレントモード」に脅されたら，どれかを実際にやってみて，そのことをメールで私にお知らせください。

● さまざまなモードを扱う

　さまざまなモードを扱う際，我々は通常「チャイルドモード」「コーピングモード」「ヘルシーアダルトモード」は"当事者の一部"とみなすようにしている。したがって，「椅子による対話のワーク」において，これらのモードの椅子に座って話す際は，当事者に，一人称を用いてもらう。一方，「非機能的ペアレントモード」に関しては扱いが異なる。「懲罰的ペアレントモード」が闘うべき相手であるという点からも，当事者は，これらのモードに過度に同一化すべきではない。というのも，当事者に自分自身の一部分と闘うよう求めることは，当事者自身の何かが「よくない」から闘わなければならない，という意味を暗に含んでしまうからである。このことは，「懲罰的ペアレントモード」が再び活性化するきっかけにもなりかねない。我々はさらに，当事者が「懲罰的ペアレントモード」と距離

を取れるようになるためにあらゆる援助をする。そこには,「懲罰的ペアレントモード」を第三者のように扱うことも含まれる。

したがって,「懲罰的ペアレントモード」の名前はつねに当事者の名前とは異なるものにする。"意地悪なやつ""尋問者""厳しい父親"などといった具合である。「椅子による対話のワーク」において,当事者が「懲罰的ペアレントモード」の椅子に座るときには,当事者には二人称を用いて話してもらう(「私は落伍者だ」ではなく「お前は落伍者だ」)。それは,当事者が「懲罰的ペアレントモード」のメッセージから距離を取るための助けにもなる。当事者が「要求的ペアレントモード」あるいは「懲罰的ペアレントモード」に話しかける場合も,そのモードを二人称で呼ぶ必要がある。

● 「椅子による対話のワーク」の応用編

「椅子による対話のワーク」は,スキーマ療法以外のさまざまな治療法において活用されている。スキーマ療法でも,それらのさまざまな椅子を使った方法を統合的に活用することができる。たとえば,当事者が見た夢のシーンを「椅子による対話のワーク」で扱うと,当事者の各モードと夢の各部分が非常に似通っていることに気づく場合がある。以下に,「椅子による対話のワーク」の応用編とも言えるべき例をいくつか示す(Kellogg (2004) も参照)。

(1) "片がついていないこと" 当事者が誰か(友人,家族,元パートナーなど)との間に何か"片がついていないこと"を抱えている場合,アンビヴァレントな感情がしばしば重要な役割を果たす。この場合の「椅子による対話のワーク」では,1つの(空の)椅子を当該の相手に割り当て,当事者はそれに向かい合う形で座る。当事者は,相手に対する自分のアンビヴァレントな気持ちを表現する。セラピストは当事者のアンビヴァレントな感情のすべてを扱っていく必要がある。ワークを行うなかでアンビヴァレントな気持ちにある程度片がついたら,エクササイズを終える。

(2) "さよならする"　上記の"片がついていないこと"に似ているかもしれない。当事者は，過去の相手に対するアンビヴァレントな感情を表出し，最後に別れを告げる。

(3) **カップルセラピー**　カップルの葛藤は，モードアプローチにおいても概念化されることの多い問題である。「椅子による対話のワーク」でこの葛藤を扱う場合，二人のもつモードがそれぞれ異なる椅子に割り当てられる。相手のモードから問題を見てみると，その問題が滑稽に感じられたり，課題が明確に見えてきたりすることも少なくない。

(4) **夢のワーク（夢分析）**　これは，Fritz Perls（Kellogg（2004）参照）によって開発された，伝統的な椅子を使ったワークである。夢のなかのさまざまな要素（そのなかに登場する人々や対象，象徴など）を一つひとつの椅子に割り当てる。当事者は，夢の内容や夢を見ている自分など，夢に関するさまざまな視点に自分の身を置いてみる。

8.4　行動的技法

　行動的技法としては，完璧主義を緩和し，ポジティヴな活動を増やすことが，「懲罰的ペアレントモード」「要求的ペアレントモード」と闘うことにつながる。当事者は，楽しみを増やし，喜びや肯定的な行動を通じて自らの体験を深める必要がある（例：レジャー活動，スポーツ，人付き合い）。新しい対人関係を構築するためにはソーシャルスキルズトレーニング（SST）が役立つだろう。さらには，つねに完璧であろうとする代わりに，仕事をある程度手放したり，自らの欠点を受け入れ，自身が達成できていることを正当に評価したりするようになることも重要である。

8.5　よくある質問

(1)「椅子による対話のワーク」は，人形やそれに類するものを用いて行うこともできるのか？

　椅子の代わりに別のものを使用することも可能である。しかしながら，最終的には椅子を用いることを強く推奨する。なぜなら，椅子は別のものよりも強い感情を引き起こすからである。人形等は，当事者が実際の椅子でワークを行うことを非常に恐れている場合に，代わりに用いられるべきものである。

(2)「"懲罰的ペアレントモード"は決して消え去ることはない」と言う当事者がいる。この場合，セラピストはどう応じればよいのか？

　まずは心理教育を行い，治療が進展すれば「懲罰的ペアレントモード」は徐々にその力を弱めていくだろうということを当事者に伝える。同時に，当事者が怒りを表現することに対して恐怖を感じていないかどうか，確かめる必要がある。「非機能的ペアレントモード」との闘いに勝つためには，当事者が思い切って怒りを表出する必要があるが，それに対する不安があまりにも強いため，怒りの承認や表出ができなくなってしまう人がいる。その場合は，段階的に，少しずつ，怒りの承認や表出を促していくしかないだろう。

(3)「椅子による対話のワーク」において，当事者が自らの母親（もしくは「懲罰的ペアレントモード」形成に関与した他の人物）に共感してしまい，それと闘うことを拒む場合，どうすればよいのか？

　繰り返しになるが，これに関しても心理教育が必要となる。「椅子による対話のワーク」が意図するところは，現実の母親と闘うことではない。そうではなく，母親との関わりを通じて「取り入れ（introject）」が行われ，それが当事者にダメージを与えるため，その取り入れてしまった対象と

闘うのである。現実の母親は彼女なりに最善を尽くしたのであろうが、不幸にもそれが十分ではなかった、ということを理解することが重要である。幼い当事者にとって必要なのは、養育者によるケアであり、虐待的な扱いではない。母親の行動が理解できるものであってもなくても、それが虐待的なものであれば、子どもの欲求にとっては不適切である。これまでに述べてきたように、セラピストは、当事者の行動を正当化し、その行為の背景にある思いが正しいものであることを、当事者自身が受け入れることを強化していく必要がある。したがって当事者が親の思いを"理解すること"が、当事者の怒りと自律性をかえって抑制してしまう危険に自覚的でなければならない。

(4)「懲罰的ペアレントモード」を追放した後に、強い孤独感を抱くようになる当事者がいる。このような場合にどうしたらよいのか？

　時に当事者は、「懲罰的ペアレントモード」がもはや存在しなくなると、孤独感や苦痛を感じるようになる場合がある。ここで絶対にしてはならないことは、「懲罰的ペアレントモード」を呼び戻すことである！　セラピストは、「懲罰的ペアレントモード」ではない他のモードの状態で、自分自身の感情や、ほかの人と関わっていくよう当事者を励ます。「懲罰的ペアレントモード」なしだと本当に孤独になってしまうのだろうか。それを確かめるために「椅子による対話のワーク」を用いることもできる。この場合、肯定的な対人関係に対する欲求についても同時に検討する必要がある。孤独感は、典型的には「脆弱なチャイルドモード」に関連した感情である。当事者（とセラピスト）は「ヘルシーアダルトモード」の椅子から「脆弱なチャイルドモード」を慰め、癒していくようにする。その際、当事者に対して肯定的に接してくれている人たち（例：友人、グループ療法のメンバー）の存在も同時に考慮するとよいかもしれない。「ねえ、小さなキャシー、あなたは今、自分が一人ぼっちだと感じているかもしれないけれども、実際はそうじゃないわ。たくさんの人があなたを大切に思っている。たとえば"X"のことを思ってみて。あなたには、"懲罰的ペアレントモード"

は必要ないのよ。"懲罰的ペアレントモード"がいなくても，いえ，いないほうが，あなたは人と親密に関われる。だって"懲罰的ペアレントモード"は，あなたが葛藤や問題を抱えていたとき，いつもあなたを非難していただけなんだから」。

(5) 当事者が「ヘルシーアダルトモード」に入ることがどうしてもできない場合はどうすればよいのか？

BPDの当事者は，「ヘルシーアダルトモード」の椅子に座ってみても，最初はこのモードを体験することができないことが多い。したがって，セラピストやグループ療法のほかの当事者が，まずは「ヘルシーアダルトモード」のモデルを示す。セラピストが「ヘルシーアダルトモード」のモデルを示している間，当事者は「脆弱なチャイルドモード」の椅子に座ったり，面接室のいつもの椅子に座ったり，あるいはセラピストの後ろに立ったりする。治療の過程を通じて，当事者の「ヘルシーアダルトモード」が少しずつ形成されていく。

(6)「ヘルシーアダルトモード」の椅子に座った当事者が，弱々しく無力である場合，どのように対応すればよいのか？

これは，当事者の感情が「脆弱なチャイルドモード」に切り替わったことを示しているので，その場で「脆弱なチャイルドモード」の椅子を追加し，当事者はその椅子に座る。セラピストは介入の焦点を，「脆弱なチャイルドモード」への直面化に切り替える。「脆弱なチャイルドモード」に直面化した後で，改めて当事者に「ヘルシーアダルトモード」の椅子に戻ってもらうこともできる。

(7)「怒れるチャイルドモード」の椅子に座る当事者が，怒りではなく，恐怖を感じてしまった場合にはどうすればよいのか？

多くの当事者は，幼少期において，怒りを表出して罰せられてきた。こうしたケースでは，当事者の怒りを承認し，表出のモデルを示し，その表

出を励ましていく必要がある。さらに，怒りは遊び心に満ちた愉快な形で体験することも可能である（例：当事者とセラピストが「懲罰的ペアレントモード」に対して歌を歌って抵抗し，それを録音するなど）。

(8)「懲罰的ペアレントモード」と闘った後，それに対して当事者が罪悪感をもってしまった場合，どう対応すればよいのか？

「椅子による対話のワーク」で「懲罰的ペアレントモード」と闘った後に生じる罪悪感は，たいていの場合，「懲罰的ペアレントモード」が再び活性化したことを示している。このような場合，どのようにして落ち着きを取り戻し，罪悪感を克服すればよいか，できれば前もって当事者と話し合っておくとよいだろう。また，闘いの後に再度活性化した「懲罰的ペアレントモード」を弱めるために，別のエクササイズを設定することもできる（例：録音ファイルを聞く，楽しい活動をする）。

(9)「椅子による対話のワーク」は，日々の生活とどのように関連するのか？

感情焦点化技法と，日常生活における当事者の行動の変化を関連づけていくことは極めて重要である。いったん行動が変化すると，それはそのまま当事者の自信につながり，それ以上の検討が不要になることが多い（例：エヴァの場合，論文に対する強迫的な行動を実際に減らす必要がある）。重症度の高い障害を抱える当事者や，回避傾向の極めて強い当事者は，ホームワークによる取り組みが特に必要となる。その際，「懲罰的ペアレントモード」に対抗するような行動的技法をホームワークとして設定するべきである。最も重要なホームワークの課題は，肯定的な活動を増やし，完璧主義を弱め，セルフケアの力を増強するものである。

(10) 自らの「非機能的ペアレントモード」と対決してそれを追いやった場合，自分の内なるモラルや価値観を失うのではないか，と恐れている当事者に対してはどうすればよいのか？

「懲罰的ペアレントモード」や「要求的ペアレントモード」との闘いに

勝利した際に，自分自身がモラルや価値観を見失ってしまうのではないか，そして見失った挙句の果てに，ほかに何も得られずに終わってしまうのではないか，といった恐怖を表明する当事者もいる。このような反応に対しては，セラピストは共感的直面化を通じて関わっていくことが望ましい。その際，これまでのモラルや価値観を手放すことは，たしかに一時的にはいくらかの混乱をもたらしうること，しかしながら，当事者が自らのモラルを再度形成していく過程をセラピストが支えること，再度形成されたモラルや価値観は，これまで押し付けられてきた有害なものとは違い，はるかに健康的なものであることを指摘することが重要である。ここでものを言うのは，セラピストが当事者を安心させ，かつ毅然とした態度でいることである。そうでなければ当事者はかえって不安になってしまうだろう。

第**9**章

ヘルシーアダルトモードを強化する

　「ヘルシーアダルトモード」は，現実的で，自分自身と他者に対して責任をもつことができ，自分自身の欲求を満たすことと他者の欲求を満たすことの間のバランスを保つことができる。また，適応的な行動を選択し，欲求と情動に対して機能的な態度を取ることができる。スキーマ療法における中核的な目標は，「ヘルシーアダルトモード」を育み，強化することである。これは，非機能的なモードを軽減することによって間接的に成し遂げられる。たとえば，「懲罰的ペアレントモード」が弱まると，当事者の自分自身に対する懲罰的行動は減少するため，そのこと自体が改善と言えるであろう。しかし，「忘却（unlearning）」と「新たな学習（new learning）」は異なる。不適応的なモードの影響が軽減されれば，その分「ヘルシーアダルトモード」を獲得する機会が多くなるが，それが必ずしも，非機能的な行動や態度がそのまま健康的に置き換わることを意味するわけではない。特に「ヘルシーアダルトモード」が非常に弱々しい段階では，治療のなかで，健康的な態度や行動について「教える」ことにも力点を置く必要がある。

　もちろん，健康的な代替行動を学習することは，非機能的なモードを扱うために発展した多くの技法のなかにすでに織り交ぜられている。たとえば，「懲罰的ペアレントモード」と闘う際に，セラピストはその誤った点について指摘するだけでなく，問題をより健康的な視点から捉える見方も当事者に教えている。その目的は，（極めて不合理性が高く，こちらの主張に対して耳を貸さないような）懲罰的な部分を説得することではなく，

「脆弱なチャイルドモード」の傷つきを癒し，「ヘルシーアダルトモード」を形成することである。同様に，当事者が怒りの適切な表現の仕方を学ぶ際は（第7章参照），「怒れるチャイルドモード」は段階的に「ヘルシーアダルトモード」に置き換えられていく。当事者が，自らの「脆弱なチャイルドモード」を自分で慰められるようになると，退行的な感情や欲求は低減し，当事者は成長し，真の意味での「大人（アダルト）」となっていく。

こうした間接的な技法とは別に，「ヘルシーアダルトモード」を直接的に強化することを目的とした治療技法もある。これらの技法は，多くの当事者にとって極めて重要なものとなるだろう。

9.1 治療関係

治療関係において，セラピストはつねに当事者の「健康的な大人（ヘルシーアダルト）」の部分とつながるよう留意する。以下に示す介入戦略は，治療関係において「ヘルシーアダルトモード」を強化するために活用することができる。これらはいずれも，当事者と建設的に協同作業を行い，セラピーの過程に対して共に責任を負うという共通の目標をもつものである。

(1) すべての介入をモードモデルに関連づけ，なぜセラピストがそれを提案するのかについて説明する。それによって，「ヘルシーアダルトモード」を治療の過程に反映させるよう引き出す。
(2) 当事者と共に感情焦点化技法について検討する。これらの介入に関して，当事者がセラピストと協同的に意思決定できるよう励ます。
(3) 感情焦点化技法において，段階的に，「ヘルシーアダルトモード」としての当事者を取り込んでいく。
(4) セッションを録音し，当事者に自宅でそれを聞いてもらう。
(5) 治療関係において生じる問題を当事者と共に扱い，その解決策を

協同的に模索する。
(6) 治療が行き詰まった際は，当事者に「ヘルシーアダルトモード」になってもらうよう依頼する。そして共に問題を検討する。

9.1.1 モードモデルに関連づける

　我々は，すべてのセッションにおいて，現在起きている問題と治療戦略とをスキーマモードモデルに関連づけるようにしている。セラピストは，感情焦点化技法を提案し，その背景にある理論的根拠について説明する。セラピストは同時に（当事者がすでにさまざまな技法を習得している場合は特に），感情焦点化技法以外のさまざまな技法もあわせて提示し，どの技法に取り組みたいか，当事者に尋ねる。このように治療のあらゆる段階で，セラピストと当事者は共に意思決定を行い，当事者もその決定に対していくらかの責任を負うことになる。これは，「脆弱なチャイルドモード」を慰め，癒すことを目的とした感情焦点化技法において，特に重要なこととなる。セラピストは，当事者に治療の責任を付与し，当事者と共に治療の経過を検討することによって，治療中に当事者の「ヘルシーアダルトモード」が活性化しつづけるよう留意する。重要なのは「脆弱なチャイルドモード」に対するケアと，「ヘルシーアダルトモード」を強化する試みとのバランスを保つことである。このことは，「怒れるチャイルドモード」や「衝動的チャイルドモード」に対応する際や，行動変容を目指す際にも重要である。なぜならそれらの治療過程において，セラピストと当事者の「ヘルシーアダルトモード」が共に協力して取り組む必要があるからである。

9.1.2 感情焦点化技法について検討する

　精神力動的な観点から言えば，感情焦点化技法，とりわけ「イメージの書き換え」エクササイズは，高度の退行を必要とする（そして引き出す）。この退行のバランスを保つため，「ヘルシーアダルトモード」をつねに関

与させるようにする。すなわち，セラピストと当事者は「イメージの書き換え」のエクササイズを行うことを共に決定し，その経過を共にモニターし，感情的なプロセスを改善する場合には"テープの巻き戻し"を共に行う。さらに，セッションを録音し，当事者はホームワークとしてその録音したものを聞き，治療を日常生活に浸透させていくことを促進する。重要なのは，退行（すなわち「脆弱なチャイルドモード」）を現実にしっかりと結びつけておくことと，退行的な感情のプロセスについてじっくり検討すること（すなわち「ヘルシーアダルトモード」）とが組み合わせて行われることである。退行を現実に結びつけることは，治療関係の限界が明らかになるため，当事者にとって時に痛みを伴うものになる（セラピストはイメージのなかで当事者のチャイルドモードを十分にケアするが，それはあくまでもイメージのなかのことであり，当事者の現実生活にそのまま適用されることはない）。

　ひとつの方法としては，当事者の感情的なプロセスを持続的にモニターすることである。セラピストは，当事者がどのように感じ，何を欲しているのか，頻繁に尋ねる。そして，その時々の当事者の感情状態に応じて「イメージの書き換え」のプロセスを修正したり調整したりする。感情のプロセスが望ましい方向に進まない場合，セラピストと当事者は改善方法を一緒に探していく。介入において，当事者が協力的でないように見受けられる場合は，セラピストは，なぜ自分がその介入を提案したのか，その理由を説明し，どのモードがそれを阻害しているのかを見極めるようにする。

9.1.3　感情焦点化技法において，段階的に「ヘルシーアダルトモード」としての当事者を取り込んでいく

　6.3.2（「イメージの書き換え」）および 8.3.1（「椅子による対話のワーク」）の項で述べたように，当事者は感情焦点化技法において「ヘルシーアダルトモード」の役割を徐々に取り入れていく。「ヘルシーアダルトモード」の役割を担うことには，「イメージの書き換え」エクササイズにおいて「脆弱なチャイルドモード」をケアすること，もしくは「椅子による対話のワー

ク」において「懲罰的ペアレントモード」と闘うことが含まれる。この2つは「ヘルシーアダルトモード」の主要な役目である。

> **事例** 感情焦点化技法について共に検討する

ジェーンは，28歳のBPDおよび回避性パーソナリティ障害の当事者であり（2.1.3項参照），他者からの脅威を感じた際に，「遮断・自己鎮静化コーピングモード」に陥ってしまう。彼女は，外的な脅威から距離をとるための強力な内的刺激として，空想を利用している。空想のなかでは，大勢の素敵な人たちが彼女をケアしてくれるが，それはあくまでも架空の世界の話である。そこで治療では，現実の世界における他者への安心感を強化するため，「イメージの書き換え」エクササイズが行われた。

イメージを書き換えていく段階において，セラピストは，イメージのなかに入り込み，「小さなジェーン」に何がしたいか尋ねる。「小さなジェーン」は，現実から逃げて，内的な空想の世界に入ることを望んでいる。セラピストは，コーピングモードに切り替わると介入の効果が失われてしまうため，それは良い方法ではないと指摘する。その代わりに，セラピストはイメージのなかで何か良いことを一緒にしようと提案する。ジェーンはイライラしはじめる。

このイライラがエクササイズの妨害となる。そのため，セラピストは閉じていた目をいったん開けてみるようジェーンに求める。そして「イメージの書き換え」エクササイズは，新しい感情体験を作り出すことを目的として行われること，そしてコーピングモードがそれらの感情を遮断する方向に機能してしまうことについて説明する。セラピストは，内的な空想に逃げ込むことが良い方法ではないのは，それが純粋に変化の過程を阻害するコーピングモードであるからで，セラピストが個人的にそれを好ましくないと考えているからではないとも伝える。この説明の後，ジェーンは，再び目を閉じ，内的な世界で空想するのではなく，新たな感情を作り出すために「イメージの書き換え」を行うことに同意した。

9.1.4　セッションを録音する

　我々は当事者に対し，セッションを録音し，自宅でそれを聞くことを推奨している。特に重症度の高いパーソナリティ障害をもつ当事者に対してはそれを強く勧めるようにしている。

　これは，当事者が MP3 プレイヤーやマイク機能がついている携帯電話を持っていれば，技術的には簡単である。この戦略は，治療過程を当事者のなかにしっかりと定着させることを目的としている。さらには，「ヘルシーアダルトモード」における 2 つの重要な特性である「自制（discipline）」と「自立（independence）」を当事者が身につけることも目的としている。しかしながら，重症度の高いさまざまな障害を抱える当事者の「ヘルシーアダルトモード」はかなり弱々しいため，最初から「自律」や「自立」を実現することはかなり難しいことを留意する必要がある。したがってセラピストはこの点について寛容である必要がある。そして「まだできないこと」を当事者に求めないように気をつけなければならない。ただし一方で，当事者が「自制」や「自立」を獲得できるよう促しつづけることも重要である。

9.1.5　治療関係において生じる問題を扱う

　しばしば，当事者は非機能的にセラピストと関わることがある。それはたとえば，非機能的なコーピングモードやチャイルドモード（例：「怒れるチャイルドモード」「依存的チャイルドモード」など）による関わりである。これらのモードのために治療に進展が見られない場合は，率直に話し合う必要がある。さらには，治療において「ヘルシーアダルトモード」がより活性化することを促すような介入戦略を適用する（例：治療関係に関連した「椅子による対話のワーク」）。

　「ヘルシーアダルトモード」は，スキーマ療法のすべての介入技法

> によって，間接的に（非機能的モードを軽減することや，健康的な行動について教示することなどを通じて），そして同時に直接的に（当事者が責任を負うことや，自らの感情や欲求を健康的な方法で表現するように求められることを通じて）強化されていく。

事例 治療関係における問題を取り扱い，「ヘルシーアダルトモード」を励ます

　52歳のイヴリンは，秘書をしており，OCDを抱えている（2.1.3項参照）。彼女は，援助の専門家による支えがないと安心できず，セラピストとの関係においても非常に依存的なパターンを示していた。たとえば，彼女はOCDの症状に対するエクスポージャーの課題すべてに対して，セラピストが彼女と一緒に取り組むことを求め，自分一人では最低限の課題にも取り組めずにいた。

　セラピストは，共感的直面化を用いて「機能的な依存」に関する問題について彼女に伝え，次に，「椅子による対話のワーク」を行い，「依存的なパターンの椅子（「従順・服従コーピングモード」）」と，「責任を負った自立的な椅子（「ヘルシーアダルトモード」）」の対話を行うことを提案した。イヴリンはそれに同意した。彼女ははじめ，「コーピングモード」の椅子に座っていつものように不平を述べた。しかし次に「ヘルシーアダルトモード」の椅子に座ると，うなだれてしまい，何も言葉を発せなかった。彼女はセラピストのほうをうかがい，助けを求める。セラピストは，「ヘルシーアダルトモード」の役割をあえて担わず，これがまさに彼女における中核的な問題であることを共感的な態度で説明する。イヴリンは，より充実し自立した生活を送れるようになるために，「依存／受動モード」を弱め，「ヘルシーアダルトモード」を強化しなければならないからである。イヴリンは，このようなセラピストのあり方（セラピストが直接援助をしてくれないこと）に対し，少しイライラしている。しかし一方で，「ヘルシーアダルトモード」の椅子でのイヴリンは，自らの欲求を自分自身で満たすことを学ぶ必要があることは理解できる

ようになった。そこでそれ以降のセッションにおける「椅子による対話のワーク」では，イヴリンの感情や欲求を扱いつつも，それらに制約を設けることについて訓練が行われた。

9.2　認知的技法

　「ヘルシーアダルトモード」を強化することを目的とする認知的技法において重要なのは，モードモデルそのものを活用することである。モードモデルは当事者と共に構築するものであることから，当事者は，治療の初期段階から自らの心理学的パターンを「ヘルシーアダルトモード」の視点から捉えていくよう導かれる。後に，感情焦点化技法を共に計画し検討する場合においても，モードモデルの共有には同様の効果がある。さらに当事者は心理教育を通じて，健康的な心理学的機能について学ぶことになる。ソクラテス的質問法もまた，当事者を「熟考的な大人」の視点に立たせ，「ヘルシーアダルトモード」が強化される。

　当事者が「ヘルシーアダルトモード」の視点に立つことが難しい場合，以下のような質問が役に立つ。「"あなたのセラピスト"や"あなたの優しいおばあちゃん"〔訳注：「ヘルシーアダルトモード」のモデルとしてのセラピストやおばあちゃんのこと。ここでは，セラピストが，個々の当事者に応じて，実在するヘルシーアダルトの名前を呼ばなければならない〕は，今，何と言っていますか？」「もし今，私たちが話していることが，あなたのことではなく，あなたのお友達やお子さんについてのことだとしたら，あなたは何と言うでしょうか？」「もしあなたが，あなた自身に対して，"ヘルシーアダルトモード"の立場から声をかけるとしたら，何と言ってあげますか？」。

　「ヘルシーアダルトモード」に関わる認知的なワークでは，動機づけにまつわる問題を扱うことが多い。非機能的なパターンが極めて強い当事者（例：「自己愛的過剰補償コーピングモード」「自己刺激モード」「非自律的

で甘やかされたチャイルドモード」)は，変化に対する動機づけをさほど有していない。「ヘルシーアダルトモード」による動機づけにまつわるエクササイズにおいて(可能であれば「椅子による対話のワーク」を行う)，「非機能的モード」と「ヘルシーアダルトモード」の視点は対照的なものとなるが，治療ではその両方のバランスを保つようにする。時に，治療のある一時点において，「非機能的モード」のメリットが「ヘルシーアダルトモード」のメリットを上回る場合もある。この場合，それについて当事者と共に検討し率直に話し合う必要がある。たとえセラピストが当事者の非機能的モードを変化させる必要性を十分に認識していたとしても，当事者自身が自らの非機能的モードを変えたくないと考える場合，それには必ず当事者なりの理由がある（その理由は一時的なものかもしれないが）。たとえその時点で当事者が非機能的パターンを変えないと決めた場合でも，その決定には「ヘルシーアダルトモード」を関与させ，そのままで終わりにはせず，代わりの手段が検討されるべきである（例：変化に対する動機づけを高めるためのセッションを行う。治療を一時中断し，変化に対する動機づけが高まった時点で治療を再開する）。

事例 治療の動機づけを明確にする

コレットは，38歳のとても魅力的なビジネスウーマンである。彼女は自己愛的な特徴（やや自己誇大的であり，強力な「自己鎮静化モード」をもつ）を有し，恋愛関係が破綻するたびに，さみしさや悲しみを伴う抑うつ症状を示した（「脆弱なチャイルドモード」）。恋愛にまつわる話し合いのなかでわかったことは，コレットが「自己鎮静化モード」によって男性と刺激的で短時間の性交渉をしばしばもつことと，一方では長期的な異性関係を退屈に感じてしまいやすいことである。セラピストは，このような極端なパターン（「刺激的な情事を求める」一方，「日常的な関係に退屈する」）が，コレットの対人関係にまつわる二分割的な視点を象徴していると考え，これについて彼女と話し合うことにした。セラピストとしては，コレットと協同して，彼女のなかに健康的なアタッ

メントのモデルを形成することを目指したいと考えていた。コレットはこの考えに最初は同意したが，その話し合いをした数セッション後には，新たな異性との刺激的な関係を再び開始してしまい，抑うつ症状は消失してしまった。

そこでセラピストは，「ヘルシーアダルトモード」と刺激的な情事に関連する「過剰補償モード」とによる「椅子による対話のワーク」を提案した。そのなかでわかったことは，抑うつ症状の改善のために治療を求めてきたコレットにとって，症状が消失した今となっては，もはや治療が必要ではなくなり，治療に対する動機づけが失われた，ということであった。セラピストは，彼女の現在のポジティヴな感情は「自己鎮静化モード」によるもので，抑うつ症状が根本的に回復したことを示すものではないことを説明したが，コレットは治療を中断し，症状が再燃すれば治療を再開することを選択した。

9.3　感情焦点化技法

感情焦点化技法もまた，「ヘルシーアダルトモード」の強化を目的としており，「椅子による対話のワーク」や「イメージの書き換え」エクササイズもそのために活用される。これらのワークやエクササイズについては6.3.2や8.3.1の項を参照されたい。治療の進行が思わしくない場合，どのモードが進行を妨げているのか，セラピストと当事者は話し合いのなかで共に理解していく。セラピストはそれぞれの介入の意図について再度説明し，当事者が「ヘルシーアダルトモード」の視点に立てるよう手助けする。記憶や最悪の未来の想像に対する「イメージの書き換え」作業が，ここでは重要である。当事者は目を閉じ，問題となる状況（記憶あるいは未来の想像）をイメージし，さらに「ヘルシーアダルトモード」の視点から，今までとは異なる新たな方法を試みることによって，ネガティヴなイメージを別のものに書き換えていく。セラピストも当事者のイメージに入り込み，

サポートすることはあるが，できるだけ当事者自身の「ヘルシーアダルトモード」が主体的に動けるようになることを目指す。

9.4　行動的技法

治療が進むにつれて，治療による感情的な変化や認知的変化を当事者自身の日常生活のなかに浸透させていくことが，より重要になっていく。つまり，当事者は，自分が身を置く社会的環境において，「ヘルシーアダルトモード」に基づく考え方や行動を徐々に適用していく必要がある。「ヘルシーアダルトモード」として活動できるようになることが，治療の最終段階における目標となる。スキーマ療法の究極の目標は（症状の軽減が狭義の治療目標だとすると），当事者が自らの欲求を適切に満たしながら生活できるようになることを手助けすることである。これには，安全なアタッチメントを構築し維持することや，自らの能力を高めること，勉強や仕事や趣味などの領域での関心を広げることなどが含まれる。さらには，義務と楽しむこととの間や，自分自身の欲求を満たすことと他者の欲求を満たすことの間にバランスを取れるようになる必要がある。治療の最終段階において，当事者とセラピストは，さらに健康的に成長しつづけられるようになるための計画を立てる。この計画には，具体的な課題を含める必要がある。具体的な課題が決まったら，ロールプレイで準備をすることができる（例：アサーションや怒りの表現，あるいは親密な会話の練習をする）。こうした課題に対して取り組む際に，非機能的なモードが再度活性化することは避けられないことである。そういった場合は，セラピストは当事者の「ヘルシーアダルトモード」と共にこの件（非機能的モードの再活性化）について検討し，それを「ぶり返し」ではなく「学習を深める機会」として捉え直すことが重要である。その際，特定のモードに対する技法をおさらいするのもよいだろう。スキーマ療法における治療の進展は直線的ではなくむしろ循環的である。とはいえ治療の全体的な流れにおいては，当事

者の「ヘルシーアダルトモード」が徐々に強化され，より多くの責任を負うようになるのは間違いないことである。

9.5　治療の終結

　「脆弱なチャイルドモード」と「非機能的ペアレントモード」に対して行われる感情焦点化技法は，治療の初期段階において頻繁に活用されることが多い。これによって当事者は感情的に安定し，行動的な変容への準備が整っていく。その後の治療で焦点を当てるのは，日常生活において従来のパターンが変容し，新たな体験が得られるよう，当事者を手助けすることである。ここで前面に出てくるのは当事者自身の「ヘルシーアダルトモード」である。感情焦点化技法においては，「非機能的ペアレントモード」と「チャイルドモード」が依然としてそのターゲットとなるが，行動変容や日常生活について話し合う際は，「ヘルシーアダルトモード」を中心に据える。とはいえ，行動変容や日常生活での変化の支えになるのは，あくまでも感情焦点化技法や認知的技法であることを忘れてはならない。

9.5.1　治療の継続

　当事者の抱える症状や問題，そして「ヘルシーアダルトモード」の強度によって，治療期間は実にさまざまである。スキーマ療法は，多様な当事者に対して広く用いられるため，治療期間は個々のケースで大きく異なるであろう。BPD や他の深刻なパーソナリティ障害を有する当事者の場合，総治療期間は 2 〜 3 年が適しており，2 週間に 1 度のセッションで始めることが理想的である。比較的軽度の障害をもつ当事者の場合は，より少ない頻度で，短期間で行うことも可能である。明確で具体的な問題に対する解決を求めて治療に訪れる当事者の場合は，数セッションで終結にできる場合もある。

我々は，治療の終結の過程はゆっくりと進めるようにしており（例：段階的にセッションの頻度を減らす。当面の間，月に1度のフォローアップセッションを続けることを提案する），治療終結後も，少なくともしばらくの間はいつでもセッションを再開できるような状態にしておくことを推奨している。たとえば，当事者のなかには年に2回だけ，担当セラピストにメールを出したい（そして短くてよいから返事が欲しい）と望む人がいる。セラピストが当事者に対して強力なアタッチメントを実際に提供するスキーマ療法では，当事者のこのような希望が適切で現実的であると判断した場合は，その希望を満たすことをお勧めしたい。

9.6　よくある質問

(1) 感情面の介入にはつねに「ヘルシーアダルトモード」が関与するのか?
　その通り！　「ヘルシーアダルトモード」の強化は治療の究極の目標であり，「ヘルシーアダルトモード」はすべての感情的介入に関与する。ただし，当事者の「ヘルシーアダルトモード」が非常に弱い場合は，最初から当事者がこのモードの役割を果たすことは難しいことに留意されたい。こうしたケースでは，セラピストや他の適切な人が「ヘルシーアダルトモード」の手本を示すことになる。

(2) 当事者の「ヘルシーアダルトモード」がほとんど機能していない場合，どうすればよいのか?
　治療の初期段階において当事者の「ヘルシーアダルトモード」が極めて脆弱である場合，セラピスト，あるいはほかの「助けてくれる人」がその手本を示す。治療の過程を通じて，当事者はさまざまな「助けてくれる人」を活用することができる。たとえば，「椅子による対話のワーク」において，「ヘルシーアダルトモード」の椅子に自分の親友が座っていることを想像してみてもよいかもしれない。また「イメージの書き換え」エクササイズ

では，映画の「ターミネーター」に登場してもらってもよいかもしれない。時間の経過とともに，当事者は自分自身が自らの「ヘルシーアダルトモード」の役割を果たすようになるであろう。

(3) 当事者がセッションでは非常に健康的な様子を示すものの，それに応じた生活上の変化がなかなか見られない場合は，どうしたらよいのか？

　この場合，スキーマ療法で扱っている領域において，当事者が何らかの深刻な精神病理学的問題を有している可能性を検討する。また，当事者が「懲罰的ペアレントモード」や「脆弱なチャイルドモード」など他のモードの活性化を防ぐために取っている行動が，表面的には健康に見えるだけかもしれない，ということを検討する。これらについてセラピストは当事者と共に探索する必要がある。よくあるのは，当事者の一見健康的に見える行動が，実はコーピングモード（例：「遮断・防衛モード」「自己誇大化モード」）の一部だったというものである。この場合，セラピストは当事者の表面的な健康さに惑わされないように注意し，当事者のなかに「脆弱なチャイルドモード」を見つけ出さなければならない。ここでも，共感的直面化や，チャイルドモードに直接つながろうとする試みが有用である。

訳者あとがき

吉村由未

「おお！ ついにここまでたどり着けた！」これが最初の自動思考。分担翻訳をさせていただいた，Young, J.E., Klosko, J.S. & Weishaar, M.E.（2003）*Schema Therapy : A Practitioner's Guide*（Guilford Press）の邦訳本が刊行された 2008 年当時は，まさか本書の翻訳を担当することになろうとは想像もしていなかった。しかし今，私の手元にある校正は，間違いなく Arnoud Arntz & Gitta Jacob（2013）*Schema Therapy in Practice : An Introductory Guide to the Schema Mode Approach*（Wiley-Blackwell）の全日本語訳である。

伊藤絵美先生のもと，2006 年くらいから，私たちは細々とスキーマ療法の勉強を続けてきた。2011 年には，日本認知療法学会にて，Young 博士を招いて講演やワークショップが開催された。翌年，職場の仲間で「スキーマ療法プロジェクト」を開始し（これは今なお継続中のプロジェクトである），年間を通じてセルフ＆ピアでスキーマ療法を体験する研修会を続けた年もある。昨年は，より広く仲間を募り，ともにスキーマ療法について学び，日本におけるその普及・発展を目指すことを目的に，日本スキーマ療法研究会（Japanese Association of Schema Therapy : JAST）を立ち上げた。そして，今年の 3 月には，ニュージャージーにある Schema Therapy Institutes にて年次開催されている，4 日間の短期研修にも参加することができた（これは 9 月に後半の 4 日間が控えており，期待も高まっている）。こうして振り返ってみると，スキーマ療法に出会ってからもう十年近い歳月が経っている。そして，特に Young 博士の来日以降，日本におけるスキーマ療法の注目度も年々着実に高まってきているように感じている。

冒頭に挙げた Young 博士の著書（通称＆以下"バイブル"）にも「モー

ドワーク」について書かれた1章があるが，本書は，そのモードとそれによるアプローチに特化して解説した一冊である。バイブルの出版後，学会発表やシンポジウムなどでも，「モードワーク」やモード概念の活用されている状況を目に耳にすることが増えていったように思う。私自身，臨床のなかで，スキーマ療法を実施しているわけではないクライアントに対しても，より一般的な「状態（state）としてのモード」について心理教育する機会は以前からあった。モードそれ自体は古くて新しく，わかりやすい概念であるため，クライアントも感覚的に理解しやすいようであった。しかしそれに加えて，スキーマ療法で言うところのスキーマモードとして，「非機能的ペアレントモード」「チャイルドモード」「ヘルシーアダルトモード」「非機能的コーピングモード」などの心理教育をする場合，特にクライアントがそのつど極めて腑に落ちた，目から鱗が落ちたような表情をされるのがとても印象的であった。大げさではなく，これら概念やタームを用いたり，当事者のモードにオリジナルの名前を付けたりすることで，自己理解や自己観察力が格段に深まり，治療におけるあるターニングポイントを迎えられたケースも多々ある。これは，Young博士の提唱するスキーマモードの概念やカテゴリーが，治療ターゲットや問題点を明確にしやすく，かつ人々にとって非常に体験的，直感的に納得できるものである証拠であろう。

　このような理由から，"モードブーム"が到来したのも至極頷けるものだった。スキーマ療法におけるモードアプローチは，オリジナルモデルの静的・特性的な理解に，動的・状態的（いわば，here & now的）躍動感を加え，アセスメントや介入をより立体的なものにしてくれる。Young博士は，境界性パーソナリティ障害（BPD）をはじめとする，パーソナリティや対人関係における長期的な問題を抱える当事者をターゲットの中心としてスキーマ療法を構築しており，バイブルにも，「BPD患者は多種多様なスキーマとコーピング反応を有しており，治療においてそれらを全て一度に扱おうとすると，セラピストも患者も圧倒されてしまう」ため，スキーマ療法にモードの概念を持ち込む必要性があった旨が記されている。その

ような流れを発展的に継承し，本書が登場したというわけである。

　本書では，Young博士の提唱した4つのモードカテゴリ（「非機能的ペアレントモード」「チャイルドモード」「ヘルシーアダルトモード」「非機能的コーピングモード」）のうち，「（非機能的）チャイルドモード」と「非機能的コーピングモード」に属する下位モードがさらに細分化して整理されている（第2章参照）。これは，個々の事例や研究を通じてなされた拡充と考えられる。おそらく今後も，さまざまなフィールドから得られる知見から，新たなモードがさらに提唱され続けていくかもしれない。あまりに多すぎて，正直本書を読み始めた当初はいささか戸惑いを覚えたが，臨床で大切なことは，これら提唱されているものを手掛かりや参考に，セラピストと当事者が，当事者の持つ個々のモードの意味や役割を検討し，よりしっくりくる独自の名前を付けて同定し，モニタリングし，当事者が日常における非機能的モードの活性化に対処していく力を身につけていくことであろう。

　また，Young博士は，BPDの治療においてはスキーマよりもモードを活用するほうがウェイトが大きいとも述べている。ただ，オリジナルのスキーマ療法とモードアプローチ，双方を一通り概観しての個人的な印象としては，一見Young博士の論に反しているように聞こえるかもしれないが，BPDのような複雑な問題を抱える当事者こそ，やはりスキーマとモード両方の視点からの理解が不可欠なように思う。現時点で生じている問題や状況を理解するためにモードはもちろん大切なのだが，その「背景に横たわるスキーマ」の理解も同じように重要なことと考えられる（もちろん，Young博士も，スキーマは二の次にして，「ただただモードで理解せよ」と言っているわけでは毛頭ない。それは先述の短期研修でも改めて確認されたことであるが，紙面の関係上その解説は省略させていただく）。なぜなら，特性（trait）としてのスキーマを理解してこそ，現象レベルの問題だけでなく，その人の「生きづらさ」や「人生のテーマ」といった中核的なものが，よりありありと浮かび上がってくるためである。さらに，これも私見ではあるが，一方でより健康度の高い当事者の場合，ひとたびモー

ドとして理解ができ，自分のモードにオリジナルの名前が付けられると，それだけで治療が展開していくこともあるように思う。モードアプローチを活用する際は，このようなことを念頭に置く必要があるであろう。

　モードに加え，本書にて詳説されている「イメージエクササイズ」や「椅子による対話のワーク」などの感情焦点化技法は，スキーマ療法の肝であり，「治療的再養育」的な関係のなかで行われるダイナミックな介入である。スキーマ療法を学び実践するなかで，私はイメージのもつ治療的な力強さを改めて認識するようになった。また，治療関係の捉え方も大きく発展した。「治療的再養育法」のもつ「限定されたなかで，クライアントに対し養育的にかかわる」という視点は，これまで協同性を強調するCBTの文脈ではあまり積極的に論じられていなかったものだ。しかし，「治療的再養育法」という言葉を最初に耳にしたときも，不思議と特に違和感なく入ってきたことを覚えており，CBTの関係性のなかにも，その本質的な要素は含まれているものと思われる。治療関係を築きにくい，問題が多岐にわたるなど，複雑な問題を抱えるクライアントに対して「治療的再養育法」の視点をもつことは，なにより治療者側の幅を豊かにしてくれることは間違いない。本書には数々の事例が掲載されているため，個々の介入についてより臨場感をもって皆様に読んでいただけることと思う。

　今回，やはりいつものように遅々とした歩みの翻訳作業であったが，こうして無事最後までたどりつけたのも，締め切りを正しく守り，多大なサポート資源となる訳文を提供してくださった各章翻訳協力者の方々と，「治療的再養育」的に抱え，辛抱強くご指導くださった伊藤絵美先生のおかげである。心理療法において，「治療者こそ孤立してはならない」とはよく言われることであるが，実によき仲間と環境に恵まれ，ここまでくることができた。感謝の気持ちで一杯である。

　本当に，本当にありがとうございました。

2015年7月吉日

文献

Arntz, A. (2008). Schema therapy. Keynote delivered at the International Conference on Eating Disorders (ICED), Academy for Eating Disorders, Seattle, May 14-17, 2008.

Arntz, A. & van Genderen, H. (2009). *Schema Therapy for Borderline Personality Disorder*. Sussex : John Wiley & Sons.

Arntz, A. & Weertman, A. (1999). Treatment of childhood memories : theory and practice. *Behavior Research and Therapy*, **37** : 715-740.

Arntz, A., Tiesema, M., & Kindt, M. (2007). Treatment of PTSD : a comparison of imaginal exposure with and without imagery rescripting. *Journal of Behavior Therapy and Experimental Psychiatry*, **38** : 345-370.

Bamelis, L.L.M., Renner, F., Heidkamp, D., & Arntz, A.（2011）. Extended schema mode conceptualizations for specific personality disorders : an empirical study. *Journal of Personality Disorders*, **25** : 41-58.

Bernstein, D.P., Arntz, A., & de Vos, M. (2007). Schema focused therapy in forensic settings : theoretical model and recommendations for best clinical practice. *International Journal of Forensic Mental Health*, **6** : 169-183.

Costa, P.T. & McCrae, R.R. (1992). *Revised NEO Personality Inventory (NEO-PI-R) and NEO Five-Factor Inventory (NEO-FFI) Professional Manual*. Odessa, FL : Psychological Assessment Resources.

Farrell, J. & Shaw, I. (2012). *Group Schema Therapy for Borderline Personality Disorder : A Step-by-Step Treatment Manual with Patient Workbook*. Sussex : John Wiley & Sons.

Farrell, J., Shaw, I., & Webber, M. (2009). A schema-focused approach to group psychotherapy for outpatients with borderline personality disorder : a randomized controlled trial. *Journal of Behavior Therapy and Experiential Psychology*, **40** : 317-328.

Giesen-Bloo, J., van Dyck, R., Spinhoven, P., van Tilburg, W., Dirksen, C., van Asselt, T., Kremer, I., Nadort, M., & Arntz, A. (2006). Outpatient psychotherapy for borderline personality disorder. Randomized trial of schema-focused therapy versus transference-focused psychotherapy. *Archives of General Psychiatry*, **63** : 649-658.

Grawe, K. (2006). *Neuropsychotherapy*. Oxford : Routledge.

Gross, E.N., Stelzer, N., & Jacob, G.A. (2012). Treating obsessive-compulsive disorder with the schema mode model. In M. van Vreeswijk, J. Broersen, & M. Nadort (eds.), *Handbook of Schema Therapy : Theory, Research and Practice*. Sussex : John Wiley & Sons. pp. 173-184.

Hackmann, A., Bennett-Levy, J., & Holmes, E.A. (2011). *The Oxford Guide to Imagery in Cognitive Therapy*. Oxford : Oxford University Press.

Hawke, L.D., Provencer, M.D., & Arntz, A. (2011). Early maladaptive schemas in the risk for bipolar spectrum disorders. *Journal of Affective Disorders*, **133** : 428-436.

Hayes, A.M., Beevers, C., Feldman, G., Laurenceau, J.-P., & Perlman, C.A. (2005). Avoidance and emotional processing as predictors of symptom change and positive growth in an integrative therapy for depression. In G. Ironson, U. Lundberg, & L.H. Powell (eds.) *International Journal of Behavioral Medicine*, special issue : Positive Psychology : 111-122.

Kellogg, S.H. (2004). Dialogical encounters : contemporary perspectives on "chairwork" in psychotherapy. *Psychotherapy : Research, Theory, Practice, Training*, **41** : 310-320.

Linehan, M.M. (1993). *Cognitive-behavioral Treatment of Borderline Personality Disorder*. New York : Guildford.

Lobbestael, J., van Vreeswijk, M., & Arntz, A. (2007). Shedding light on schema modes : a clarification of the mode concept and its current research status. *Netherlands Journal of Psychology*, **63** : 76-85.

Lobbestael, J., van Vreeswijk, M., & Arntz, A. (2008). An empirical test of schema mode conceptualizations in personality disorders. *Behavior Research and Therapy*, **46** : 854-860.

Lobbestael, J., van Vreeswijk, M., Spinhoven, P., Schouten, E., & Arntz, A. (2010). Reliability and validity of the short Schema Mode Inventory (SMI). *Behavioral and Cognitive Psychotherapy*, **38** : 437-458.

Nadort, M., Arntz, A., Smit, J.H., Giesen-Bloo, J., Eikelenboom, M., Spinhoven, P., van Asselt, T., Wensing, M., & van Dyck, R. (2009). Implementation of outpatient schema therapy for borderline personality disorder with versus without crisis support by the therapist outside office hours : a randomized trial. *Behavior Research and Therapy*, **47** : 961-973.

Norris, M.L., Boydell, K.M., Pinhas, L., & Katzman, D.K. (2006). Ana and the internet : a review of pro-anorexia websites. *The International Journal of Eating Disorders*, **39**(6) : 443-447. doi:10.1002/eat.20305, PMID 16721839.

Oei, T.P.S. & Baranoff, J. (2007). Young schema questionnaire : review of psychometric and measurement issues. *Australian Journal of Psychology*, **59** : 78-86.

Reddemann, L. (2001). *Imagination als heilsame Kraft/Zur Behandlung von Traumafolgen mit ressourcenorientierten Verfahren*. Stuttgart : Pfeiffer bei Klett-Cotta.

Renner, F., Arntz, A., Leeuw, I., & Huibers, M. (2012). Treatment for chronic depression using schema focused therapy. *Clinical Psychology : Science and Practice*. Accepted pending revision.

Rogers, C. (1961). *On Becoming a Person : A Therapist's View of Psychotherapy*. London : Constable.

Schmidt, N.B., Joiner, T.E., Young, J.E., & Telch, M.J. (1995). The schema questionnaire : investigation of psychometric properties and the hierarchical structure of a measure of maladaptive schemas. *Cognitive Therapy and Research*, **19** : 295-321.

Smucker, M.P., Dancu, C., Foa, E.B., & Niederee, J.L. (1995). Imagery rescripting : a new treatment for survivors of childhood sexual abuse suffering from posttraumatic stress. *Journal of Cognitive Psychotherapy : An International Quarterly*, **9** : 3-17.

Taylor, C.T., Laposa, J.M., & Alden, L.E. (2004). Is avoidant personality disorder more than just social avoidance? *Journal of Personality Disorders*, **18** : 571-594.

Young, J.E. (1990). *Cognitive Therapy for Personality Disorders : A Schema-focused Approach*. Sarasota, FL : Professional Resource Exchange.

Young, J.E., Klosko, S., & Weishaar, M.E. (2003). *Schema Therapy : A Practitioner's Guide*. New York : Guildford.

索引

A-Z

Anger［▶怒り］
behavioral pattern-breaking［▶行動パターンの変容］
Borderline Personality Disorder : BPD［▶境界性パーソナリティ障害］
case conceptualization［▶ケースの概念化］
CBT : Cognitive Behavioral Therapy［▶認知行動療法］
chair dialogues［▶椅子による対話のワーク］
chair-work exercises［▶椅子による対話のワーク］
DBT : Dialectic Behavioral Therapy［▶弁証法的行動療法］
drama techniques［▶ドラマ技法］
emotion-focused interventions［▶感情焦点化技法］
empathetic confrontation/empathic confrontation［▶共感的直面化］
healthy discipline［▶健全な自律］
helping person［▶助けてくれる人］
imagery exercises［▶イメージエクササイズ］
imagery rescripting［▶イメージの書き換え］
limited reparenting［▶治療的再養育法］
limit-setting［▶限界設定］
negative introject［▶否定的な取り入れ］
OCD : Obsessive Compulsive Disorder［▶強迫性障害］
parentification［▶子の親化］
problematic schema-driven patterns［▶スキーマに駆動された悪循環のパターン］
PTSD［▶外傷後ストレス障害］
schema coping［▶スキーマへのコーピング］
schema diary［▶スキーマ日記］
Schema Mode Inventory［▶スキーマモード質問票］
SST : Social Skills Training［▶ソーシャルスキルズトレーニング］

Young, Jeffrey.... 019, 022, 023, 049, 066, 091, 092, 198
Youngスキーマ質問票............................ 022, 023

あ行

遊びのエクササイズ.. 328
アタッチメント 011, 025, 049, 199, 204, 209, 216, 218, 223-225, 227, 235-237, 248, 250-252, 267, 346, 348, 350
安心感....... 028, 058, 199, 207-209, 214, 216, 224, 225, 227, 228, 231, 235, 246, 248, 249, 252, 254, 256, 262, 267, 312, 342
安全な場.......................... 225, 227, 228, 247, 254
アンビヴァレント... 153, 309, 310, 313, 331, 332
怒り.. 043, 045, 058, 059, 061, 062, 068, 071, 072, 079, 088, 093-095, 138, 146, 147, 152, 153, 166, 207, 226, 231, 240, 249, 269-276, 280, 281, 283-288, 291, 293-295, 297, 307, 313, 317, 321, 328, 333-336, 339, 348［▶激怒］
——系.. 268
——に関連するさまざまなモード........... 089
怒りのコーピングモード....................... 090, 091
怒り・防衛モード.... 067, 069, 078-080, 089-091, 126, 127, 140, 283, 296
怒れるチャイルドモード...... 013, 015, 067, 068, 072, 081, 089, 090, 126, 138, 146, 147, 207, 268-271, 274-277, 280, 282, 283, 286, 287, 291, 295, 297, 309, 313, 328, 335, 339, 340, 343
移行対象.. 198, 246
いじめ・攻撃モード........ 012, 067, 070, 089-091, 108, 109, 126, 161, 166, 171-174, 180, 296
椅子による対話のワーク...... 013, 019, 021, 048,

359

062, 125, 138, 151-153, 160, 175, 176, 180-182, 184, 185, 197, 201, 204, 206-208, 210, 212, 213, 217, 220, 222, 246, 291, 292, 294, 297, 307-323, 326-334, 336, 341, 343-347, 350
　　──の応用編 331
椅子の代用 325
依存性パーソナリティ障害 032, 100, 101, 114, 210, 236, 285
依存性パーソナリティ特性 211
依存的チャイルドモード 067, 068, 085, 100, 213, 343
依存的な対人パターン 209, 211
依存／無能スキーマ 031, 032, 033
一人称 .... 292, 330 [▶二人称]
イメージエクササイズ 019, 024, 062, 087, 138, 152, 153, 160, 186, 201, 204, 205, 214, 216, 222-224, 227-229, 231, 237, 239, 243-246, 248-250, 254-256, 258, 260, 261, 263, 265, 266, 285, 308, 327
　　アセスメントのための── 086, 162
イメージの書き換え 012, 013, 024, 025, 048, 152, 153, 159, 160, 186, 187, 191-193, 197, 199, 204, 207, 210, 214, 219, 222-225, 228, 229, 231-246, 248-259, 262-266, 296, 308, 309, 314, 315, 340-342, 347, 350
インナーチャイルド 059, 131, 160
運動 071, 154
エクスポージャー .... [▶曝露療法]
演技性パーソナリティ障害 098
オペラント条件づけ 295

か行

外傷後ストレス障害 231, 240, 243, 249
回避 036, 050, 053, 076, 080, 081, 083, 106, 111, 117, 132, 164, 172, 175, 192, 198, 221, 258, 303, 336
回避性パーソナリティ障害 ... 056, 099-101, 114, 236, 285, 342
回避的コーピングモード 055, 060, 084, 301, 302
「回避」のコーピングスタイル 051, 052
回避・防衛モード 012, 067, 069, 078, 093, 100, 102, 107, 116, 189, 282, 296
加害者 059, 068, 152, 214, 231, 233, 236, 238, 240, 243, 249, 257, 266, 296, 308
「過剰警戒と抑制」領域 042
過剰コントロールモード 067, 070, 103, 105-107, 110-112, 127, 128, 192
過剰補償的コーピングモード 055, 060
「過剰補償」のコーピングスタイル 051, 054
カップルセラピー 044, 332
悲しみ 224
感情 229
　　──処理 243, 249, 255
　　──的技法 012, 174, 199, 210, 291
　　──的な依存 212, 213
　　──の橋渡し 225, 226, 229, 243, 259
　　──面への介入 020
　　基本的──欲求 048
感情焦点化技法 148, 151, 152, 154, 160, 162, 183, 187, 191, 197, 199, 201, 204, 217, 219, 220, 222, 245, 248, 257, 291, 297, 308, 309, 336, 339, 340-342, 345, 347, 349
[▶行動的技法，認知的技法]
感情抑制スキーマ 042, 044, 045
完璧主義的過剰コントロールモード 067, 070, 103, 105, 127, 128, 192
完璧主義の軽減 154
気質 150
機能的な依存 207, 212, 213, 344
虐待 ... 027, 029, 038, 039, 052-054, 068, 077, 079, 099, 106, 107, 131, 146, 173, 199, 200, 214, 219, 231, 241, 272, 287, 296, 305, 306, 323
逆転移 090, 127, 210, 216, 283
強化 ... 043, 290, 338-340, 342, 344, 345, 347, 349, 350
　　自己── 296
　　正の── 139, 248, 295
境界性パーソナリティ障害（BPD）.... 020, 029, 053, 054, 056, 058, 078, 083, 086, 091-093, 108, 109, 159, 168, 182, 198, 199, 201, 209, 211-213, 228, 229, 236, 238, 241, 247, 250-252, 254, 255, 258, 261, 263, 271, 294, 296, 297, 322, 325, 335, 342, 349
共感的直面化 025, 148, 157, 161, 165, 192, 270, 274, 277, 300, 301, 337, 344, 351

強迫性障害......031, 035, 077, 112, 113, 188, 191-193, 285, 344
強迫性パーソナリティ障害..................103, 104
強迫的な自律...233
恐怖......031, 034, 059, 069, 071, 081, 093, 094, 102, 106, 113, 199, 223, 224, 231, 233, 236, 238, 243, 245, 260, 271, 285, 306, 325, 333, 335, 337
空想....069, 078, 118, 121, 240-243, 249, 250, 342
携帯電話..........................199, 246, 267, 325, 343
ケースの概念化..........014, 017, 081, 082, 086, 088, 108, 110, 120, 163
激怒.................071, 090, 167, 288, 328 [▶怒り]
激怒するチャイルドモード.........013, 067, 068, 089, 095, 098, 106, 108, 109, 126, 146, 153, 268-271, 274-276, 286, 287, 295, 309
ゲシュタルト療法...........................019, 257, 309
欠陥／恥スキーマ....................027, 029, 030, 057
嫌悪......020, 069, 072, 073, 075, 086, 093, 117, 122, 199, 223, 224, 257, 299, 323
限界設定....091, 147, 148, 159-162, 166, 167, 195, 196, 205, 207, 211-214, 270, 274, 277, 278
健全な自我機能...060
健全な自律.......................................032, 267, 278
厳密な基準／過度の批判スキーマ......043, 045, 046
権利要求／尊大スキーマ................037, 038, 049
攻撃性.........068, 095, 106, 141, 239, 240, 249, 250, 269, 294
強情さ..072, 281, 287-289
強情なチャイルドモード.........013, 067, 068, 269, 277, 280, 282, 292, 295
向精神薬..258
構造化................................021, 050, 140, 192, 257
行動化..098, 240, 241
行動活性化..188
行動的技法....................012, 148, 154, 155, 174, 187-189, 191-193, 200, 247, 248, 274, 295, 332, 336, 348 [▶感情焦点化技法, 認知的技法]
行動パターンの変容.............................050, 154
行動療法..154
声......069, 075, 076, 094, 161, 206, 220, 265, 282, 284, 286, 301, 304, 325
　　セラピストの——........................198, 199, 345

コーピングスタイル..051
コーピングモード...060, 164-176, 179, 182, 184-189, 191-196
　　——への直面化.................................133, 186
　　——を飛び越える....................................186, 187
刻印..134
個性記述的...092
子どもの人権..151
子の親化..074

さ行

罪悪感.................041, 073-075, 099, 101, 103-105, 111, 134, 151, 194, 199, 218, 219, 223, 224, 231, 236, 237, 239, 242, 264, 272, 280, 306-308, 315, 316, 318, 320-323, 336
サイコドラマ...019, 309
催眠療法..236
さみしいチャイルドモード...........067, 068, 103
幸せなチャイルドモード......060, 065, 067, 071, 126, 148, 248
仕返し..329
自我状態..064
自我肥大..037
時間外の電話対応...198
自己愛性パーソナリティ障害......056, 057, 091, 095, 096
自己犠牲スキーマ....................................039-041
自己成就予言..036
自己スキーマ.................................034, 035, 064
自己統制..049
自己誇大化モード.......067, 070, 095, 097, 103, 111, 125, 128, 180, 181, 351
思春期......027, 032, 033, 036, 085, 090, 104, 106, 118, 131, 158, 164, 170, 266, 267, 280, 290, 305
自傷行為.................069, 083, 084, 187, 192, 260
自制と自律の欠如スキーマ....037-039, 049, 194
実験心理学..064
失敗スキーマ..................................036, 054, 055
支配..038, 080, 117
社会的学習.....................................031, 037, 169, 170
社会的孤立／疎外スキーマ.............025, 030, 047
社会的引きこもり...........051, 052, 078, 093, 188

索引　361

社会的モデリング..043
遮断・自己鎮静モード............067, 069, 078, 096
遮断・防衛モード............................012, 067,
　069, 078, 079, 081, 083, 084, 095, 096, 109,
　110-112, 114, 115, 123, 127, 168, 170-172, 175,
　180, 182-184, 187-189, 191, 192, 194, 196, 256,
　258, 351
従順・服従モード........067, 069, 077, 078, 080,
　100-102, 114, 117, 128, 206, 213, 275, 296
羞恥心と劣等感に溢れたチャイルドモード.....
　068
情緒的剥奪スキーマ.....................................028
衝動系..268
衝動性.................................269, 278, 289, 297
衝動的チャイルドモード............013, 015, 067, 068,
　072, 093, 147, 194, 268-270, 276-279, 282, 286,
　287, 288, 291, 292, 295, 297, 309, 340
承認........023, 070, 110, 174, 184, 239, 270, 274,
　277, 333
情報処理過程..064
触法当事者...250
自律性...........................023, 032, 035, 049, 068, 085,
　110, 147, 157, 210, 212, 268, 278, 282, 287-
　289, 291, 295, 297, 334
「自律性と行動の損傷」領域..................031, 037
自律の欠如................023, 037-039, 049, 194, 269
身体接触....................................117, 209, 216
診断...222
親密な関係に関わる問題.............................116
心理学的に健康な人間..................................048
心理教育...049, 140, 149, 150, 170, 208, 218-220,
　234, 304, 307, 308, 333, 345
スキーマ...064, 128
　――に駆動された悪循環のパターン.......025
　――日記..151
　――の回避............067, 069, 078, 080, 083
　――・フラッシュカード........151, 154, 220,
　　221, 304
　――への過剰補償.............067, 080, 166, 180
　――へのコーピング..................014, 051, 055
　――への服従...................067, 069, 077, 129
　――領域.........................022, 023, 025, 049
スキーマモード.........................021, 055, 058,
　059-061, 064, 066-068, 082, 085, 091, 093, 116,

120, 126, 128, 129, 148, 152, 154, 182, 183,
185, 197, 220, 340
　――質問票..066
スキルトレーニング.....................154, 188, 192
スキルボックス...247
ストレス........031, 032, 036, 041, 047, 050, 076,
　085, 093, 094, 101, 132, 139, 148, 185, 187,
　192, 225, 231, 239, 240, 259, 278
成育歴......020, 026, 038, 039, 081, 082, 085, 086,
　113, 116, 134, 137, 138, 140, 157, 158, 168-
　170, 183, 194, 206, 221, 222, 243, 244, 285-
　288, 304, 305
脆弱なチャイルドモード......012, 015, 062, 068,
　072, 081, 083, 092-095, 098, 099, 102, 105,
　106, 108-112, 114, 116, 117, 121, 124, 128,
　131-133, 138, 145, 146, 152, 153, 159, 160,
　175, 179, 180, 183, 184, 186, 191, 192, 195,
　197-201, 203-208, 211, 212, 214, 216-222, 224,
　233, 235-237, 239, 242, 245-248, 250, 252-254,
　258-261, 264, 265, 274, 275, 309, 311-313, 316,
　317, 324-328, 334, 335, 339-341, 346, 349, 351
性的な問題...116, 120
制約........020, 048, 049, 050, 077, 078, 166, 201,
　207, 209, 275, 288, 300, 316, 345
「制約の欠如」領域..037
摂食障害...........................084, 110, 261, 322
セラピストの電話番号.................................198
セルフケア.........................089, 146, 211, 336
早期不適応的スキーマ........012, 014, 021, 022,
　050, 063, 064, 129
操作...038, 082
ソーシャルスキルズトレーニング（SST）...154,
　155, 189, 247, 248, 274, 295, 332
損害や疾病に対する脆弱性スキーマ.........031,
　033, 034, 129

た行

退行..068, 339-341
代償不全..257, 258, 263
対人援助職者...041, 075
他者スキーマ..064
「他者への追従」領域..................039, 040, 063

助けてくれる人........225, 226, 231-236, 308, 350
　3つのタイプの――..................................... 235
達成....031, 036, 043, 046, 073-075, 289, 315, 318
だまし・操作モード 067, 070
「断絶と拒絶」領域................. 025, 040, 063, 128
忠誠心... 134
注目希求モード 067, 070, 098, 120, 140
超自我... 072, 175
懲罰的ペアレントモード 013, 059, 062, 064,
　067, 069, 072-075, 081, 083, 084, 086, 087,
　092-095, 099, 100, 103, 106, 110, 111, 114,
　118, 128, 129, 132, 138, 152, 153, 160, 161,
　168, 184, 187, 194, 204, 210, 236, 239, 242,
　246, 256-258, 264, 265, 271-274, 281, 291, 292,
　299, 300-308, 310-318, 320-336, 338, 342, 351
治療...145
　――関係.............. 012, 013, 020, 021, 032, 054,
　087, 088, 156-160, 162, 164-167, 186, 190,
　197, 198, 200, 201, 204, 205, 207-209, 212-
　217, 228, 245, 247, 250, 251, 253, 254, 270,
　275-277, 283, 299, 339, 341, 343, 344
　――期間... 113, 349
　――の継続... 349
　――の終結.................. 013, 015, 195, 349, 350
治療的再養育法.................. 015, 020, 158, 159, 162, 166,
　198, 201, 204-213, 253, 256, 277, 299-301
　――についての心理教育........................... 208
罪の意識.. 102, 150
独自の名前... 168, 355
トラウマ 034, 047, 057, 099, 152, 159, 197,
　199, 214, 223, 228, 231, 233, 243, 244, 256,
　257, 259, 329
ドラマ技法... 257
取り入れ................. 020, 059, 134, 223, 333, 341
　否定的な――.. 306

な行

二人称..331 [▶一人称]
認知行動療法（CBT）....011, 019, 020, 063, 130,
　150, 154, 162, 163, 188, 189, 191, 195, 220,
　248, 304
認知再構成法ーーーーーーーーー................................. 217, 304

認知的技法........012, 014, 015, 148-150, 167, 189,
　191, 199, 217, 218, 286, 288, 297, 300, 304,
　307, 345, 349 [▶感情焦点化技法，行動的技法]
ネグレクト... 031, 039

は行

曝露療法（エクスポージャー）.... 077, 113, 114,
　154, 189, 229, 231, 249, 344
恥 223
罰 295
発散... 068, 146
罰スキーマ.............................. 043, 046, 047, 064
犯罪行為.. 107
反社会性パーソナリティ障害...... 054, 108, 236,
　263
非機能的コーピングモード 060, 067, 069,
　138, 147, 148, 153, 155, 161, 164, 167, 300,
　313, 314
非機能的チャイルドモード 067, 068, 071,
　072, 076-078
非機能的ペアレントモード 013, 015, 059,
　060, 067, 069, 072, 075-078, 086, 108, 128,
　133, 134, 147, 150, 151, 153, 160, 299, 304,
　305, 311, 313, 315, 317, 318, 330, 333, 336,
　349
非自律的チャイルドモード.......... 013, 067, 093,
　098, 112, 139, 147, 268-270, 276, 277-280, 282,
　287-290, 292-295, 297, 309
悲嘆.. 223, 224
筆記課題.. 220
否定／悲観スキーマ..............................042-044
ビデオフィードバック 189, 295
非曝露的アプローチ 231
ヒューマニスティックな心理療法............... 048
評価と承認の希求スキーマ..................... 039, 042
不安...223
副作用... 204, 240
復讐.. 240, 241, 249, 329
服従スキーマ 023, 039, 040, 052, 054, 063,
　128, 129
「服従」のコーピングスタイル............. 051, 052
不信／虐待スキーマ...... 025, 027, 029, 040, 053,

索引 | 363

054, 059
不適応的コーピングモード....012, 076-078, 080
ヘルシーアダルトモード..............................013,
　015, 021, 060, 065, 067, 071, 126, 127, 132,
　133, 139, 148, 151, 153, 155, 159, 164, 184,
　185, 192, 206, 211, 219, 220, 232-235, 237,
　238, 242, 246, 250, 252, 262, 275, 282, 291-
　294, 297, 307, 308, 310-313, 315-317, 319-324,
　326-330, 334, 335, 338-351
ヘルシーモード 060, 065, 067, 071, 188
弁証法的行動療法（DBT）................... 192, 247
防衛.. 114, 137, 165, 174, 266
　──機制.................................. 051, 165, 186, 187
法的な問題... 107, 108
ホームワーク 050, 154, 189, 199, 246, 279,
　284, 289, 294, 295, 301, 327, 336, 341
ポジティヴスキーマ 064, 065
ポジティヴな活動........... 079, 104, 154, 188, 332
ポジティヴなモード 126
ボディセラピー... 294

ま行

マイク機能... 246, 267, 343
巻き込まれ／未発達の自己スキーマ... 034, 035
巻き戻し 241, 242, 243, 266, 341
慢性化した精神障害.................................... 110
慢性的なⅠ軸疾患 110
慢性的なうつ病... 111
満足感.. 190, 235, 248
見捨てられた・虐待されたチャイルドモード ...
　067, 068, 093, 100, 109, 197
見捨てられ／不安定スキーマ........ 025, 026, 047
ムーブメントセラピー..................................... 328
メール................198, 201-204, 256, 329, 330, 350
メリット・デメリット分析 151, 172, 173,
　189, 297
妄想性パーソナリティ障害................... 105, 106
妄想的過剰コントロールモード 067, 070,
　106, 107
モードモデル 012, 014, 062, 064, 065, 066,
　081-083, 085, 087-089, 091, 092, 094, 097, 099,
　100, 102, 103, 105-112, 114-116, 120-122, 126,

130-134, 137, 138-141, 145, 153, 155, 162, 163,
168, 185, 191, 196, 197, 218, 255, 282, 310,
311, 339, 340, 345
モデル学習... 169, 170
喪の作業... 223, 224

や行

夢のワーク... 332
夢分析... 332
要求的ペアレントモード 013,
　021, 062, 067, 069, 072, 073, 075, 085, 095,
　098, 103, 110-112, 114, 127-129, 132, 133, 153,
　206, 236, 281, 282, 291, 308, 310, 313, 315-
　320, 331, 332, 336
幼少期の記憶 152, 192, 223, 225, 226, 229,
　230, 259, 260, 262
幼少期の体験 020, 024, 029, 045, 069, 088,
　099, 271, 276
欲求
　子どもの──...... 151, 218, 225, 226, 232, 287,
　　334
　正常な──................................. 149, 150, 199
　──の言語化... 154
　──不満......... 068, 118, 281, 282, 287
　──不満耐性............................. 037, 147, 191

ら行

略奪モード... 067, 070
リラクセーション 154, 225, 227
留守番電話... 198
ロールプレイ 141, 154, 348
録音 199, 246, 256, 267, 325, 327, 329, 336,
　339, 341, 343
　──ファイル............................... 246, 267, 336

わ行

ワークシート... 220
わがまま・甘え................................. 269, 279

● 監訳者略歴

伊藤絵美 (いとう・えみ)

1996 年，慶応義塾大学大学院社会学研究科後期博士課程単位取得退学。2004 年より，洗足ストレスコーピング・サポートオフィス所長，千葉大学子どものこころの発達教育研究センター特任准教授。博士（社会学），臨床心理士。

主要著訳書　J・S・ベック『認知療法実践ガイド』（共訳，星和書店，2004），『認知療法・認知行動療法カウンセリング初級ワークショップ』（単著，星和書店，2005），『認知行動療法，べてる式。』（共著，医学書院，2007），ジェフリー・E・ヤング＋ジャネット・S・クロスコ＋マジョリエ・E・ウェイシャー『スキーマ療法――パーソナリティの問題に対する統合的認知行動療法アプローチ』（監訳，金剛出版，2008），『事例で学ぶ認知行動療法』（単著，誠信書房，2008），『認知行動療法実践ワークショップ I ――ケースフォーミュレーション編 (1)』（単著，星和書店，2010），『ケアする人も楽になる 認知行動療法入門 BOOK1 ＋ BOOK2』（単著，医学書院，2011），『認知行動療法を身につける――グループとセルフヘルプのための CBT トレーニングブック』（監修，金剛出版，2011），『成人アスペルガー症候群の認知行動療法』（監訳，星和書店，2012），『スキーマ療法入門――理論と事例で学ぶスキーマ療法の基礎と応用』（編著，星和書店，2013），『自分でできるスキーマ療法ワークブック Book 1・2――生きづらさを理解し，こころの回復力を取り戻そう』（単著，星和書店，2015）ほか多数。

● 訳者略歴

吉村由未 (よしむら・ゆみ)

修士（心理学）。臨床心理士。立教大学大学院文学研究科心理学専攻臨床心理学コース博士課程前期課程修了。現在，洗足ストレスコーピング・サポートオフィス シニア CBT セラピスト。

主要著訳書　『認知行動療法，べてる式。』（分担執筆，医学書院，2007），ジェフリー・E・ヤング＋ジャネット・S・クロスコ＋マジョリエ・E・ウェイシャー『スキーマ療法――パーソナリティの問題に対する統合的認知行動療法アプローチ』（分担翻訳，金剛出版，2008），『成人アスペルガー症候群の認知行動療法』（共訳，星和書店，2012）ほか。

● 翻訳協力者（50 音順）

青柳武志	(あおやぎ・たけし)	翻訳家
風岡公美子	(かざおか・くみこ)	洗足ストレスコーピング・サポートオフィス
小林仁美	(こばやし・ひとみ)	洗足ストレスコーピング・サポートオフィス
近藤知子	(こんどう・ともこ)	東京海上日動メディカルサービス株式会社
津高京子	(つだか・きょうこ)	洗足ストレスコーピング・サポートオフィス
冨田恵里香	(とみた・えりか)	洗足ストレスコーピング・サポートオフィス
葉柴陽子	(はしば・ようこ)	メディカルケア虎ノ門
森本雅理	(もりもと・まり)	洗足ストレスコーピング・サポートオフィス
山本裕美子	(やまもと・ゆみこ)	田園調布カウンセリングオフィス
和田聡美	(わだ・さとみ)	社会福祉法人日本心身障害者協会島田療育センター

本書は *Schema Therapy in Practice : An Introductory Guide to the Schema Mode Approach* を底本としている。

スキーマ療法実践ガイド
スキーマモード・アプローチ入門

印　刷		2015 年 9 月 10 日
発　行		2015 年 9 月 20 日
著　者		アーノウド・アーンツ＋ジッタ・ヤコブ
監訳者		伊藤絵美
訳　者		吉村由未
発行者		立石正信
発行所		株式会社 金剛出版（〒 112-0005 東京都文京区水道 1-5-16）
		電話 03-3815-6661　振替 00120-6-34848
装　幀		岩瀬 聡
印　刷		平河工業社
製　本		誠製本

ISBN978-4-7724-1447-0　C3011　©2015　Printed in Japan

スキーマ療法
パーソナリティの問題に対する統合的認知行動療法アプローチ

［著］＝J・E・ヤングほか　　［監訳］＝伊藤絵美

●A5判　●上製　●488頁　●定価 **6,600**円＋税
● ISBN978-4-7724-1046-5 C3011

境界性パーソナリティ障害や
自己愛性パーソナリティ障害をはじめとする
パーソナリティの問題をケアしていく
スキーマ療法の全貌を解説する。

認知行動療法を身につける
グループとセルフヘルプのためのCBTトレーニングブック

［監修］＝伊藤絵美　石垣琢麿

●B5判　●並製　●208頁　●定価 **2,800**円＋税
● ISBN978-4-7724-1205-6 C3011

再発を予防するストレスマネジメントと
自己理解によるセルフヘルプという
CBTの真実を提案する。
クライエント個々のニーズに応じたオーダーメイド式CBT。

認知行動療法を提供する
クライアントとともに歩む実践家のためのガイドブック

［監修］＝伊藤絵美　石垣琢麿

●B5判　●並製　●250頁　●定価 **3,200**円＋税
● ISBN978-4-7724-1440-1 C3011

CBTワークブック『認知行動療法を身につける』を上手に使って，
うつ，ストレス，不安など幅広い問題や疾患を抱えた
クライエントへの対応に自信がもてる！
認知行動療法トレーナー必携マニュアル。